AUSSENSEITER

AUSSENSEITER

Berichte von anderen Lebenswegen

Dorothea Lynde Dix
George W. Carver
Johann Gottlieb Fichte
Friedrich Wilhelm Bessel
Leonora Christina Ulfeldt
Bill Griffin
Louise Schroeder
Jean-François Champollion
Sonja Kowalewska

dargestellt von

HERTA SCHLEGTENDAL

 VERLAG FREIES GEISTESLEBEN

CIP-Kurztitelaufnahme der Deutschen Bibliothek

Schlegtendal, Herta:
Außenseiter: Berichte von anderen Lebenswegen /
dargest. von Herta Schlegtendal. – 4. Aufl. –
Stuttgart: Verlag Freies Geistesleben, 1985.

ISBN 3-7725-0628-3

4. Auflage 1984
© 1973 Verlag Freies Geistesleben GmbH Stuttgart
Gesamtherstellung Greiserdruck Rastatt

Inhalt

Dorothea Lynde Dix

1802 – 1887

Wenn man heute eine der Anstalten besucht, in denen versucht wird, Epileptikern, Depressiven, Psychopathen, Manischen so weit wie möglich wieder zu einem gesunden Leben zu verhelfen, so betritt man helle, lichte Räume, ähnlich denen der Krankenhäuser mit sauberen, warmen Betten. Es gibt Räume, in denen diese Kranken arbeiten, und Aufenthaltsräume, in denen sie Musik hören, lesen und Gesellschaftsspiele spielen können. Daß es so ist, ist aber keineswegs selbstverständlich, sondern die Folge des energischen und opfervollen Lebenswerkes einer kleinen, kränklichen und ursprünglich sehr schüchternen Frau, Dorothea Dix, die eines Tages, als sie schon 39 Jahre alt wurde, beschloß, für ein menschenwürdiges Los auch der Irren, wie man diese armen Menschen damals allgemein zu nennen pflegte, zu kämpfen. Denn im 17., 18. Jahrhundert und auch noch im 19. Jahrhundert wurden sie als von Gott verstoßene, mit Schuld beladene, der menschlichen Gesellschaft und Pflege unwürdige Wesen angesehen, die in Gefängnissen, Käfigen oder bestenfalls Armenhäusern, vielfach mit schweren Ketten belastet, eingesperrt wurden. Manche ihrer Wärter verdienten sich noch einen guten Zuschuß zu ihrem Gehalt dadurch, daß sie sonntags dem schaulustigen Publikum erlaubten, das «Tollhaus» gegen ein Eintrittsgeld zu besuchen und sich an dem Geschrei, den verzerrten Bewegungen und den Wutausbrüchen der armen Verwirrten zu ergötzen. Sollte es sich aber treffen, daß die Irren nicht unruhig genug waren, um die Besucher zu unterhalten, so wurden sie wohl mit langen Stöcken und Widerhaken so lange gequält, bis sie in ihrer Verzweiflung zu brüllen und um sich zu schlagen begannen. Die meisten Menschen hatten aber wenig Ahnung, wie es den Irren erging.

Auch Dorothea Dix war fast 40 Jahre alt geworden, ehe sie von diesem menschlichen Elend auch nur etwas ahnte. Am 4. April 1802 wurde sie in Hampden im Staate Maine im Norden der USA als Tochter eines Wanderpredigers geboren. Väterlicherseits stammte sie aus einer der angesehensten Bostoner Familien; ihr Großvater war der wegen seines sozialen Handelns und großen sozialen Interesses hochgeschätzte Bostoner Arzt Jeremy Josiah Dix. Aber zwischen Vater und Sohn (dem Vater Dorotheas) bestand wenig Ähnlichkeit. Der Sohn war ein Frömmler kleinlichster und darum fanatischster Art, ein schwächlicher Charakter. Auf Dorotheas Jugend hatte er großen, leider negativen Einfluß, indem sie ihn schon früh auf seine weit ausgedehnten Bekehrungsreisen wandernd begleiten und, was sie haßte, seine Traktate an die Leute bringen mußte. «Ich habe niemals eine Kindheit gekannt», bekannte sie später. Die Zustände in ihrem Elternhaus waren so furchtbar, daß sie sich ihr Leben lang weigerte, von zu Hause zu sprechen.

Als sie etwa zehn Jahre alt war, hielt sie es einfach nicht länger aus und floh. Ganz alleine machte sie sich auf den weiten, gefährlichen Weg von Hampden im Staate Maine nach Boston im Staate Massachusetts (ein Weg von gut 200 km Luftlinie) zu ihrem Großvater. Es war die Zeit, da die amerikanischen Befreiungskriege noch kein Menschenalter zurücklagen. Staatliche und gesellschaftliche Ordnung waren noch im Entstehen. In den Wäldern lebten die Indianer, die, ursprünglich friedliebend, durch grausame Verfolgungen seitens der Europäer, diesen feindlich waren. Viele wilde Tiere hausten in diesen dichten Urwäldern. Über die Flüsse führten nur ganz wenig Brücken. Die Straßen waren ungepflegt und Weg und Steg der kleinen Dorothea unbekannt. Aber ihre Verzweiflung war groß und ihr Mut unbegrenzt. Vielleicht hatte sie Glück; wahrscheinlich nahmen sie Fuhrwerke weite Strecken Wegs mit. Aber auch dann war es ein gewagtes Unternehmen. Sie war noch kaum zehn Jahre alt, klein, zierlich und sehr schüchtern und mutterseelenallein in der fremden Welt auf dem weiten Wege.

Aber das Unterfangen glückte, und Dorothea langte wohlbehalten bei ihren Großeltern an. Warme Liebe umhüllte sie nun. Aber Großvater und Großmutter waren alt und rechneten jeden Tag mit ihrem Tode. So mußten sie dafür sorgen, daß Dorothea möglichst bald auf eigenen Füßen stehen konnte. Was dazu für den Charakter nötig war, brachte sie bereits mit, aber außer Schreiben, Rechnen und Lesen, das ihr der Vater beigebracht, konnte und wußte sie nichts. Die Großmutter übernahm daher nicht nur ihre Pflege und Erziehung, sondern auch ihren Unterricht. Und dieser muß sehr intensiv und auch gut gewesen sein, denn mit 14 Jahren wurde Dorothea bereits selbst Lehrerin in einer Schule nahe bei Boston.

Neunzehnjährig gründete sie in Boston eine eigene höhere Mädchenschule, der sie bis zu ihrem 33. Jahr vorstand. Wegen ihrer schlechten Gesundheit mußte sie allerdings ihre Arbeit immer wieder unterbrechen. Sie hatte ein stark ausgeprägtes Interesse für die Naturwissenschaften und ließ diese in ihrer Schule mit besonderer Sorgfalt unterrichten. Den Hauptwert legte sie bei ihren Schülerinnen aber auf die Ausbildung eines redlichen, unerschrockenen, festen Charakters. Mit dem Pfarrer, zu dessen Gemeinde sie gehörte und dessen Kinder Schüler ihrer Schule waren, verband sie eine warme Freundschaft, und als ihre zarte Gesundheit energisch eine längere Unterbrechung ihrer unterrichtlichen Arbeit forderte, begleitete sie, einundzwanzigjährig, die Pfarrfamilie nach Westindien. Trotz ihrer sehr schwachen Konstitution schrieb sie neben ihrer Schularbeit und der Schulleitung eine große Zahl in ihrer Zeit eifrig gelesener Kinderbücher. Doch dieser jugendliche Raubbau an ihren Kräften rächte sich bitter und zwang sie, mit Rücksicht auf ein beginnendes Lungenleiden, nervöse Überforderung und große Körperschwäche ihre geliebte Schule aufzugeben, als sie 33 Jahre alt war.

Als Hauslehrerin ging sie nun mit einer Bostoner Familie für drei Jahre nach England. Als sie 1838 zurückkehrte, war sie immer noch leidend. Soweit es die schwache Kraft der kleinen, zarten Frau erlaubte, unterrichtete sie wieder; sonntags gab sie Religion in sogenannten «Sonntagsschulen». So war sie auch am 28. März 1841 in der Sonntagsschule der Strafanstalt East-Cambridge bei Boston, wo sie die Gefangenen religiös belehrte. Als sie nach Hause gehen wollte, kam sie an einer offenstehenden Tür vorbei und sah in einem licht- und luftlosen Raum, der von Schmutz starrte, vier nur halbbekleidete, vor Kälte zitternde menschliche Gestalten mit Ketten an die Wände geschmiedet, an denen der Frost glitzerte.

Von grenzenlosem Entsetzen gepackt, eilte Dorothea zu der Anstaltsleitung, um erstaunt zu hören, daß das, was sie soeben gesehen, nichts Absonderliches, sondern eine allgemein gehandhabte Behandlung von Irren sei. Nach einer schlaflosen Nacht war sie fest entschlossen, ihr ganzes ferneres Leben solchen armen Menschen und der Erleichterung ihres Geschickes zu widmen.

Vorerst jedoch erreichte sie nach hartem Kampf nicht mehr, als daß den vier Irren in ihren Raum, von dem es hieß, man könne ihn für die Haltung von Schweinen nicht gebrauchen, müsse ihn aber doch nützen, ein Ofen gestellt wurde. Die Auskunft der East-Cambridger Anstaltsleitung wurde ihr von allen mit der Betreuung solcher Kranken Beauftragten als zutreffend bestätigt. Ihre Stellung in Boston war inzwischen durch ihr Vorgehen kritisch geworden. Die Behörden fühlten sich unberechtigterweise kontrolliert. Man warf ihr «unweibliches Benehmen» und unbefugte Einmischung in Angelegenheiten, die Männern zustanden, vor. Man verwies sie an den Kochtopf und machte ihr auf alle Art nicht nur eine weitere Arbeit für ihre Schützlinge in Boston, sondern den weiteren Aufenthalt in dieser Stadt unmöglich.

Da entschloß sie sich, für einige Jahre außerhalb Bostons unterzutauchen und dort für die Irren wirksam, aber unauffällig zu arbeiten. Mit einem Notizbuch bewaffnet, von guten Freunden, die sie hatte und die sie für diese Verstoßenen erwärmen konnte, mit genügend Geld versehen, besuchte sie zwei Jahre lang sämtliche Irren, von denen sie erfahren konnte, in den Gefängnissen, Zuchthäusern, Besserungsanstalten und Armenhäusern Massachusetts. Sie ging zu jedem einzelnen in die zum Teil noch schlimmeren Räume, als es der in East-Cambridge war, notierte mit der Treue und Genauigkeit eines Naturforschers Name, Geburtsdatum, Aufenthaltsort und Zustand des Kranken und wie sie seine Umgebung gefunden. Über das, was sie tat und erlebte, berichtete sie einstweilen nichts. Als sie so Massachusetts erforscht hatte, verfaßte sie ein mit heißem Herzen, aber mit großer Sachlichkeit abgefaßtes Memorandum. Es berichtete über «The present state of Insane Persons confined within this Commonwealth in cages, closets, cellars, stalls, pens (!). Chained, naked, beaten with rods and lashed into obediance!» (Memorial to the Legislature of Massachusetts, page 4, 1843) «den gegenwärtigen Zustand geisteskranker Personen, die im hiesigen Staat in Käfigen, Verschlägen, Kellern, Ställen und Schafhürden (!) gefangengehalten werden. In Ketten, nackt, mit Knüppeln geschlagen und zu Gehorsam gepeitscht werden.» Von einer jungen Frau berichtete sie: «Da stand sie, klammerte sich an die Stäbe oder schlug gegen die Gitter ihres Käfigs, dessen drangvolle Enge nur Raum für eine ständig wachsende Anhäufung von Unrat bot – ein ekelerregender Anblick, meine Herren. Da stand sie mit nackten Armen und zerrauftem Haar, den ungewaschenen Körper mit schmutzigen Fetzen bekleidet, und die Luft war so verpestet, daß man es nur wenige Augenblicke dort aushalten konnte.» Dann besuchte sie einflußreiche Abgeordnete und gewann sie dafür, daß ihr Memorandum im Staatsparlament zur Verlesung gebracht wurde. Gleichzeitig wandte sie sich in Briefen an die Presse und an die Öffentlichkeit um Mithilfe.

Der Eindruck, den die Grauen erregenden Tatsachen auf die zumeist ahnungslosen Väter des Staates machte, war unerwartet. Mit größter Eile bemühte sich die Regierung von Massachusetts, die Anstalt von East-Cambridge durch menschenwürdige Räume für die Irren zu erweitern, Krankenhäuser für sie zu bauen und geeignetes Pflegepersonal zu finden.

Nachdem Dorothea so die Verhältnisse in Massachusetts in Ordnung gebracht hatte, wanderte sie in die Nachbarstaaten und weiter durch ganz Nordamerika, immer in der gleichen Art für ihre Schutzbefohlenen arbeitend. 1845 schrieb sie an Freunde: «Ich bin in den letzten drei Jahren mehr als 10 000 Meilen (etwa 15 240 km) gereist, habe 18 staatliche Besserungsanstalten, 30 Landesgefängnisse und -zuchthäuser, mehr als 500 Armenhäuser und andere Anstalten, neben Hospitälern und Asylen besucht.»

Um das zu beurteilen, muß man sich den Zustand der damaligen Straßen und Verkehrsverhältnisse vorstellen. Dorotheas Gesundheitszustand hatte sich keinesfalls gebessert. Zu der körperlichen Zartheit und dem Lungenleiden hatte sich auf ihren Reisen noch eine Anfälligkeit für Malaria herausgestellt. Sie mußte in Postkutschen, zu Pferde oder mit Bauernwagen auf rauhen Straßen reisen oder mit den ersten primitiven, unbequemen Eisenbahnen. Die Flüsse mußten in Furten und tiefem Schlamm überquert werden. Ständig war sie Unfällen, Bloßstellungen und Unbequemlichkeiten ausgesetzt. Einmal wäre sie bei der Durchquerung einer Furt mit einer Kutsche fast ertrunken. Ein andermal wurde ihr Wagen von Räubern überfallen. Aber Dorotheas Mut war auch hier, wo sie allein der wilden Bande gegenüberstand, unerschütterlich, und so begann sie den Räubern unerschrocken klarzumachen, wie unsinnig ihr Handeln wäre, als einer von ihnen rief: «Mein Gott, diese Stimme kenne ich doch!» Nun stellte sich heraus, daß er als Gefangener in Virginia zugehört hatte, als Dorothea mit den dortigen Irren sprach. Sofort wurde ihr alle Beute wieder zurückgegeben, und sie konnte die Fahrt fortsetzen.

Als sie es 1848 wagen darf, eine erste Bittschrift über ihre Helfershelfer dem Kongreß vorzulegen, konnte sie berichten: «Ich habe selber mehr als 9000 Idioten, Epileptiker und Irren gesehen...» Man muß das «selber gesehen» ganz ernst nehmen, denn Dorothea ging in jede Zelle persönlich und sprach mit den Kranken. Sehr oft war das ein lebensgefährliches Tun, aber Dorotheas beispielloser Mut verließ sie nie, und das sehr zugunsten dieser Ärmsten. In New Jersey sah sie zum Beispiel einen ständig Tobsüchtigen, der im Dunkeln, an den Gliedern mit schweren Ketten gefesselt, in einem engen Verlies gehalten wurde. Der Wärter beschwor sie, ihr Leben zu schonen, sie würde ohne Zweifel von dem gefährlichen Irren in Stücke gerissen. Dorothea bestand darauf, eintreten zu dürfen, ging auf den Kranken zu, sprach ihn mit seinem Namen an, redete beruhigend zu ihm und erlebte, daß der Mann zusammenbrach und weinend ihr zu Füßen sank. Man muß dabei wissen, daß verschiedene Gemütskrankheiten in Schüben verlaufen, so daß die Kranken zwischendurch bisweilen jahrelang völlig normal sind. Wer aber erst einmal als Irrer in diesen damaligen Marterhöhlen saß, kam so leicht nicht wieder heraus. Dorothea erreichte aber, daß dieser Mann in ein freundliches Zimmer, in ein richtiges Bett bei richtiger Pflege gelegt wurde. Nach zwei Monaten konnte er um das Spital herum brauchbare Arbeiten verrichten.

Als Dorothea ein anderes Mal in Rhode Island einen besonders groß gewachsenen Mann namens Abraham Simmons in einem ganz aus steinernen Wänden mit steinernem Fußboden bestehenden Raum, nur zweimal zwei Meter groß, bei starkem Frost und ohne Heizmöglichkeit angekettet fand, erfuhr sie, daß er in dieser kalten Dunkelheit schon drei Jahre lebte. Die Frau des Wärters erzählte lachend, daß sie im Winter oft ganze Haufen Eises aus der feuchten Zelle herausfegen müßte. Da schrieb Dorothea einen Artikel in der Zeitung, den sie scheinbar wissenschaftlich mit «Erstaunliche Widerstandskraft des Lebens» überschrieb. Sie begann auch den Artikel, als ob er von wissenschaftlichem Interesse sei, aber im Fortgang beschrieb sie die Qualen, die Abraham Simmons zu überstehen hatte, und ließ es an entsprechenden «Widerhaken» nicht fehlen. Sie sagte unter anderem, daß sie annähme, daß sich die Rhode-

Isländer als gute Christen betrachteten, aber sie bezweifle ernstlich, ob sie sich wirklich mit ihren Gebeten an den Gott Abraham Simmons in seinem höllischen Gefängnis wenden könnten. Die Folge dieses Artikels war, daß schon eine Woche später Abraham Simmons in ganz Nordamerika als Märtyrer angesehen war: Von überall kam Hilfe, und er wurde bald in gute Pflege getan.

In allen Städten wählte sich Dorothea tatkräftige, für ihre Arbeit eintretende Männer aus, die ihr halfen, und suchte immer wieder vor allen Dingen die Presse für ihr Werk zu gewinnen. Sie selber sprach nie öffentlich. Es gab zu ihrer Zeit in den USA acht von hochherzigen, aufopferungsbereiten Ärzten geleitete Irrenanstalten, aber sie hatten sich gegen die übliche Grausamkeit und die gänzlich unwissenschaftliche allgemeine Dummheit in bezug auf die Irren nicht durchsetzen können.

Dorothea wird als klein und schüchtern mit einer leisen, dunklen Stimme, leuchtenden Augen, feinem, unauffälligem Benehmen, aber voll ruhiger, beeindruckender Würde geschildert. Daß ihr gelang, was die Ärzte jener acht Anstalten nicht hatten durchsetzen können, verdankte sie ihrem starken Willen und ihrer unbeugsamen Ausdauer, vor allem aber dem Umstand, daß sie sich immer auf ihre eigenen Beobachtungen stützen konnte. Die Hauptquelle ihres Handelns und ihres Erfolges war jedoch ihr glühendes Mitleid mit den gequälten kranken Menschen. So schrieb sie einmal: «Ich habe keine besondere Liebe für meine Schützlinge, sondern danke alles einem unerschöpflichen Fonds an Mitleid.» Zudem fühlte sie, daß der Satz «Der Starke ist am mächtigsten allein» unbedingt für sie gelte, und sie schrieb, daß sie das Gefühl habe, daß, recht oder unrecht, Alleinstehen ihr wahrhaft angemessen sei («I have the feeling right or wrong, that aloneness is my proper position»). Aber sie hatte eine starke moralische Stütze in ihrem Pfarrer, dessen Kinder sie früher in ihrer Schule hatte. Er glaubte mit ihr unerschütterlich daran, daß in jedem menschlichen Wesen, wie niedrig es auch immer sein möge, die Anlage zu unendlicher geistiger Höherentwicklung liege. Dies war der innerste Kern ihres religiösen Glaubens und der stete Ansporn zu ihrem Mitleid.

Sie hatte jedoch nicht nur Erfolg, sondern kannte auch schweren Mißerfolg. So war es zum Beispiel 1854 gelungen, daß ein Antrag über zwölf Millionen Dollar für die Pflege der Irren vom Kongreß schon angenommen worden war. Aber der damalige Präsident der Vereinigten

Staaten, Pierce, gab seine Zustimmung nicht und machte dadurch den Antrag hinfällig.

Bis zum Jahre 1861 war Dorothea unermüdlich darauf bedacht, Geld für die Betreuung der Irren aufzubringen. Man suchte ihren Rat für den Bau von Irrenhäusern, und sie war bemüht, geeignetes Personal auszusuchen. Als es ihr auf diese Art geglückt war, das Los ihrer Schützlinge in Nordamerika so erträglich wie möglich zu gestalten, reiste sie nach Europa, wo sie kaum bessere Verhältnisse fand, und bemühte sich in zwölf europäischen Staaten, auch in Deutschland, in gleicher Art und mit gleichem Erfolge für diese Kranken. Ja, selbst in Japan, das damals erst anfing, sich dem Einfluß des Westens zu öffnen, wurden auf ihre Anregung hin zwei Irrenanstalten gegründet.

Als sich aber 1861 der amerikanische Bürgerkrieg an der Sklavenfrage entzündete, eilte sie sofort in die Heimat zurück und stellte sich als Krankenpflegerin zur Verfügung. Bald wurden ihr alle Krankenschwestern der Armee der Nordstaaten unterstellt. Sie mußte die Schwestern aussuchen und bestätigen. Auf Befehl der Heeresleitung durfte ohne Dorotheas Begutachtung und Zustimmung keine einzige Schwester in den Militärlazaretten eingestellt werden, es sei denn ausnahmsweise in Fällen größter Not. Dieses Amt bekleidete sie bis zum Ende des Krieges 1865. Danach blieb sie noch 18 Monate in Washington, um ihr den sterbenden Soldaten gegebenes Wort einzulösen und für die staatliche Versorgung von deren Hinterbliebenen zu sorgen.

Wie sehr sie sich überhaupt durch jede Not aufgerufen fühlte und sich unerschrocken und energisch zur Abhilfe, wenn eine solche nur in ihren Möglichkeiten lag, zur Verfügung stellte, mag folgende Begebenheit zeigen: 1853 arbeitete sie in Neufundland für das dortige St.-Johns-Irrenhospital, als sie von der gefährlichen Küste von Sable Island hörte, wo es nur eine kleine, schlecht ausgerüstete Lebensrettungsstation gäbe. Weil ein Leuchtturm fehlte, geschähen dort häufig Schiffbrüche, denen die Besatzung der Station meist hilflos gegenüberstehen müsse. Dorothea reiste sofort zu dem Eiland, riskierte die schwierige und gefährliche Landung und überzeugte sich selbst von den Verhältnissen. Als sie das Gehörte bestätigt fand, wandte sie sich hilfesuchend an wohlhabende Kaufleute in Boston, New York und Philadelphia, die ihr durch ihre Arbeit für die Irren befreundet waren. In der Folge konnte sie vier Lebensrettungsboote nach Sable Island senden. Noch in der gleichen

Woche, als die vier Rettungsboote dort ankamen, scheiterte vor der Küste ein Schiff mit 168 Passagieren, die mit Hilfe der Boote alle gerettet wurden.

Trotz ihrer zarten Konstitution und ihres anstrengenden und gegen sich selbst völlig rücksichtslosen Lebens erreichte Dorothea das 86. Lebensjahr. Am 14. Juli 1887 ist sie in einem kleinen Häuschen in der Irrenanstalt von Trenton im Staate New Jersey gestorben. Die Anstalt, die sie selbst zärtlich ihr «erstes Kind» nannte, hatte ihr diesen Alterssitz aus Dankbarkeit zur Verfügung gestellt. Aber sie kannte keine Ruhe und war bis in ihre letzten Augenblicke hinein für andere tätig. Aus ihren letzten Tagen ist ein Ausspruch von ihr überliefert: «Ich meine, ich kann doch, selbst wenn ich im Bett liege, etwas tun.»

Dorothea hat nicht nur nie in der Öffentlichkeit geredet, sie ist auch nie in der Öffentlichkeit erschienen und hat immer alles getan, um die Erinnerung an sich auszulöschen, so durfte keine der vielen auf ihre Anregung hin gegründeten Anstalten, die sie ja auch immer zugleich mitbetreute, nach ihr benannt werden. Und so kann einer ihrer Biographen (Steward H. Helbrook) mit Recht von ihr sagen, sie sei wohl die «bestvergessenste» unter den bedeutenden Frauen Amerikas. Das mag so sein. Aber sicher, wenn Dorothea in ihrer Anspruchslosigkeit es gewißlich auch nie von sich selbst gesagt hätte, kann man von ihrem Leben sagen, was Faust von dem seinen sagt: «Es wird die Spur von meinen Erdentagen nicht in Äonen untergehen», eine segensreiche, leuchtende Spur.

George W. Carver

1861 – 1943

Der Neger Pedro Alonzo Niño, der mit Columbus 1492 zum erstenmal den Atlantik überquerte, soll der erste Neger gewesen sein, dessen Fuß amerikanischen Boden betrat. Schon hundert Jahre nach ihm waren bereits etwa 900 000 Neger in der Neuen Welt verkauft worden, und noch durch Jahrhunderte fuhren die Sklavenschiffe mit ihrer kostbaren Last zwischen Afrika und Amerika! Dabei muß man bedenken, daß die Sklavenjäger und -händler damit rechneten, daß auf der den Afrikanern ungewohnten Seereise eine ebenso große Zahl der Sklaven ihren Qualen erlag. In völlig unzulänglichen Schiffen zusammengepfercht, ohne frische Luft, bei armseliger Kost und getrennt von allem, was ihnen lieb und vertraut war, starben sie dahin. Auf den amerikanischen Sklavenmärkten wurden weder Familienbindungen noch Alter noch Geschlecht berücksichtigt. Wie Tiere wurden die Menschen bewertet und verkauft, je nach den Bedürfnissen der Käufer. Darum kannten die Neger in Amerika auch keine Familiennamen; Haustieren gleich hatte jeder nur einen Vornamen. Das schwer errungene Ziel Abraham Lincolns, den Negern die volle menschliche Gleichberechtigung, ihre Menschenwürde in vollem Umfang wiederzugeben und zu sichern, wäre wahrscheinlich nie zu erreichen gewesen oder gar in das Gegenteil umgeschlagen und hätte zu – kaum vorstellbar – noch größerem Elend der Schwarzen geführt, wenn das Weltenschicksal ihnen nicht zwei Männer geschickt hätte, Booker T. Washington und George Washington Carver, die durch Schulung und handwerkliche wie menschliche Ausbildung den Negern zeigten und halfen, ihre Freiheit sinnvoll anzuwenden und sich ihrer neuen Möglichkeiten so zu bedienen, daß sie sich wahre Unabhängigkeit und Achtung erwerben konnten.

Booker T. Washington war Neger und noch selber Sklave gewesen. Wer sein Vater war, wußte er nicht. Als «Old Master» eines Tages eine neue Sklavin brauchte, war seine Mutter auf die Farm verkauft worden, auf der er nun mit seinen Geschwistern, einem älteren Bruder John und einer Schwester, aufwuchs. Sie war Köchin auf dieser Baumwollplantage. Aber dennoch waren die Mahlzeiten, die sie ihren Kindern geben konnte, immer äußerst dürftig und eintönig. Nur sonntags fiel ein Tellerchen Sirup für sie ab, auf das sie sich die ganze Woche lang schon freuten.

Nie hatten die Kinder gelernt, zusammen an einem Tisch sitzend zu essen; im Laufe des Tages gab man ihnen, wann und wie es paßte, etwas zu essen, das sie meist irgendwo kauernd aus den Händen aßen. Die elende Blockhütte, in der sie wohnten und deren Fußboden die bloße Erde war, war zugleich die Küche, in der die Mutter auf offenem Feuer für die Schwarzen wie auch die Weißen der ganzen großen Plantage kochen mußte. Oft, zumal die Küche fensterlos war, biß der Herdrauch die hilflosen Kleinen erbarmungslos in den Augen. Nachts schliefen sie dicht aneinandergedrängt in einer Ecke der Küche in einem Haufen schmutziger Lumpen. Im Frühling und Herbst, vor allem aber im Winter pfiff der kalte Wind durch die vielen Ritzen, und dann waren ihm die Kinder Tag und Nacht schutzlos preisgegeben, im Sommer erhöhte das Herdfeuer die sowieso schwer erträgliche Hitze der amerikanischen Südstaaten. Aber am Morgen vor der Arbeit und abends, nachdem ihr schweres, ermüdendes Tagewerk getan war, beschäftigte sich die Mutter voll großer Liebe mit Booker und seinen Geschwistern.

Manchmal mußte der kleine Booker der einen oder anderen Tochter des Plantagenbesitzers die Schulbücher nachtragen, wenn sie zur Schule ging. Wie heiß brannte da der Wunsch in ihm, auch einmal eine Schule besuchen und Schreiben, Lesen und Rechnen lernen zu dürfen! Für ihn aber gab es nur harte Arbeit im Hof, im Garten, im Herrenhaus, wo er zumeist mit knurrendem Magen an der Tafel der Weißen die lästigen Fliegen abwehren mußte. Das Schlimmste aber war, wenn er mit Korn in die Mühle geschickt wurde, was bald jede Woche einmal geschah. Dann wurde einem Pferde ein schwerer Sack mit Korn über den Rücken geworfen und die Körnerlast auf beide Seiten des Pferdes gleichmäßig verteilt. Aber unterwegs wurde sie durch die Unebenheiten des Weges arg durcheinandergeschüttelt, und der Sack fiel vom Pferd herunter. Booker war noch zu klein und kraftlos, um den schweren Sack dem Pferd wieder auflegen zu können und mußte oft lange, lange Zeit warten, bis zufällig jemand des Weges kam und ihm half. Nun aber kam er viel zu spät in die Mühle und erst bei Nacht wieder auf den Rückweg. Der führte dann in den dunklen Wald, in dem, wie man sagte, viele entlaufene Soldaten hausten, die, wenn sie einen Negerjungen fänden, ihm beide Ohren abschnitten. Oh, es war ein Graus! Wenn er dann todmüde nach Hause kam, erwarteten ihn Prügel, weil es wieder einmal so spät geworden war.

Aber noch schlimmer erschienen Booker, jedenfalls in der Erinnerung an seine Sklavenjahre, die Flachshemden. In dem Teil von Virginia, in dem er aufwuchs, war es üblich, den Sklaven eine Kleidung zu geben, die aus rauhem Flachsabfall gewoben war. Wenn man solch ein Hemd zum erstenmal anzog, hatte man das Gefühl, «als preßten sich ein Dutzend stacheliger Kastanienschalen oder 100 Nadelspitzen gegen die Haut». Da die bei dem kleinen Booker noch sehr empfindlich war, quälten ihn die Stacheln sehr. Um so höher wertete er es, daß sein Bruder John ihm das große Opfer brachte, die Hemden immer so lange für ihn einzutragen, bis die Stacheln sich gelegt hatten.

Und dann kam nach Lincolns Sieg das Ende des Bürgerkrieges und der große Tag, an dem alle nordamerikanischen Weißen nach dem Gesetz ihren Sklaven die Freiheit schenken mußten. Da Tag und Jahr der Geburt eines Sklavenkindes bedeutungslos waren, wußte Booker auch später nicht, wie alt er an dem Befreiungstag gewesen sein mochte, glaubte aber, daß er wohl neun Jahre alt war, als «Old Master» seine Sklaven um sich versammelte und von der Treppe seines Hauses aus ihnen die staatlich zugesicherte Freiheit und Gleichheit mit allen anderen Amerikanern verkündete. Eine unendliche Freude ergriff die Neger. Man sang und jauchzte, umarmte sich und weinte vor Freude. In dieser Zeit gaben sich die meisten auch Familiennamen. Aber als sie Sklaven waren, waren sie wohl oft und oft grausam und herzlos behandelt worden, und unfrei sein ist etwas, unter dem ein Mensch, einfach, weil er Mensch ist, auch in glücklichen Verhältnissen leidet; aber damals hatte doch der Besitzer, wenn auch aus Eigennutz, dafür gesorgt, daß sie genug zu essen hatten, um kräftig zu sein und arbeiten zu können. Aus gleichem Grunde hatte er ihnen Kleidung und Wohnstatt gegeben. Jetzt, als Lincoln erschossen war und nicht mehr dafür sorgen konnte, daß Gesetze geschaffen wurden, die den Freigewordenen halfen, tragenden Boden unter ihre Füße zu bekommen, standen sie hilflos dem unerbittlichen Nichts gegenüber. Viele gingen in ihrer Not zu ihrem «Old Master» zurück und verdingten sich bei ihm gegen einen viel zu geringen Lohn. Bookers Stiefvater aber zog mit der Familie in einen anderen Staat. Da er auch die Arbeitskraft des kleinen Booker zum Unterhalt der Familie nicht entbehren konnte, erlaubte er nur nach langem Bitten und auch nur für wenige Wochen, daß Booker die dort von Negern für Neger gegründete Schule besuchte. So lernte er wenigstens die Anfangsgründe des Lesens, Rechnens, Schreibens. Noch etwas anderes bescherte ihm diese Schulzeit: Er hatte in den ersten Tagen bemerkt, daß die anderen Kinder zwei bis gar drei Namen hatten, er aber hieß nur Booker. Das war doch fatal und beschämend! Als er darum nach seinem Namen gefragt wurde, erklärte er keck, er hieße Booker Taliaferro Washington.

Lange Zeit mußte er in einem Kohlenbergwerk arbeiten, eine Arbeit, die er gründlich verabscheute. Vom Eingang in den dunklen Schacht bis zu dem Flöz, an dem er zu arbeiten hatte, betrug der Weg zwei Kilometer unter Tage «in schwärzester Finsternis». Der kleine Junge konnte sich in den vielen Stollen nie merken, wo sein Arbeitsplatz zu finden war, und irrte oft lange umher. Ganz hoffnungslos schien das, wenn seine Grubenlampe ausging und er nichts hatte, um sie wieder anzuzünden. Die Arbeit am Flöz war hart und sehr gefahrvoll. Verschiedentlich erlebte das Kind entsetzt mit, wie von einer plötzlichen Explosion ein Neger zerrissen oder ein anderer von einem stürzenden Felsblock erschlagen wurde. Er lebte daher in ständiger Angst.

Eines Tages aber belauschte er das Gespräch zweier Kohlenarbeiter über ein «Institut für allgemeine Bildung und Landwirtschaft» in Hampton. Booker wußte zwar nicht, wo Hampton lag, aber er beschloß sofort, koste es, was es wolle, dort zu studieren. Als er deshalb hörte, daß die Frau des Bergwerksbesitzers, Mrs. Ruffner, einen Hausburschen suche, und er dort mehr verdienen würde und sich so Studiengeld ersparen könne, meldete er sich bei ihr, obwohl sie dafür bekannt war, daß sie sehr streng mit ihrem Personal, besonders mit den Negerjungen umginge. Kaum einer hatte es bisher bei ihr länger als zwei oder drei Wochen ausgehalten.

So zitterte Booker vor Angst am ganzen Leibe, als er sich Mrs. Ruffner vorstellte, merkte aber bald, daß sie ganz umgänglich, ja freundlich wurde, wenn man schnell und ordentlich arbeitete. Sie war, von den Nordstaaten kommend, peinlichste Sauberkeit, flinke Arbeit und un-

bedingte Ehrlichkeit gewöhnt. Alles mußte sofort und mit Sorgfalt und
Liebe gemacht werden. Booker wollte ihr Wohlwollen gewinnen und sie
zufriedenstellen. So wurden sie beide gute Freunde, eine Freundschaft,
die, als Booker erwachsen war, sich noch festigte. Er blieb anderthalb
Jahre in ihrem Haus, in ihrer strengen, aber wertvollen Schule.

Als er etwa sechzehn Jahre alt war, beschloß er, die Reise nach dem geheimnisvollen Hampton zu wagen. Aber er mußte mit Schrecken fest-
stellen, daß seine Ersparnisse, die er zu diesem Zwecke von seinem geringen Lohn gemacht hatte, vom Stiefvater und der Familie verbraucht
worden waren. Einiges lieh ihm sein guter Bruder, aber der mußte auch
zum Familienunterhalt beisteuern und verdiente ja im Kohlenbergwerk
nicht viel.

Doch Booker ließ sich nicht abhalten und machte sich zuerst in der Postkutsche auf den Weg. Bald aber merkte er, daß so seine geringe Barschaft erschreckend schnell dahinschwand. Nun mußte er den weitaus
größten Teil des – wie er später erfuhr – 800 km weiten Weges zu Fuß
machen. Gleich in der ersten Nacht machte er noch eine weitere Erfahrung, die ihm in seinem Leben in allen möglichen Formen immer wieder
begegnete: Die Postkutsche hielt spät am Abend hoch oben im Gebirge
vor einem elenden Gasthaus, das sich stolz «Hotel» nannte. Alle weißen
Gäste gingen hinein und erhielten Essen und Bett. Als letzter nahte sich
Booker, um noch, ehe er recht gesagt hatte, was er wolle, zu erfahren,
daß Neger hier nicht aufgenommen würden und er gefälligst das Haus
sofort zu verlassen habe. Es war eine bitter kalte Nacht, besonders kalt
hier oben, wo ein scharfer Wind pfiff. Um nicht zu erfrieren, wanderte
Booker die ganze Nacht durch auf und ab, hungrig und zum Umfallen
müde.

Als er nach Wochen endlich, seit langem nicht mehr richtig satt, ungewa-
schen und in abgetragener, ungepflegter Kleidung, nach langen Fußmärschen und mancher Gelegenheitsarbeit in Hampton ankam, konnte er
wahrlich auf die Institutsleitung keinen guten Eindruck machen, und es
entmutigte ihn denn auch nicht, daß die weiße Oberlehrerin, die die Auf-
nahmen vollzog, sich mit anderen beschäftigte und ihn unbeachtet ließ.
Er wartete geduldig und brachte sich nur hin und wieder durch eine
Frage in Erinnerung. Und sie meinte denn auch nach Stunden leichthin
zu ihm: «Das Klassenzimmer nebenan ist zu kehren. Nimm einen Besen
und mach es sauber!» Holla! Wenn es weiter nichts war, das hatte er

bei Mrs. Ruffner gelernt. «Ich kehrte das Klassenzimmer dreimal aus. Dann nahm ich ein Staubtuch und staubte es viermal ab, die ganze Holzvertäfelung an den Wänden, jede Bank, jeden Tisch und jedes Pult.» Auch diese Oberlehrerin kam aus dem Norden und wußte genau, wo sie Staub finden konnte, wenn sie wollte, und wo nicht. Aber Mrs. Ruffners strenge Schule bewährte sich, es fand sich nirgends auch nur ein Stäubchen! Lächelnd ließ die Oberlehrerin Booker wissen, daß er das Aufnahmeexamen bestanden habe und zeigte, daß er es glänzend bestanden habe, ihm dadurch, daß sie ihm eine Stelle als Beschließer in dem Institut anbot. Damit konnte er sich Essen und das Unterrichtsgeld verdienen; Unterkunft und Kleidung mußte er selber beschaffen.

In seinem neuen Amt mußte Booker für Ordnung und Sauberkeit in einer ganzen Anzahl von Zimmern sorgen, im Winter jeden Morgen um vier Uhr die Öfen heizen, die Bettwäsche unter Verschluß halten und dergleichen. Auch mußte er hier seltsame Dinge lernen, deren Sinn er lange nicht einsehen konnte: Mehrmals am Tage mußte man sich die Hände waschen, mußte seine Haare bürsten, auch mehrmals am Tage, die Kleider mußten immer ganz ordentlich und sauber sein, und morgens und abends mußte man seine Zähne mit einer kleinen Bürste bearbeiten. Aber das Seltsamste war doch, daß er in einem Bett schlafen sollte. Darin fand er zwei Leinentücher. Wofür waren die? «In der ersten Nacht deckte ich mich mit beiden zu, in der zweiten Nacht legte ich mich auf beide drauf. Dann begann ich zu beobachten, wie die anderen ihre Leinentücher verwendeten, und zog daraus die Lehre, daß man zwischen den beiden Leinentüchern zu schlafen habe. Diese Lehre habe ich dann später auch an meine Schüler weitergegeben.» Vor allem aber lernte er in diesem Institut, daß es keine Arbeit gibt, die zu tun eine Schande bedeute, und an seinen weißen, sich für ihre farbigen Schüler aufopfernden Lehrern beobachtete er, «wie beglückend es ist, aus freiem Entschluß ein selbstloses Leben zu führen, und verstand, daß jene Menschen am glücklichsten sind, die am meisten zum Glück anderer beitragen».

Nachdem Booker seinen Abschluß in Hampton gemacht hatte und zuerst in seinem Heimatort, dann im Hampton-Institut selbst Lehrer gewesen war, wurde er nach Tuskegee in Alabama, in ein Städtchen von 2000 weißen und farbigen Einwohnern geschickt, wo er eine Schule für Neger begründen und leiten sollte. Das war im Frühsommer 1881. Der Staat zahlte eine gewisse, nicht sehr hohe Summe als Lehrergehalt, aber für alles andere mußte der junge Lehrer selber sorgen. Ein Bretterschuppen und eine fast in sich zusammenfallende Holzkirche wurden ihm statt eines Schulhauses zur Verfügung gestellt. Seine zukünftigen Schüler und deren Eltern, die er zuerst einmal besuchte, lebten kaum anders als in der Zeit der Sklaverei. Armut und Unbildung waren bedrückend und die Scheu vor jeder manuellen Arbeit schier unüberwindlich. Es war ja auch noch nicht lange her, daß niemand sie etwas anderes gelehrt hatte, als brauchbare Arbeitstiere zu sein. Als ein alter Neger ihm erzählte, daß er seinerzeit nach dem Staate Alabama verkauft worden wäre, und Booker fragte, wie viele damals verkauft worden seien, antwortete der alte Mann in aller Selbstverständlichkeit: «Fünf: ich, mein Bruder und drei Maultiere.»

Nach den niederschmetternden Eindrücken in den Häusern der Schwarzen begann Booker schweren Herzens mit 30 jungen Negern über 15 Jahren seine Schule. Er hatte sich vorgenommen, sie nach den bewährten Prinzipien des Hampton-Instituts aufzubauen, so daß jeder Schüler selber die Schulkosten tragen mußte. Einen Teil konnte der Zögling abarbeiten, einen anderen Teil mußte er in bar aufbringen, er selbst, seine Familie oder Gönner. Als es ihm gelungen war, eine brachliegende Plantage für verhältnismäßig geringes und noch dazu geliehenes Geld zu kaufen, brachte er die Neger dazu, daß sie die manuelle Arbeit auf sich nahmen und nach seinen Anleitungen die Häuser für ihre Unterkunft selber bauten. Er lehrte sie die Ziegel backen und brennen. Unter der Leitung seines Bruders John konnten die Schüler Sattlerei, Schuhmacherei, Klempnerei lernen. Bei anderen Lehrern konnte man Grobschmied, Zimmermann, Gießer, Melker, Koch, Schneider, Wäscher, Wagenbauer werden. Bald schon konnten die schwarzen Handwerker den vielen Aufträgen aus der ländlichen Umgebung nicht mehr nachkommen. Auch den Mädchen, die für den Verkauf Besen banden und Matratzen herstellten, war es bald nicht mehr möglich, die große Nachfrage zu befriedigen. Ein blindes Pferd, das eines Tages dem Institut geschenkt wurde, war der Anfang für eine Viehzucht, die nach den ersten 20 Jahren 200 Pferde, Fohlen, Maultiere, Kühe, Kälber und Ochsen umfaßte, 700 Schweine und eine stattliche Herde Ziegen und Schafe zählte.

Für einen so großen landwirtschaftlichen Betrieb und auch, um zugleich mit seinen Schülern die umliegenden armen farbigen Farmer einen Ackerbau zu lehren, der ihnen ein gesundes Leben und eine Kultur ermöglichte, die echt und kein bloßer Flitter war, brauchte Booker aber fachmännische Hilfe. Doch wie sollte er sie zahlen? Professoren waren gewöhnt, gut zu verdienen, und das Institut in Tuskegee war reich an Segen und Erfolgen, aber arm an klingender Münze!

In dieser Lage hörte Booker von einem jungen farbigen Wissenschaftler, der sich besonders um Pflanzenzucht bemühte und trotz seiner Jugend bereits eine Autorität auf landwirtschaftlichem Gebiet war: George Washington Carver.

George Washington Carver hieß in seiner Kindheit nach dem Besitzer seiner Mutter, einer Negerin, der einzigen Sklavin des Farmers Moses Carver, «Carvers George». Er verlor seinen Vater, der auf der Nachbarfarm arbeitete, schon mit zwei Monaten durch einen Unglücksfall. Wenige Wochen später – kurz vor Weihnachten 1861 – wurde seine Mutter in der Nacht von Banditen geraubt und mitsamt ihrem Töchterchen nach den Südstaaten verkauft. Den kleinen George hatten die Räuber seiner Mutter aus den Armen gerissen und irgendwo liegengelassen. Halbtot wurde er Moses Carver zurückgebracht, aber weder Moses noch seine Frau Susan glaubten, daß es gelingen würde, den kleinen, schon von Anfang an immer wieder kranken Jungen am Leben zu erhalten. Sie hatten selbst keine Kinder und lebten auf einer Farm im Staate Missouri, wo sie einige Meilen von jedem Menschen entfernt waren. Die einzige Hilfe, die sie bei ihrer vielen Arbeit hatten und die der Farmerin zugleich auch eine liebe Gesellschaft geworden war, war die Sklavin, Georges Mutter, gewesen, die sie wie ihr Kind hielten. So zogen sie die beiden Negerbuben George und seinen älteren Bruder Jim auf, als wären es ihre eigenen Söhne. An nichts, was Liebe und Verantwortungsbewußtsein den Kindern zu geben vermochten, ließen sie es fehlen.

Doch Georges ersten Lebensjahre waren ein steter Kampf mit seinem schwachen Körper. Jede Kinderkrankheit bekam er, und sie packte ihn allemal gründlich, so einen Körper herausarbeitend, der einmal gefügiges Werkzeug seiner starken eigenen Persönlichkeit sein konnte. Tante Susan war glücklich, als es ihm mit drei Jahren gelang, zum erstenmal allein quer durch die Küche zu laufen. Das war für beide ein großer Sieg und zugleich der von Tante Susans Kunst, die George im späteren Leben auch meisterhaft handhabte, aus allen möglichen Pflanzen wirkungsvolle

Medizin zu bereiten. Zwar blieb er auch fernerhin dünn und elend aussehend, aber er war zäh und wurde immer widerstandsfähiger.

Auf einer Farm im damaligen «Wilden Westen» gab es viel zu tun. Man mußte ja noch alles selber herstellen, spinnen und weben, Seife kochen, Lichter ziehen, Schuhe machen, Kleider nähen, stricken und stikken und vieles andere mehr. Jim ging mit Onkel Moses in die Felder, auf die Weiden, in den Wald und war früh im Stall und bei Onkel Moses' erfolgreicher Pferdezucht unentbehrlich. Daß George bei der Farmerin blieb und bald versuchte, ihr zu helfen, ergab sich wegen seiner Anfälligkeit von selbst. Sein starker Nachahmungstrieb lehrte ihn Dinge, die Tante Susan bald in Erstaunen setzten, von denen sie nie geglaubt hätte, daß er ihr darin so schnell eine willkommene Hilfe werden würde. So kam er etwa mit alter Riffelwolle und Hühnerfedern, setzte sich neben sie und ihr Strickzeug und strickte auch. Mit und ohne ihre Hilfe lernte er schnell Häkeln und Sticken. Bald half er beim Kochen und Waschen mit und kam gar nicht auf die Idee, daß das vielleicht Arbeiten sein könnten, von denen andere meinten, sie seien eines Knaben «nicht würdig». Was er anfaßte und tat, gelang; er schien einen Zauber in seinen Händen zu haben. Am meisten staunten die beiden Alten aber, als George eines Tages Onkel Moses' drückende Schuhe einfach auseinandernahm und darauf fachgerecht zusammensetzte, so daß der Onkel sie ohne Schmerzen wieder tragen konnte.

Bald jedoch lockten ihn die Felder und vor allem der Wald. Eine kleine Höhle tief im Waldesdickicht wurde sein Lieblingsplatz, den niemand außer ihm kannte, wo er alle Freizeit, sonntags viele Stunden, ganz der Beobachtung von Tieren und vor allem von Pflanzen hingegeben, verbrachte. Dabei vermißte er schmerzlich ein Taschenmesser, ohne das er hier draußen im Wald immer in seinen Forschungen und Experimenten steckenblieb, weil er erst einmal seine Erfindungskraft gebrauchen und sich irgendeinen Messerersatz beschaffen mußte.

Doch Tante Susan hütete ihre Messer wie ihren Augapfel. Als er darüber einmal ganz trostlos war, träumte er in der Nacht klar und deutlich von einer schönen Wassermelone, die in einem ihm wohlbekannten Kornfeld lag. Sie war zerschnitten und zum Teil aufgegessen. Ihre Schale lag am Fuß dreier Maisstrünke und neben diesen lag ein kleines Damentaschenmesser mit schwarzem Heft und zwei Klingen. Es begann kaum zu tagen, als George aus dem Bett sprang, über Felder und Weiden rannte, bis er auf dem Kornfeld war und die drei Maisstrünke vor sich sah, die Wassermelone und – das Taschenmesser! Typisch für ihn, der bis zu seinem Tode keiner Not eines Mitmenschen begegnen konnte, ohne sofort intensiv nachzudenken, wie er Abhilfe schaffen könne, schnitzte er nun als erstes mit diesem Taschenmesser Krücken für einen verkrüppelten Spielkameraden. Das Taschenmesser behielt er bis an sein Lebensende in Gebrauch.

Auch die Fähigkeit des Wahrträumens behielt er sein ganzes Leben lang. Als er zum Beispiel einmal in Tuskegee notwendig Schmirgelpapier brauchte und ihm dessen Herstellung absolut nicht gelingen wollte, träumte er in der Nacht, daß er in einer Stellmacherei einen Mann sähe, der einen Reifen über ein Wagenrad zog. Als Carver dem Manne eine Weile zugesehen, faßte er sich ein Herz und fragte, ob der Mann ihm wohl sagen könne, wie man Schmirgelpapier mache. Der Mann antwortete nur ja und ließ sich weiter nicht in seiner Arbeit stören. Da berichtete George, wie er sich die Herstellung von Schmirgelpapier denke und war hoch erfreut, als der Mann meinte, ja, so sei es richtig, aber er müsse den Sand kochen, das habe er vergessen. Carver kochte nach dem Erwachen den Sand und konnte tatsächlich nach dem Traumrezept ausgezeichnetes Schmirgelpapier in jeder gewünschten Menge bereiten. Später gestand er einmal: «Es wird mir leicht, die Dinge vorherzusehen.»

Als er etwas älter war, durfte er auch wohl mit in die Stadt, das etwa 18 km entfernte kleine Neosho gehen. Und dort, als er allein dessen Herrlichkeiten zu erforschen suchte, rannte er an einer Straßenbiegung gegen einen großen Neger und sah in tiefstem Erschrecken zum erstenmal einen Menschen mit schwarzem Gesicht. Daß auch sein Bruder Jim ein schwarzes Gesicht hatte, war ihm – von Kind auf vertraut – noch nie zu Bewußtsein gekommen. Und sonst hatte er Neger noch nie gesehen. Einen Spiegel aber brauchte man auf der Farm nicht.

Oft wußten Onkel Moses und Tante Susan nicht, wie sie seine vielen seltsamen Fragen beantworten sollten. Warum es schwarze und weiße Menschen gäbe, war noch nicht eine der schwersten. Was hätte er nicht gerne gewußt! Unendliche Rätsel quälten ihn. Und niemand konnte sie ihm beantworten! Hier im Wald kam er dazu, sie durch Beobachtung und Versuche durch die Dinge selbst nach kürzerer oder längerer Zeit beantwortet zu bekommen, und das beglückte ihn unendlich. Er begann, mit der Sonne, dem Wind, den Bäumen, Insekten und Blumen, mit den mannigfach gefärbten und geformten Steinen zu reden und auf ihre Antworten zu lauschen. Sie wurden ihm die wichtigsten all seiner Lehrer, und bis in seine letzten Lebenstage hinein ging er täglich mit Sonnenaufgang in den Wald, um von ihnen zu lernen.

Diese hingebende Beschäftigung mit dem Pflanzenleben kam bald dem Garten von Tante Susan und den Obstbäumen von Onkel Moses zugute, und rings aus der Nachbarschaft kamen die Frauen und holten sich den kleinen «Pflanzendoktor» mit seinen weisen Händen zur Hilfe zu ihren Topf- und Gartenblumen. Bei solch einer Gelegenheit sah er im Zimmer einer wohlhabenden Farmerin zum erstenmal farbige Bilder an den Wänden. Die Farben nahmen ihn ganz gefangen und ließen ihn nie wieder los. Malen können und Maler zu werden war die große Sehnsucht seines Lebens, die er einmal um eines selbstlosen Zieles willen unter schmerzlichstem Verzicht begraben würde. Auch der Musik begegnete er bei solch einer «Doktorvisite» zum erstenmal, auch sie gewann sein ganzes Herz, und auch ihr blieb er sein Leben lang treu.

Und dann stand er eines Tages bei seinen Streifereien mit all seinem Wissensdurst vor einer Schule, sah viele Kinder mit Büchern hineingehen und erlauschte durchs Schlüsselloch, wie der Lehrer mit ihnen sprach, wie sie ihn fragten und er ihre Fragen beantwortete. Er eilte erregt heim und beschwor Onkel Moses, ihn auch in die Schule gehen zu lassen. Wie betroffen war er, wie völlig verständnislos, als der Onkel ihm sagen mußte, daß die Schule, die er gesehen, nur für Weiße sei, daß es für schwarze Menschen keine Schule gäbe! Soviel es Carvers Zeit erlaubte, lehrten sie ihn nun die Anfänge des Lesens, Schreibens und Rechnens. Und dann kam der Tag, an dem bei neuen Erkundungszügen in Neosho der Vierzehnjährige nach langen Jahren quälenden Geisteshungers eine Schule für Farbige entdeckte! Nun konnte ihn nichts mehr halten! Auf des Onkels Frage, wie er denn als Schüler seinen Lebensunterhalt finden wolle, meinte er zuversichtlich, er könne Gärten pflegen, Bäume beschneiden, spinnen, waschen, kochen, fegen, stricken und häkeln, er könne doch arbeiten! Mit einem reinen Hemd und einigen besonders schönen Stücken seiner Steinsammlung im Beutel nahm er Abschied von Jim und den treuen Carvers.

Es ging schon auf den Abend zu, als der zarte und kleine Junge in die Stadt kam. Die Schule war geschlossen, und er kannte in Neosho keine

26

Menschenseele. Wo sollte er schlafen? Er fror und war hungrig, und die Wegzehrung, die Tante Susan ihm mitgegeben hatte, war aufgezehrt! So war er sehr froh, als er nach einer ungemütlichen Nacht im Heu einer Scheune von einer kleinen, hageren Negerin mit munteren, gütigen Augen entdeckt und als ihr und ihres Mannes, eines Hilfsarbeiters, Pflegesohn in ihr Haus genommen wurde. Maria Watkins, wie sie hieß, war Hebamme und Wäscherin, und alles an ihr und um sie war so blitzsauber und klar, wie George es bisher noch nicht kennengelernt hatte. Neben der Schule her lehrte sie ihn fachgemäß Wäsche waschen und bügeln. Aber sie lehrte ihn noch weit Wesentlicheres: Carvers nämlich waren zwar Christen, aber von einer Religiosität, die tief im Herzen lebte und die ganze innere Haltung und Gesinnung und die äußeren Taten bestimmte, jedoch äußerlich nicht in Erscheinung trat. So war «Gott» für George ganz unbekannt geblieben. Als nun ihr kleiner Pflegesohn zu Maria meinte, er habe doch arg großes Glück gehabt, daß er gerade zu ihr gekommen sei, antwortete sie ernst und entschieden, mit Glück habe das nichts zu tun. Gott habe offensichtlich etwas Besonderes mit ihm vor und ihn deshalb in die Schule und zu ihr geführt, ihm zu seinem Ziel zu helfen. So hörte George zum erstenmal von Gott. Sonntags ging er von nun an mit den Watkins in die Kirche, vor der er zuerst eine heimliche Angst hatte, da er sich gar nicht vorstellen konnte, was darin geschähe, und seine freundlichen Pfleger auf dem Weg dahin ein sehr ernstes, feierliches Gesicht trugen und ihm sagten, am Sonntag dürften auch Kinder nicht lachen. Seither fühlte sich George als «Gottes Diener».
Die Schule war eine baufällige, enge Bretterhütte, in der sich 75 Kinder auf hohen, harten Bänken Liebe zur Weisheit erwerben sollten. Aber George machte sie dennoch große Freude. Er lernte schnell und gern. Bei all seinen mancherlei Arbeiten in Marias Haus und auch bei Fremden, wo er sich noch ein wenig Geld dazu verdiente, waren seine Schulbücher seine steten, immer befragten Begleiter. Als er am ersten Tag hatte in die Schule gehen wollen, war ihm von Maria eingeschärft worden, ja daran zu denken, daß er nun nicht mehr «Carvers George», sondern als eine eigene Persönlichkeit George Carver hieße.
Mit liebevollem Herzen ging er seinen Schulkameraden entgegen. Zwar konnte er nicht wie sie mit einem laut knallenden Gewehr umgehen, aber wie beneideten sie ihn um seine unerreichbare Kunst des Werfens!

Er traf mit einem Stein den Vogel in der Luft, und wenn er sich mit der linken Hand das rechte Ohrläppchen festhielt, dann sein kleines Taschenmesser über seine linke Schulter schleuderte, erreichte er jedes gewünschte Ziel. Schwerer zu ertragen war es für seine Mitschüler schon, daß er beim Murmelspiel immer gewann. Seine Beutel schwollen und schwollen mit Murmeln der kleinen Genossen, von denen keiner so zielsicher war wie er. Spiel war Spiel und mußte ernst genommen werden, da war selbst seinem weichen Herzen kein falsches Mitleid erlaubt.

Nach anderthalb Jahren konnte sein Lehrer ihn nichts mehr lehren, und George rüstete zur Weiterfahrt. Später hat Maria berichtet, George habe, als er zu ihr kam, erklärt, er sei ausgezogen, um zu erfahren, was den Hagel und Schnee mache, wo der Regen herkäme und ob es möglich sei, die Farbe einer Blume dadurch zu verändern, daß man den Samen verändere. Sie habe ihm gleich gesagt, daß er das alles in ihrer kleinen Stadt niemals würde erfahren können.

So wanderte George noch einmal hinaus zu den guten Carvers, um darauf in der Januarkälte 1877 mit Bekannten, die weiter nach Westen zogen, nach Fort Scott im Staate Kansas zu ziehen. Maria schenkte ihm zum Abschied eine alte, in Leder gebundene Bibel. Sie hat ihn durch sein ganzes langes Leben begleitet und wurde täglich, selbst noch am Tage seines Todes, studiert.

In Fort Scott verabschiedeten sich die Bekannten von ihm, um noch weiterzuziehen, und er stand frierend und hungrig in der Winterkälte allein in der fremden, großen Stadt. Natürlich kannte er auch hier niemanden. Er sah nicht einmal eine Scheune, wo er sich hätte über Nacht verkriechen können, um wenigstens erst einmal zu schlafen. So klopfte er, um Brot und Obdach bittend und seine Arbeitsfähigkeit anbietend, an viele Türen, erfuhr aber nur die Bitterkeit steter Abweisung. Endlich fand sich eine Hausfrau bereit, ihn als Koch einstellen zu wollen, wenn er sich als solcher bewähre. O weh! Er sollte sich sofort an ein Abendbrot machen, das aus lauter ihm unbekannten Gerichten bestand, und es sollte auch ja pünktlich auf dem Tische stehen! Auf der Farm und bei Maria hatte er zwar gekocht, aber nur das Einfachste und von den jetzt geforderten Gerichten – gleich mehrere zu einer Mahlzeit! – kannte er noch nicht einmal die Namen! Aber «Armut sucht List», und so erklärte er der Hausfrau, er wolle alles gerne so machen, wie sie es gewohnt sei und liebe. Sie sagte ihm arglos ungefähr Bescheid, und das Abendbrot, das er dann pünktlich auf den Tisch setzte, geriet zur vollen Zufriedenheit. Dem Kochen galt bald seine besondere Liebe, und da er Freude daran hatte, richtig und mit möglichst viel Abwechslung zu würzen, wurde er in Kürze von der Hausfrau und ihren Bekannten als guter Koch geschätzt. Ja, bei Wettbewerben errang er für seine Kekse und sein Hefebrot sogar Preise, obgleich er sich deren Rezepte ausgedacht hatte.

Aber Maria hatte ihm auch von Libby erzählt, einer Negerin, die heimlich ihren Mitsklaven, darunter auch Maria, Schreiben und Lesen beibrachte, obgleich sie wußte, daß, wurde es dem «Old Master» bekannt, ihr drohte, nach dem Süden in ein ungewisses Schicksal verkauft zu werden. Viele Sklavenhalter liebten Bildung bei ihren Negern nicht. Aber Libby tat es, weil sie wußte, daß ihre Mitsklaven an einem großen Wissenshunger litten, der ja auch George beseelte. Und als das Frühjahr kam, hörte George in seinem Inneren immer drängender Marias Mahnung: «Lerne alles, was du nur lernen kannst, und dann gehe in die Welt und gib wie Libby, was du gelernt hast, unserem Volk zurück. Sie sterben für ein wenig Bildung!» Und das trieb nun George aus seiner warmen Küche, von seinen vollen Schüsseln, sobald sein Erspartes hinreichend war, in die höhere Schule. In dieser Schule waren ihm vor allem Mathematik und Geographie etwas ganz Neues. Beides wurde ihm sauer. Aber in allen naturkundlichen Fächern setzte er Mitschüler und Lehrer in Erstaunen und mußte hier auch bald wieder einsehen, daß sie seine vielen Fragen nicht mehr beantworten konnten.

Bis in den Hochsommer reichte sein Geld, und das bedeutete für ihn eine selige Zeit ununterbrochenen Studiums, das bis in die Nacht hinein dauerte, obgleich er gegen vier Uhr morgens aufstand, um wie bei Carvers in Feld und Wald mit der Natur zu leben und aus ihr sich Kraft und Mut zu holen. Dabei zeichnete und malte er jetzt die Pflanzen und Tiere, die er besonders liebte. Aber dann war es wieder, weil er Geld verdienen mußte, um zu leben, monatelang mit der Schule aus. Zuerst arbeitete er als Wäscher für die Hotelwäsche in einem Hotel, dann wusch er in seinem Zimmer selbständig Herrenhemden und bügelte sie, wie er es bei Maria gelernt hatte. Später reichte es dann wieder eine Zeitlang zum Schulbesuch. Seine Mitschüler waren zumeist Weiße. Dadurch vereinsamte er, aber auch durch seinen Lerneifer und seine ungewöhnlichen Streifzüge in Wald und Feld, und er fühlte sich sein Leben lang wohl, wenn er mit seiner Arbeit, seinen Gedanken und seinen «Gesprächen mit Gott» allein sein konnte.

So wanderte George einsam und verloren zehn Jahre lang durch die westlichen Staaten und lebte von der Arbeit seiner ungewöhnlich geschickten Hände: Er kochte, wusch Wäsche, betreute Gärten, grub Gräben und baute Zäune, pflückte Früchte, fällte Bäume und band in der Erntezeit Garben, immer unterwegs von einer Schule zur anderen, bis sie ihn nichts mehr lehren konnte. Sehnlichst hoffte er, einmal seiner Mutter und seiner Schwester begegnen zu können. Aber wie sollten sie sich denn erkennen? Er war plötzlich sehr in die Höhe geschossen, wurde im Laufe eines Jahres 1,80 m groß, ein schlanker, graziler junger Mann, knochig und etwas nach vorn gebeugt. Er zog seine Straße mit den Augen eines Künstlers; keine Schönheit entging ihm, er freute und stärkte sich an ihr und nährte den immer drängender werdenden Wunsch, richtig malen zu lernen. Und mit ihm ging eine tiefe, große Sehnsucht, die er nicht hätte genau erklären können. Je weiter ihn sein Weg nach Süden führte, um so häufiger war er als Neger Gefahren und Belästigungen ausgesetzt. Doch für ganze sieben Dollar kaufte er ein altes Akkordeon und wußte, wenn er spielte, daß trotz allen Hasses, der ihm immer wieder entgegenschlug, die Welt gütig und Gott gerecht sei.

Als er in Minneapolis war, richtete er sich eine eigene Wäscherei ein, wozu er nicht viel Geld brauchte. Für ein paar Cents kaufte er ein Waschbrett, Seife und eine Zinkwanne. Reichte sein «Vermögen» nicht einmal zu letzterer, so sägte er von einem alten Faß den oberen Teil ab und hatte dann einen hölzernen Waschzuber, der ihn gar nichts gekostet hatte. Die Wäscherei war bald ein blühendes Geschäft, zumal er inzwischen das Bügeln auch ganz komplizierter Kleidungsstücke und Spitzen gelernt hatte.

Hier in Minneapolis absolvierte er die letzten Klassen der Oberschule. Er war zwanzig Jahre alt und rechnete damit, daß er, der Längste und Älteste unter seinen Kameraden, noch eine Zeit brauchen würde, um das College beenden zu können. Aber er hatte unverrückbar sein Ziel vor Augen und ließ sich durch nichts entmutigen oder abhalten: «Lerne alles, was du lernen kannst, und dann gib, was du gelernt hast, an unser Volk zurück wie Libby. Sie sterben für ein wenig Bildung.»

In Minneapolis hatte er auch bald eine ganze Anzahl von Freunden, die ihn in seiner Wäscherei besuchten, seine Geschicklichkeit, sein großes

Wissen und seine Stein-, Fossilien- und Pflanzensammlungen bewunderten. Mit seinem Akkordeon mußte er auf den Schulausflügen anführen, Freitag abends ihnen zum Tanz aufspielen und konnte sich nicht sträuben, wenn sie ihn baten, seiner hohen Stimme wegen trotz seiner Größe bei den Theaterspielen der Klasse Mädchenrollen zu übernehmen. Alle seine geselligen Möglichkeiten, seine Liebenswürdigkeit, Hilfsbereitschaft und sein Mitgefühl, seine Einfallsfülle und sein Humor entwickelten sich unerwartet zu schönster Blüte.

Seine Zukunftszuversicht bekam einen gewaltigen Aufschwung, als von einer kleinen Universität in Highland nach langem und bangem Warten die Erlaubnis kam, dort sein Studium zu beginnen. Jetzt endlich würde er Antwort bekommen auf alle die vielen Fragen, die noch viel mehr geworden waren und ihn immer mehr quälten! In den Monaten vor Semesterbeginn lernte er noch in einer Handelsschule Schreibmaschineschreiben, Stenographie und kaufmännische Buchführung. Und wieder war er infolge seiner beispiellosen Emsigkeit in erstaunlich kurzer Zeit so weit, daß er eine gut bezahlte Anstellung in einem Telegraphenbüro annehmen konnte, allerdings mußte er hier von morgens um sechs Uhr bis Mitternacht an der Schreibmaschine sitzen. Ehe er sich nach Highland aufmachte, besuchte er noch einmal die gute Maria, das Grab seines kurz vorher gestorbenen Bruders und für mehrere Tage die braven Carvers.

Pünktlich im September 1885 mit Semesterbeginn stand George voll schier unbezwingbarer Freude und kaum fähig, seines Herzens wilden und stolzen Schlag zu sänftigen, vor dem Leiter von Highland University, Ehrwürden D. D. Duncan Brown. Ehrwürden sah nur flüchtig auf und bedauerte kühl und abweisend, daß George sich vergebliche Hoffnungen gemacht habe, man nähme hier aber keine Neger auf und George habe ihnen nicht mitgeteilt, daß er Neger sei.

So hatte George noch kein Schlag getroffen! Alle seine Hoffnungen waren in einem kurzen Augenblick niedergetreten. Wie sollte er nun weiterkommen? Gab es denn nirgendwo ein Institut, das Negern ein volles Studium ermöglichte? Und wenn schon, er war so verletzt, daß er nicht mehr die Kraft gefunden hätte, ein solches Institut zu suchen. – Er hatte hart und unermüdlich gearbeitet. Er war niemandem zur Last gefallen. Er hatte kein Unrecht getan. Und doch war er ausgestoßen, einsam, besitzlos und verfolgt!

Es war nicht das erstemal, daß man ihm zeigte, was es bedeute, Neger zu sein. In Fort Scott hatte man ihm auf der Straße seine Schulbücher, die er soeben von seinem letzten Geld gekauft und glücklich nach Hause trug, entrissen, ohne daß irgendeiner der Passanten ihm beisprang, da, wie die Männer riefen, ein Neger Bücher nicht besäße, sondern nur gestohlen haben könne. Ein andermal hatte er einen Gärtner gebeten, ungewöhnlich schöne Rosen, die ihn in einem vornehmen Garten erfreuten, aus der Nähe sehen und riechen zu dürfen. Diesmal warfen junge Leute ihn in einen Teich, weil er unbefugt in fremden Besitz eingedrungen sei. Nur mit Mühe war er damals dem Tode des Ertrinkens entronnen. Und nie, nie würde er die schrecklichen Bilder vergessen, die sich seiner entsetzten Seele unauslöschlich eingeprägt, als er in Fort Scott, angstvoll zitternd gegen die Hauswand gepreßt, miterleben mußte, wie die Volksmenge «Nigger! Nigger!» schreiend, sich wütend über einen Neger stürzte, ihn schlug und zerriß und endlich halbtot ins Feuer warf. George hatte danach jahrelang immer mit der Furcht gelebt: «Wann und wo werden sie mich lynchen?» – All solche Erinnerungen stiegen jetzt in ihm auf und wollten ihn mit Bitterkeit und Haß erfüllen: «Nein! So tief soll mich niemand herabziehen», rief er sich wieder und wieder zu, «daß ich einen Menschen hasse!» Wie oft noch würde er sich im Leben diesen festen Entschluß zur Hilfe rufen! Aber als er jetzt Ehrwürden Brown verließ, um sich irgendwo wenigstens etwas Geld zu verdienen, da die weite Reise seine ganze Barschaft verzehrt hatte, war all sein Mut verflogen, alle Energie seines zähen Körpers gelähmt.
Er erfuhr, daß die Regierung in den weiten Prärien von Kansas vor einiger Zeit Land erschlossen habe, und es für geringes Geld verkaufe. Die Briefe der Farmer aus dem Westen klangen hoffnungsvoll und verlockend. George, dem zu weiterem Lernen aller Mut geschwunden war, erwarb 1886 eine Farm von 674 520 qm, das waren ebenso viele Quadratmeter kahlen Büffelgrases mit einem kleinen Hügel in der Mitte, der ihm immer ein geologisches Rätsel blieb und von dem er stets meinte, er enthielte ein Geheimnis. Er lernte, aus Grassoden kunstgerecht seine Hütte zu bauen, und brachte es darin zu solcher Meisterschaft, daß es bald unter den neuen Ansiedlern üblich wurde, ihn beim Bau ihrer Hütten um Rat und Hilfe anzugehen.
Während des Herbstes war alles schön und gut, aber dann kam der Winter, der hier von einer Gewalt war, die George nicht kannte. Der

Schnee fiel so dicht, daß die Farmer auf ihren Gehöften zwischen den Gebäuden Leinen spannten, um sich bei der Stallarbeit und in der Scheune nicht auf ihrem eigenen Hof ins Unbekannte zu verlieren und im unentrinnbaren Schnee zu erfrieren. Wütende Stürme heulten um das Haus und drohten, es jeden Augenblick umzuwerfen. Im Sommer dörrte eine glühende Hitze das Land aus und stellte jede Ernte in Frage. Hier war nichts, was Georges Lebensgeister wieder erwecken konnte. Aber allmählich ergab es sich, daß er sonntags und hin und wieder wohl auch nach getaner Arbeit mit den Nachbarn zusammen musizierte. Immer häufiger holte er auch eines der mitgebrachten Bücher wieder hervor, um zu lesen. Leise begann sich eine zarte Hoffnung zu regen, und nach und nach wagten sich seine alten Träume hervor, daß er «irgendwann», «irgendwie», «irgendwo» doch noch sein Ziel erreichen könnte, seinem Volke zurückzugeben, was er hatte lernen dürfen. Und so verkaufte er im Sommer 1888 seine Farm für 300 Dollar, nicht ahnend, daß etwa 50 Jahre später unter jenem kleinen Berg in ihrer Mitte eine Ölquelle entdeckt wurde, die einzige in einem Umkreis von etwa 80 km. Sie quillt noch heute und hätte ihn zum reichen Mann machen können!

So begann das Wandern wieder und die Brotarbeit bei den verschiedensten fremden Menschen, bis bei dem sonntäglichen Besuch des Gottesdienstes in einem verträumten, grünumhegten Dörfchen seine reine hohe Stimme die Aufmerksamkeit der Leiterin des Kirchenchores, der Frau des Arztes Millholland, erregte. Millhollands zogen ihn in den Frieden ihres kultivierten Hauses. Bald stellte sich heraus, daß auch die Hausfrau malte, George ihr aber weit überlegen sei, und es wurde ausgemacht, daß er bei ihr Gesangstunde, sie bei ihm Malstunden nehmen sollte. George genoß die Besuche bei Millhollands, genoß die reiche Bibliothek des Doktors, die Musik, die angeregten, weitgespannten Gespräche und war der bevorzugte Freund der beiden Kinder, denen er jedesmal gegen Abend eine wundervolle Gutenacht-Geschichte zu erzählen wußte. Eines Tages hatte Dr. Millholland ein College ermittelt, wo George gewiß nicht abgewiesen werden würde, da Mathew Simpson, ein Freund Lincolns und der Neger, es gegründet hatte. Und so fand sich George dann nach harten inneren Kämpfen vor dem Leiter von Simpson College und wurde nicht abgewiesen, worauf er sich vorbereitet hatte, sondern herzlich bewillkommnet. Er war jetzt etwa 28 Jahre alt. Nachdem eine kurze Zeit finanzieller Not überwunden war und Georges

Wäscherei wieder von einem immer wachsenden Kundenkreis gesucht wurde, begann eine Zeit reichen Glückes. Die innere Fröhlichkeit, die immer, wenn man ihm vertrauend entgegentrat, zutage kam und die warme Offenheit unterstützte, die er jedem gegenüber zeigte, der ihm freundlich begegnete, gewann ihm auch hier die Menschen. Er nahm bei der Kunstlehrerin des College, Miss Budd, Malstunde und fand sich bald so von ihr gefördert und anerkannt, daß er sich mit dem Gedanken trug, Maler zu werden. Doch sie riet ihm ab, da er dann mit seiner Kunst sein Brot erwerben müßte und das wohl kaum möglich sein würde, weil er Neger sei. So würde er also seinem Volke nicht helfen können. Nach bitteren Kämpfen und blutigem Verzicht nahm er ihren Rat an, an das Landwirtschafts-College in Ames im Staate Iowa zu gehen, wo ihr Vater Professor war und für seine Aufnahme sorgen würde.

In Ames wurden weitreichende Versuche und Untersuchungen zur Modernisierung der Landwirtschaft und für neue Pflanzenzüchtungen gemacht. Um Landwirtschaft zu studieren, war es wohl die beste Schule in ganz Nordamerika. Und George hatte das Glück, daß der sehr einflußreiche Direktor der Versuchsanstalt, Prof. J. G. Wilson, ihn sich zu seinem ausgesprochenen Schützling erkor. Daß die Verwaltung ihm nicht erlaubte, mit den weißen Studenten zu essen, sondern daß er im Kellerraum mit dem Hauspersonal seine Mahlzeiten einnehmen mußte, war eine bittere Pille, deren Bitterkeit aber jetzt seine innere Überlegenheit standhielt. Doch auswärtige Freunde, die davon erfuhren, fanden einen Weg, auch diese Situation zu ändern, und George war bald an der Mittagstafel der Studenten ein besonders gern gesehener Teilnehmer.

Irgendwie wurde er eines Tages der allgemein anerkannte Sporttrainer von Ames und profitierte sein Leben lang von der ausgezeichneten Kenntnis des menschlichen Körpers und der Kunst der hilfreichen Massage, die er sich zugleich dabei erwarb. Die Studenten liebten seine Behandlung, denn sie hatten die Empfindung, als ob schon die bloße Berührung seiner langen, schlanken Finger wohltätig sei und Heilkraft ihnen entströme.

Sehr erstaunt war er, als sich eines Tages ein Abgesandter des berühmten Bostoner Konservatoriums ihm vorstellen ließ und in aller Form ihm eine Ausbildung und ein Stipendium in Musik anbot. An Mrs. Millholland schrieb George einmal: «Ich kann bis zum hohen ‹D› und drei Oktaven tiefer singen.» Aber George hatte mit Herzblut der geliebten

Malerei als Lebensberuf entsagt, jetzt galt für ihn nur noch eines: seinen Weg weiterzugehen und darauf zu achten, wo sich eine Gelegenheit böte, sein weites Wissen und seine Fähigkeiten seinem Volke zur Verfügung zu stellen. Er stürzte sich – neben seinen mancherlei Broterwerbsarbeiten – derart in das Studium, daß er mit einer schweren Anämie und überreizten Nerven vom Anstaltsarzt in das Bett beordert werden mußte und längere Zeit darin festgehalten wurde. Danach schrieb er in einem Brief: «Ich sorge jetzt besser für mich, als ich es bisher getan habe. Ich weiß, daß Gott Aufgaben für mich bereit hält, die ich zu erfüllen habe. Folglich muß ich auch für meine Gesundheit sorgen... Ihr in Gott gehorsamer Diener George.»

Mathematik und Geschichte lagen ihm nicht. Er rühmte sich scherzhaft, daß ihm niemand die Kenntnis auch nur einer einzigen Geschichtszahl vorwerfen könne. Wo man allerdings Geschichte nur in der Hauptsache als ein nach Zahlen geordnetes System kennenlernt, ist es kein Wunder, daß jemand, der so im Werdenden und Lebendigen empfand und dachte wie Carver, ihr kein Interesse abgewinnen kann. Aber in den Fächern, die in der Landwirtschaft wurzelten, war er nicht nur ein selbständig denkender, äußerst fleißiger Schüler, sondern ließ auch bereits den genialen Lehrer ahnen, der er später im Leben war. So wird erzählt, er habe in der Botanik nicht eingesehen, wozu er lernen solle, daß ein Blatt kreisförmig-gelappt oder ein anderes eiförmig-gezackt sei. «Ich möchte wissen, *was* die Pflanze eigentlich *ist*!» – «Aber zuerst einmal müssen Sie diese Dinge lernen!» Darauf antwortete er überlegen und lebenswach: «Das glaube ich nicht. Die meisten Studenten hassen Botanik nur, weil sie alle zuerst dies lernen müssen. Warum ordnen Sie die Pflanzen nicht in Gruppen und sagen uns dann, daß alle Pflanzen in dieser Gruppe diese und jene besonderen Merkmale haben? In der Familie der Begonien zum Beispiel werden wir immer nur schildförmige Blätter finden.»

Prof. Wilson bat ihn, in einer Ausstellung, in der die besten Künstler Iowas mit ihren Bildern vertreten sein sollten, doch auch die seinen aufzuhängen. Doch George konnte offen sagen, er habe einfach kein Geld, um nur schon allein die Reise zur Ausstellung zu bezahlen. Damit wollte sich der treue Protektor allerdings nicht beruhigen, zumal sein Kollege, der Vater von Miss Budd, seinen Plan unterstützte, aber Georges Armut wie auch sein Stolz waren ihm nur zu bekannt, und des-

halb gab er sich scheinbar mit der Antwort zufrieden. So ahnte George nicht, daß die beiden Professoren dahintersteckten, als kurz nach Weihnachten unter Lärmen und Singen ein Schlitten voller Studenten vor seiner Wäscherei hielt, die ihn trotz seines Sträubens in seinen Arbeitskleidern zwischen sich nahmen, vor einem Herrenkonfektionsgeschäft anhielten und ihn, mit sichtlichem Vorwissen des Geschäftsinhabers, nicht nur in einen eleganten grauen Anzug steckten, sondern ihn von Kopf bis Fuß, von den Schuhen bis zu Hut und Mantel neu einkleideten. Jauchzend ging es dann zum College zurück, wo der völlig verwirrte und sprachlose George von den beiden Professoren herzlich empfangen, beglückwünscht und mit dem nötigen Reisegeld versehen, im Auftrage des College zu der Ausstellung gesandt wurde. Vier seiner Bilder waren bereits ohne sein Wissen nach dort geschickt. Als aber auf seine leise Frage, wie er je in die Lage kommen könne, das viele, jetzt für ihn ausgegebene Geld wieder zurückzuzahlen, ihm Prof. Wilson warm die Hände auf die Schultern legte und sagte, mit der Ehre seiner Freundschaft habe George schon lange «diese kleine Summe», die seine Mitschüler und Lehrer für ihn gesammelt, zurückgezahlt, da mußte der so reich Beschenkte sich umwenden, weil er ein dankbar ergriffenes Weinen angesichts so vielen Wohlwollens nicht länger zurückhalten konnte. Für jedes seiner vier Bilder gewann er Preise, und eines wurde sogar von der Jury für die Weltausstellung in Chikago ausgewählt.
1894 bestand er sein erstes Collegeexamen, zu dem ihm seine ehemaligen Klassenkameraden in Simpson College und Miss Budd einen riesigen Strauß roter Nelken sandten, der ihn außerordentlich freute. Eine dieser Nelken steckte er sich in sein Knopfloch und trug dort von diesem Tage an bis zu seinem Tode täglich eine Blume oder ein kleines grünendes Pflänzchen, von denen berichtet wird, daß sie erstaunlicherweise auch an heißen Tagen nicht welk wurden. Obgleich er der erste Neger war, der in Ames ein Examen machte, bekam er doch wegen seiner außerordentlichen Leistungen sofort eine Assistentenstelle und die Oberaufsicht über alle Gewächshäuser. Nicht lange und er war durch seine Arbeiten und Veröffentlichungen in den Kreisen der amerikanischen Biologen eine angesehene Persönlichkeit. Kurz nachdem er 1896 sein Master's Degree erhalten hatte und Professor in Ames geworden war, kam ein Brief Booker T. Washingtons, des Leiters des Negercolleges in Tuskegee. Carver – er war gerade 35 Jahre alt – war am Ziel: Sein Volk rief ihn!

In dem Brief hieß es: «Ich kann Ihnen weder Geld noch eine geachtete Stellung oder Ruhm bieten. Die ersteren beiden haben Sie bereits. Der letztere wird Ihnen an dem Platz, auf dem Sie jetzt stehen, zweifellos zuteil werden. Und ich bitte Sie nun, dies alles aufzugeben. An ihrer Stelle biete ich Ihnen Arbeit – harte, harte Arbeit – die Aufgabe, ein Volk aus Erniedrigung, Armut und Verfall zu voller Mündigkeit zu bringen...» Und wenige Tage später schon antwortete Prof. Carver: «... Für diese Aufgabe habe ich mich all die vielen Jahre lang vorbereitet, all die Zeit wie auch jetzt fühlend, daß Ihre Art der Erziehung der Schlüssel ist, um das goldene Tor der Freiheit unseres Volkes wahrhaft zu öffnen.»

Durch seine Reden für die Förderung und Anerkennung der Schwarzen und ihrer Rechte war Booker T. Washington für Carver, obgleich sie sich noch nicht gesehen hatten, doch eine vertraute Gestalt. Und Washington fand in ihm einen Mann, der wie er sein Lebensziel in der Hebung der Neger und in ihrem Einbau in die große Familie gebildeter und zivilisierter Völker sah und bereit war, für die Erreichung dieses Zieles jedes nur denkbare Opfer zu bringen. Beide Männer waren äußerlich und ihrem Wesen nach grundverschieden. Aber sie hatten ein gemeinsames Ziel, und die Reinheit und Treue, mit der sie beide diesem dienten, machte eine zwanzigjährige fruchtbare Zusammenarbeit bis zum Tode Washingtons im Jahre 1916 möglich. Eine auf restlosem Vertrauen aufgebaute Freundschaft verband beide, obgleich sie sich bis zuletzt nicht anders als mit «Mr. Washington» und «Prof. Carver» anredeten.

Der Anfang in Tuskegee war für Carver außerordentlich entbehrungsreich und hart, besonders im Gegensatz zu den reichen, glücklichen Jahren in Ames. Die «Farm» des «Landwirtschaftlichen Instituts Tuskegee» umfaßte ganze 20 Morgen armseligsten Bodens, aber es gelang Carver im Laufe der Jahre, sie zu einer der ergiebigsten der USA zu machen. Sein Labor bestand aus einem kleinen, kahlen Raum, der zu gleicher Zeit zum Unterricht, zu Forschungen und für ihn selbst als Wohnung dienen mußte. Um irgendwelche Geräte für die Arbeit im Labor zu haben, führte Carver seine Schüler zuerst einmal an die Müllhaufen des Instituts und des Städtchens und fabrizierte vor ihren erstaunten Augen aus Blechbüchsen, alten Töpfen, abgesägten Flaschen Siebe, Mörser und Schalen. Die langen Wanderjahre mit ihrer Not hatten ihn auf dem Umwege über seine geschickten Hände gelehrt, sich auch dieser Situation gewachsen zu fühlen. Alles, was er in diesen bitteren Jahren gelernt hatte, war hier in Tuskegee nötig und nützlich.

Wie in Alabama war es seit Jahrhunderten in allen Südstaaten Amerikas üblich, nichts als Baumwolle anzubauen, die gute Preise hatte und immer verlangt wurde, aber im Laufe der Jahre den Boden ausraubte und schwächte. Als Folge wurden die Pflanzen immer häufiger von Seuchen heimgesucht.

Als nun am Anfang unseres Jahrhunderts eine neue Baumwollseuche vom amerikanischen Westen nach Osten vordrang, begann Carver immer dringender zu fordern, daß man Erdnüsse statt Baumwolle anpflanze. Er wußte, daß er mit dem kleinen, unscheinbaren Pflänzchen, der Erdnuß, die Hilfe gegen die aus dem Westen nahende Gefahr in Händen hielt. Die Erdnuß ist ein ursprünglich aus Südamerika stammender, in allen subtropischen Ländern gedeihender Schmetterlingsblütler, der Samenhülsen an langen Stengeln in die Erde senkt und in ihr seine Samen reift. Sie ist äußerst anspruchslos, zieht aber eine Menge Stickstoff aus der Luft und reichert ihn im Boden an. Im 18. Jahrhundert war sie als billigste Nahrung für die Gefangenen auf den Sklavenschiffen von Afrika nach Nordamerika gekommen, aber die nordamerikanischen Farmer waren der Meinung, daß nichts, was so leicht wächst und zu behandeln ist – man braucht nämlich, wenn die Nüßchen in der Erde gereift sind, die Pflanzen nur herauszuziehen und die Nüßchen zu trocknen –, von irgendeinem Wert sein könnte. So wuchs sie wild, fand nur bei den Kindern Anklang und wurde allein zu deren Freude in dem einen oder anderen Garten gezogen. Da die kleinen Farmer Alabamas Neger waren, die den teuren Kunstdünger nicht kaufen konnten, hatte Carver sie wieder und wieder ermutigt, Erdnüsse als Gründünger anzubauen. Aber er hatte nicht viel Glauben und Erfolg gefunden. Der Kampf mit langen Gewohnheiten und Vorurteilen blieb dem Professor nicht erspart. Er riet, die befallenen Baumwollfelder niederzubrennen, dem Acker einen Monat Ruhe zu gönnen und dann Erdnüsse darauf zu pflanzen, die für Mensch und Vieh außerordentlich nahrhaft seien und den Boden allmählich gesunden würden. Gleichzeitig veröffentlichte er 105 verschiedene Rezepte, wie man Erdnüsse zur Ernährung verwenden könne, und unter dem Eindruck der vorwärtsschleichenden Seuche folgten immer mehr Farmer dem Rate Carvers.

Aber alles Glück, das er über diesen Erfolg empfand, brach im Oktober 1915 zusammen, als eine arme Farmerswitwe ihm erzählte, daß sie sich treulich an seine Vorschriften gehalten und nun – nachdem sie für sich und ihren Knecht genug Wintervorrat zurückgelegt hätte – sich vor einem hohen, aber wertlosen Berg von Erdnüssen sähe. Wer sollte ihr Erdnüsse abkaufen, die nun auf allen Feldern in Fülle reiften? Carver empfand eine Antwort auf diese Not als seine eigenste Aufgabe; aber er wußte selbst keinen Rat.

Später hat er – schon alt und in der ganzen Welt bekannt – vor jungen Studenten einmal erzählt, wie es ihm nach dem Besuch jener Frau erging: Er war, nachdem er sich davon überzeugt hatte, daß allgemein die Farmer nicht wußten, was sie mit ihrer reichen Erdnußernte anfangen sollten, wie täglich vor Sonnenaufgang in seine geliebten Wälder gegangen, diesmal «um mit Gott über die Erdnuß zu reden». «O Schöpfergott», rief er, «warum machtest du das Weltall!» Und Gott antwortete ihm: «Für deinen kleinen Geist wählst du zu großes Wissen. Frag mich etwas, was deiner Größe mehr entspricht!» – «So sagte ich: ‹Lieber Schöpfergott, sag mir, wofür du den Menschen schufest.› Wieder sprach Gott zu mir: ‹Kleiner Mensch, du willst immer noch mehr wissen, als du handhaben kannst! Beschneide die Weite (extent) deiner Bitte und steigere ihre Kraft (intent).› Und dann sagte ich meine letzte Frage: ‹O Schöpfergott, warum machtest du die Erdnuß?› – ‹Das ist besser!› sagte der Herr und gab mir eine Handvoll Erdnüsse. Und ich ging mit ihnen heim in mein Laboratorium, und ER und ich machten uns an die Arbeit.»

In seinem Labor – es wurde allgemein «Gottes kleine Werkstatt» genannt – mahlte Carver einen Teil der Erdnüsse – fest davon überzeugt, daß Gott sie zum Nutzen der Menschen geschaffen habe und ihm nun zeigen werde, wofür – zu feinem Brei. Aus diesem preßte er mit einer Handpresse das Öl heraus, das sich durch weitere Prozeduren in allerlei andere Dinge verwandeln ließ. Einen anderen Teil des Pulvers mischte er mit Wasser, rührte und erhitzte ihn, tat etwas Zucker und Salz daran und hatte eine Flüssigkeit gewonnen, die sich von Milch kaum unterschied. Er fand, daß 50 Liter Kuhmilch 10 Pfund Käse ergaben, 50 Liter Erdnußmilch ergaben aber 35 Pfund Käse. Je länger er prüfte und veränderte, desto mehr konnte er aus Erdnüssen herstellen. Als erstem gelangen ihm schon in diesen ersten Tagen Kunststoffe wie zum Beispiel ein steinharter Marmor. «*Ich* entdecke nichts in meinem Laboratorium; auf mich allein angewiesen, wäre ich verloren. Doch mit Christi Hilfe vermag ich alles. Ich bin Gottes Diener, sein Beauftragter, denn hier im Laboratorium sind Gott und ich allein. Ich bin nur das Werkzeug, mit dessen Hilfe er sich verständlich macht, und ich würde noch viel mehr leisten können, wenn ich in engerer Berührung mit ihm leben würde. Ich bete und arbeite, und manchmal gefällt es Gott, meine Arbeit zu segnen.»

Um die Erdnuß bekannt und begehrenswert zu machen, lud er einige einflußreiche Geschäftsleute aus den nächsten Marktstädten nach Tuskegee, setzte ihnen ein leckeres Mahl aus Suppe, saftigem, zartem Braten, Gemüse, Eiscreme, Käse, Brot und Butter, Konfekt und Kaffee vor und fragte sie zum Schluß, was sie gegessen hätten, um ihnen dann zu verraten, daß alles nichts als Erdnüsse gewesen sei. Bei seinem Tode waren, allein von ihm stammend, 300 verschiedene Arten bekannt, wie man Erdnüsse verwenden kann, von Lebensmitteln bis zu Gummi. Eine viele Millionen Dollar einbringende Industrie entwickelte sich aus seinen Forschungsergebnissen. Sein Name war weit über Amerika hinaus bekannt, und die tägliche Post an ihn belief sich jetzt schon zeitweise auf über 1000 Briefe.

Eines Tages wurde er von der Gesellschaft der Erdnußpflanzer sogar gebeten, vor dem Kongreß in Washington zu sprechen, um die Belegung ausländischer Erdnüsse mit einem Schutzzoll zu erreichen. Als er in den Parlamentssaal eintrat – die Abgeordneten waren alles Weiße –, schlug ihm eine Welle von Hohnrufen und Feindseligkeiten entgegen, und es wurde ihm, als die Reihe zu sprechen an ihm war, sofort gesagt, daß er nicht länger als zehn Minuten reden dürfe. Das schien von vornherein ein unmögliches Unterfangen. Dazu kam noch, daß, als er am Rednerpult erschien, er eine so eisige Ablehnung empfand, daß ihm fast das Wort im Munde erstickte. Und er sollte sie in zehn Minuten dazu bringen, daß sie einsahen, der Anbau von Erdnüssen wäre für Amerika lebenswichtig und der Schutzzoll dringend notwendig!

Aber bald hatten seine erstaunlichen Erdnußprodukte die volle Aufmerksamkeit der Abgeordneten gewonnen. Die zehn Minuten waren um, von vielem Gelächter erfüllt, das Carvers genialer Humor, über den er jederzeit geistesgegenwärtig verfügen konnte, immer wieder hervorrief. Carver verbeugte sich und dankte seinen Zuhörern für ihre Aufmerksamkeit. Aber einer von ihnen rief, das alles sei so interessant, Carver müsse länger sprechen dürfen, und alle anderen stimmten zu. Schließlich war zwischen ihm und seinem begeisterten Publikum ein beinahe herzliches Verhältnis entstanden, so daß, als Carver einmal meinte: «Ich glaube, ich höre jetzt besser auf», der Vorsitzende rief: «Mach weiter, Bruder, deine Zeit ist unbegrenzt!» Ihre restlose Aufmerksamkeit gewann er aber, als einer von ihnen scherzend fragte: «Läßt sich die Erdnuß vielleicht auch in Punsch verwenden?» und Carver lachend antworten konnte: «Ja, hier ist Punsch mit Orange, hier mit Zitrone, dieser hier mit Kirsch! Und hier ist Kaffee, gleich mit Sahne und Zucker!» Weise hatte er auch dafür vorgesorgt. Zwei Stunden lang hielt er sie atemlos, und – der Schutzzoll wurde widerspruchslos eingeführt.

Nach Carvers Tod schrieb ein Missionar aus dem Kongogebiet nach Tuskegee. Er habe 1918 Prof. Carver um Rat und Hilfe gebeten, da es wegen der Gefahr, die am Kongo Raubtiere und die Tsetsefliege für die Kühe bedeuten, dort keine Kühe gäbe. So müsse jedes Baby, dessen Mutter nicht genug oder gar keine Milch hätte, in kurzer Zeit sterben. Carver hatte umgehend mit ins einzelne gehenden Anweisungen über Anbau und Pflege der Erdnüsse und die Herstellung von Milch aus ihnen geantwortet und Hunderte von kleinen Kindern dadurch vor dem Tode bewahrt.

Es war kein Wunder, daß er den Namen «der Zauberer von Tuskegee» immer wieder beigelegt bekam, wenn man hört, daß er neben vielem, vielem anderen die kleine Erdnuß in Heilsalben, Entfärbungsmittel, Waschpulver, Rasiercreme, Beizen, Papier, Metallputzmittel, Tinten, Schmieröl, Kunstharz, Massageöl, Linoleum, Shampoo verwandelte.

47 Jahre lang war George W. Carver – den Namen Washington hatten ihm seine Schulkameraden scherzend beigelegt, als er das «W» ohne eine weitere Meinung als die, vorgekommene Verwechselungen in Zukunft zu verhindern, seinem Namen beigegeben hatte, er selbst nannte und unterschrieb sich nie so – als Lehrer in Tuskegee und wurde nach dem Tode Booker T. Washingtons wie selbstverständlich der Leiter dieses Instituts bis zu seinem Tode im Januar 1943. Seine Arbeitskraft war unvorstellbar. Müßigkeit schien er so wenig zu kennen wie Ratlosigkeit irgendeinem Problem gegenüber, und seine Mitmenschen waren unerschütterlich von der Unbegrenztheit seiner Fähigkeiten überzeugt. Typisch dafür ist der Ausspruch von Bookers fünfjährigem Söhn-

chen, der, als sein geliebtes Gänschen, mit dem er so gerne gespielt hatte, gestorben war, es einfach unter den Arm und den Weg zu Carvers Zimmer unter seine Füße nahm. Vaters Meinung, das Gänschen sei nun tot und nicht mehr zu retten, wies der Kleine zuversichtlich mit den Worten zurück: «Das macht nichts, Prof. Carver wird es wieder gesund machen!»

Ein Mitarbeiter berichtet, daß, als er einmal eine wichtige Reise machen mußte und kein Geld dazu hatte, er kurz vor der Abreise ratlos zu Carver gegangen sei: «In der gleichen halben Stunde beantwortete er einen Brief an Henry Ford, zeigte der Köchin, wie sie Schinken so braten könne, daß er sich nicht kräusele, half Frau Waggener bei ihrer Häkelarbeit und händigte mir dann eine von seinen eigenen alten Gehaltsanweisungen aus mit drängendem: Geh, nimm dies! ‹Gelegenheit wartet nicht!›, der Zug fährt um fünf Uhr!»

Oder Carver berichtet selber an Booker: «Gestern ritt ein Mann fünf Meilen durch den kalten Sprühregen und ließ mich aus der Kirche rufen, weil ich seinem Ochsen, der ‹sehr krank *zu Hause*› wäre, eine Medizin verschreiben sollte.»

Wenn Booker auf Reisen war, mußten ihm seine Mitarbeiter Berichte über ihre Arbeit schicken, damit er im Bilde über Tuskegee sein konnte. Carver berichtete schon 1904: «Heute gebe ich von 8–9 landwirtschaftliche Chemie, 9.20–10 in der Malklasse Malgrund und Farbenharmonie, 10–11 eine Stunde für die Farmer und eine weitere am Nachmittag. Dazu muß ich versuchen – und zwar leider nur ziemlich oberflächlich – sieben Handwerkerklassen, die über das Gelände verstreut sind, mit zu überwachen. Ich muß alle Samen untersuchen, alle Düngemittel prüfen – eine Prüfung, die auf der Untersuchung des Bodens der verschiedenen Plätze beruht. Ich muß auch persönlich nach jedem Geschehen auf der Versuchsstation sehen und unsere Arbeit dort aufschreiben, sie weitergeben und mit allen fremden Versuchsstationen Kontakt halten. Ich muß weiter versuchen, den Geflügelhof in Ordnung zu halten. Zu all diesem muß ich täglich 104 Kühe, die geimpft worden sind, beobachten, sorgfältig die Temperatur einer jeden überwachen, Vergleiche anstellen und verschreiben, was zur Behandlung nötig ist, außerdem nach anderen erkrankten Tieren schauen.»

Da er allmählich in seinem Zimmer und Labor überall Dinge stehen und liegen hatte, die für ihn sehr kostbar waren: Pflanzen, Steine, Präparate, Malereien und Häkeleien, deren Wert aber die anderen nicht ahnen konnten, ließ er es sich trotz des schier unfaßbaren Maßes an Arbeit nicht nehmen, sein Zimmer selber zu reinigen und zu scheuern. Nach Meinung seiner Kollegen verstieß das allerdings gegen die Würde eines Lehrers, eine Meinung, durch die er sich aber in keiner Weise hindern ließ. Nach wie vor flickte und reinigte er auch seine Kleidung selbst und nähte sich selber jeden Knopf wieder an. Über die Modernität seiner Kleidung bekümmerte er sich in keiner Weise. Als schon alle Welt längst Selbstbinderkrawatten trug, ging er noch immer mit einer lose gebundenen, breiten Schleife. Schließlich schickte ihm eine barmherzige Seele, die ihm zu einer besseren äußeren Erscheinung verhelfen wollte, 15 Krawatten auf einmal. Er aber wußte keine bessere Verwendung, als sie auch alle ebenfalls zu verschenken.

Seine Erholung war durch sein ganzes Leben hindurch die Malerei. Er malte fast täglich, wenn es auch oft nur für eine kurze Zeit möglich war. Einen ähnlichen Platz nahm die Spitzenanfertigung bei ihm ein. Meist häkelte oder filierte er seine vielbewunderten Spitzen nach selbsterfundenen Mustern. Ein Franzose, der ihn einst besuchte, fand ihn, als er gerade ein Filetmuster entwarf. Er erzählte, es sei ein wahres Kunstwerk gewesen, selbst die in bezug auf schöne Spitzen sehr verwöhnten Franzosen wären bei Carvers wunderbaren Spitzen sicher vor Freude außer sich geraten.

Neben den vielen Besuchern, Farmern und Geschäftsleuten, die ihn ratsuchend aufsuchten, ging auch jeder in Tuskegee, wenn ihn irgendwo der Schuh drückte, zu Carver und wurde so gütig aufgenommen, daß er seinen Besuch ganz in Ordnung fand. Carver war der geliebte Freund aller Kinder in Tuskegee und nicht nur wegen der schönen Geschichten, die er jederzeit zu erzählen wußte; vertrauensvoll brachten ihm auch die Mitarbeiterkinder die Schwierigkeiten, die sie mit ihren Schularbeiten hatten.

Unersetzlich war er für Booker T. Washington, der oft, von großer Sorge um die finanzielle und weitere Existenz von Tuskegee geplagt, selbst weit nach Mitternacht noch bei Carver anklopfte. Und dieser stand jedesmal bereitwillig auf, ging mit ihm spazieren, hörte sich alle Schwierigkeiten an oder begleitete den Schweigenden schweigend, bis er sich beruhigt hatte und wieder zuversichtlich war. Carver selbst fand immer wieder neue Möglichkeiten, für Tuskegee Geld herbeizuschaffen oder zu ersparen und ließ sich einmal sogar zu einer Klavier-Konzert-Tournee in die weitere Umgebung von Tuskegee überreden, die hinter seinem Rücken vorbereitet worden war und von der er stolz 350 Dollar heimbrachte, sie aber unter keinen Umständen noch einmal wiederholte.

Für sich persönlich hatte Carver absolut keine Beziehung zu Geld und für die Vorteile, die sein Besitz bot. Er wehrte sich immer wieder energisch, wenn man sein schon anfangs außerordentlich geringes Gehalt erhöhen wollte und erhielt deshalb bis zu seinem Tode nur die 125 Dollar monatlich, auf die sein Anstellungsvertrag lautete. «Ich habe genug; die ganze Welt ist mein!» war seine stete Begründung. Der Kassenwart mußte bei jeder Gehaltszahlung tagelang hinter ihm her sein, damit er es nur abholte. Er hatte ja so viele wichtigeren Dinge zu erledigen! Holte er es schließlich, wanderte es zuerst in Rock- und Hosentaschen. Einmal wurden die Lehrer gebeten, zum Neubau einer Halle zu spenden. Carver war sofort bereit, bedauerte dann aber, daß er nur einen einzigen Dollar in seinen Taschen fand. Dann erinnerte er sich und fand eine Gehaltsanweisung in seiner Taschentuchschublade, nach einem weiteren Suchen eine andere unter Briefen, irgendwo grub er eine dritte und vierte aus und entließ den glücklichen Sammler schließlich mit 625 Dollar! Niemand, von dem er wußte, daß er in finanzieller Bedrängnis war, ging je leer von ihm, ein natürliches Ergebnis seiner unvorstellbaren persönlichen Anspruchslosigkeit und Güte. Als er drei Jahre vor seinem Tode seine Ersparnisse für Tuskegee anlegen wollte, beliefen sie sich trotz seines geringen Gehalts und seiner Freigebigkeit auf 33 000 Dollar.

Im Laufe der Jahre waren ihm immer wieder von Firmen, denen seine Ratschläge und Entdeckungen Vermögen eingebracht hatten, hohe Summen angeboten; er nahm sie nie an, sondern meinte, Gott habe ihm seine Ideen, Erfindungen und Entdeckungen umsonst gegeben, er könne sie auch nur umsonst weitergeben. Unter manchen anderen bat ihn auch Thomas Alva Edison, in seine Firma einzutreten, und bot ihm ein Jahresgehalt von 100 000 Dollar. «Ich gehöre nach Tuskegee!» war Carvers Antwort an Edison wie an viele andere.

Große Unterstützung fand Tuskegee durch die einflußreichen und vielfach begüterten Freunde, die sich Carver durch sein hohes Wissen wie seinen edlen Charakter erwarb. Unter ihnen stand er Henry Ford besonders nahe. Ford kam des öfteren nach Tuskegee, und Carver fuhr mindestens einmal im Jahr nach Detroit. Könige und Fürsten kamen zu ihm und drei amerikanische Präsidenten waren stolz auf seine Bekanntschaft.

Im Alter kostete es ihn große Selbstüberwindung, sich zu einer Reise zu entschließen und den Frieden Tuskegees mit den Feindseligkeiten außerhalb zu vertauschen. Aber er reiste dennoch, sobald man ihn brauchte und ihn rief. Er mußte dann wie alle anderen Neger in den extra für diese gleich hinter der Lokomotive reservierten alten und unbequemen Wagen sitzen, selbst auf Reisen, die bei den weiten Entfernungen Amerikas den Alternden zwangen, drei bis vier Tage im Zuge zu sein. In den letzten Jahren zog er, wenn der Zug sich einer Station näherte, die Vorhänge vor das Fenster, weil es verschiedentlich vorgekommen war, daß das Fenster mit Steinen beworfen wurde, wenn der alte Neger dahinter gesehen wurde. – Wenn er, um irgendwo eine Rede zu halten, zu einem Essen geladen war, hatte er sich angewöhnt, zuvor zu Hause genügend zu essen, weil es ihm passierte, daß man ihm nicht einmal ein Glas Wasser servierte. Und oft mußte er eine fremde Stadt stundenlang absuchen, ehe er ein Hotel fand, das bereit war, einen alten Neger zu beherbergen.

Da mag er bisweilen daran gedacht haben, wie er, schon fast 60 Jahre alt, von der Vereinigung der meist weißen Erdnußpflanzer, denen er mit seinen Forschungen überhaupt erst die Lebensmöglichkeiten geschaffen hatte, gebeten worden, bei ihrer Versammlung über seine Arbeit zu sprechen. Er trug seine Produkte, die in Flaschen und Schachteln gefaßt waren, in zwei schweren Koffern. Es war ein heißer Sommertag in den Südstaaten. Bei dem ihm von der Gesellschaft genannten Hotel erfuhr er, als er seine Koffer dahin geschleppt hatte, daß die Herren in das Rathaus gegangen wären. So wanderte er weiter in das Rathaus, wurde dort von Büro zu Büro gewiesen, um schließlich zu erfahren, daß die Gesellschaft inzwischen ins Hotel zurückgekehrt sei. Wieder schleppte er seine beiden Koffer durch die Hitze. Am Hotel empfing ihn der Pförtner mit einem mitleidigen Lächeln: «Es tut mir leid, alter Onkel, aber hier ist der Eintritt für Farbige verboten.» Als er sagte, daß er Prof. Carver und von der Gesellschaft der Erdnußpflanzer eingeladen sei, wurde er von einem Laufburschen, nachdem der sich von der Richtigkeit der Aussage des Alten überzeugt hatte, zu dem Personalaufzug und von dem vor das Zimmer der Gesellschaft geführt; als er todmüde dort ankam, mußte er hören, er könne jetzt nicht eingelassen werden, da die Herren gerade

beim Lunch säßen. Später erzählte er, da habe ihn doch alles in ihm
gedrängt, seine Koffer zu nehmen und nach Tuskegee zurückzufahren.
Aber dann sagte er sich, daß er ja nicht der reichen Pflanzer wegen her-
gekommen sei, sondern um den armen farbigen Farmern auf den ärmsten Ländereien in Alabama, deren Vertretung die Pflanzergesellschaft
war, zu helfen. Und so war er geblieben.

An den Schulungskursen, die Carver an bestimmten Wochentagen für
die umliegenden Farmer eingerichtet hatte, nahmen bald außer den
schwarzen auch weiße Farmer teil, als sie sahen, wie fruchtbar seine
Lehren und Ratschläge sich auswirkten. Nach einiger Zeit aber be-
drängte es ihn, daß die Zahl der zu ihm Kommenden naturgemäß nur
gering sein konnte. So überlegte er und besorgte sich einen Wagen und
einen Maulesel, stopfte seine Taschen mit Samen für Blumen und Gemüse aus, füllte den Wagen mit Pflanzen und Pflanzenversuchen, mit
Erden und Düngemittel und fuhr über Land, um von seinem Wagen aus
auch den entfernter Wohnenden seine Kurse halten zu können. Bald
mußte er für diesen Unterricht, der sich auch auf die Küchen und Gärten
der Hausfrauen erstreckte, einen Gehilfen mitnehmen. Den Frauen riet
er, Blumen in ihre Gärten zu pflanzen, denn sie seien «schweigende Boten
Gottes». Später lehrte er sie auch, aus bei ihnen anstehenden farbigen
Erden Farben herzustellen, mit denen sie ihre dunklen, unfreundlichen
Blockhütten licht anstreichen konnten.

Gleichen Geist weltoffenen Sich-Hingebens und Schenkens versuchte er,
seinen Schülern mitzugeben. So sagte er einmal zu ihnen, als er von
einer weiteren Reise zurückkam: «Wie ich mir so unterwegs die leicht-
fertigen jungen Leute ansah, die in den Straßen herumtänzeln, waren
meine Gedanken: Wie weit kann die Welt sich auf euch verlassen? Enttäuscht die Menschheit nicht, dann werdet ihr auch euch selbst nicht
fallenlassen!» Oder er riet einem Studenten, der ihn fragte, welches
von den beiden ihm zugesandten Stellenangeboten er wählen sollte: «Im
Bewerten der Vorzüge eines jeden der beiden Angebote buche das dir
gebotene Gehalt als Letztes und persönlichen Gewinn als Vorletztes,
und du wirst richtig entscheiden.»

Im Unterricht war er außerordentlich lebendig und lebensnah. Seine
Schüler faßten großes Vertrauen und kamen auch außer den Stunden
ratsuchend zu ihm, obgleich seine Ratschläge selten sanft und weichlich
waren, sondern mit den rauhen Realitäten rechneten, so, wenn er einem

Studenten, der wegen seiner schwarzen Hautfarbe in einer medizinischen Akademie nicht angenommen werden sollte und den Kampf entmutigt aufgeben wollte, schrieb: «Natürlich würde das Einfachste sein, aufzugeben – jetzt. Aber in fünf Jahren oder weniger würdest du es tief bedauern, und dieses Bedauern wird dein ganzes weiteres Leben bestimmen.»

Er haßte es, wenn seine Schüler etwas «so ungefähr» wußten, ausführten oder meinten. «Ihr braucht nicht den ganzen langen Weg nach Tuskegee zu kommen, um zu lernen, daß «so ungefähr» einen Meter weit über einen Graben zu springen, der 1,30 breit ist, euch weiter nichts als ein Bad im Schlamm bringen würde!»

Viele Situationen rettete sein schlagfertiger Humor. So verfielen eines Tages seine Schüler darauf, bedrückt durch sein ungemein großes und sicheres Wissen, zu versuchen, ihn hereinzulegen: Aus einem Käferkörper, einem Ameisenkopf und langen Spinnenbeinen «schufen» sie geschickt ein neues «bug» (amerikanisch für Ungeziefer): «Bitte, Herr Professor, wie heißt dieses Bug?» Carver sah sich das Geschöpf ernsthaft an und lächelte: «Humbug». – Mit Bezug auf das Rauchen meinte er zu ihnen: «Wenn Gott gewollt hätte, daß die menschlichen Nasen als Schornsteine gebraucht werden sollen, hätte er unsere Nasenflügel nach oben gerichtet.» Immer war er bildhaft.

Wenn er glaubte, die Aufmerksamkeit seiner Schüler nicht mehr ganz zu haben, konnte er sie durch geschicktes Fragen wieder auf seinen Unterricht konzentrieren. So hatte er ihnen einmal Schritt für Schritt das Brotbacken erklärt und dann gesagt, nun sei alles fertig, aber es sei doch ungenießbar, da er etwas ausgelassen habe, sie möchten ihm doch helfen zu finden, was das sein könne. Die Schüler nannten alles mögliche: Salz vergessen; die Hefe nicht angewärmt; nicht lang genug geknetet usw. Als alles erschöpft schien, lachte er: «Ich habe den Ofen nicht angezündet!»

Die Schüler kamen auch – zumeist des Sonntags – mit ihren religiösen Fragen und Zweifeln und schließlich so viele, daß sein Zimmer viel zu klein war und er mit ihnen in die 300 Menschen fassende Kapelle gehen mußte. Sonntag für Sonntag von 6–7 Uhr abends waren mit ganz seltenen Ausnahmen alle 300 Plätze zu diesen Gesprächen besetzt. Bei einem solchen Gespräch sagte er ihnen einmal: «Vielleicht habt ihr das Gefühl, daß ihr der Welt nur in solchen Gemeinschaften fruchtbar dienen könnt, wo ihr auch als Neger erwünscht seid. Aber dennoch mögen manche von euch in Gebiete geschickt werden, die euch und euren Anstrengungen gegenüber feindlich gesinnt sind. Das unsichtbare Schild «Neger hier nicht erwünscht!» mag aufgehängt sein. Aber bedenkt, all das geschah auch früher schon. Es geschah einem Menschen, der Jesus hieß, als er in eine Stadt in Galiläa kam. Heute verehren alle Menschen diesen Jesus als Heiland und erinnern sich an Galiläa nur, weil es die Szenerie seines Wirkens war.»

Wenige Tage vor seinem Tode – während des zweiten Weltkrieges war es – rief Carver den Schatzmeister von Tuskegee an sein Bett und übergab ihm ein Bündel amerikanischer Kriegsanleihen mit den Worten: «Ich möchte, daß diese Anleihen der ‹George-Washington-Carver-Foundation› zufließen, und ich möchte, daß die Welt deutlich und klar versteht, daß ich diese Kriegsanleihen kaufte, weil die Farbe eines Menschen nichts zu tun hat mit der Liebe, die er für sein Land fühlt.»

Am 5. Januar 1943 ging George Washington Carver, über 80 Jahre alt, erschöpft, still und einsam, aber innig geliebt und verehrt, heim.

Das Institut Tuskegee war zu einer Stadt geworden mit eigenem Postamt, Kraftwerk, Bank, Bibliothek, Kirche, Läden und einem großen Verwaltungsgebäude. 2 000 Studenten und 200 Lehrer lebten in 83 stattlichen Häusern. Wo bei Carvers Ankunft außer einigen ersten und noch sehr primitiven Institutsgebäuden nur unfruchtbar gewordener, kahler Boden zu sehen war, umgab jetzt eine parkähnliche Natur mit grünen Bäumen und gepflegten Rasenflächen die Häuser. Das Institut und seine fruchtbaren Felder waren umrahmt von bunten Farmerhäuschen, in denen die Kinder der einstigen Sklaven als bescheidene, aber zufriedene Menschen ihr täglich Brot aßen und ein sorgenloses, freies Leben führten.

Neben der George-Washington-Carver-Foundation wurde in Tuskegee ein George-Washington-Carver-Museum eingerichtet, und Präsident Truman setzte sich dafür ein, daß die Farm von Moses Carver, wo George geboren und aufgewachsen war, zu einer nationalen Gedenkstätte hergerichtet wurde. Aber dem Wesen dieses Todestages wurde doch wohl der Ausspruch einer schwarzen Tuskegee-Mitarbeiterin gerechter:

«Es ist bezeichnend, daß wir, weil sein Geburtstag unbekannt ist, seinen Todestag ehren. Dies ist der Tag, der bei allen Heiligen verehrt wird, dieser Tag, an dem sie in das volle Anschauen Gottes geboren werden.»

Johann Gottlieb Fichte

1762 – 1814

Trommeln und Pfeifen und der Schritt französischer Regimenter scheuchen die Berliner Bevölkerung ängstlich in ihre Häuser, ausgenommen die kecken Gassenjungen natürlich, die neugierig und unbekümmert neben den Soldaten herlaufen. Die kriegerische Musik dringt auch hinauf in den Hörsaal der Akademie der Wissenschaften. Der Professor Johann Gottlieb Fichte spricht ruhig weiter, als wäre er so unbekümmert und sorglos wie die Straßenjungen, und doch hat er gestern einem Freunde geschrieben, daß er recht gut wisse, daß ihn wie den Buchhändler Palm eine Kugel hinrichten könne, weil er in seinen Reden in der Akademie wie Palm Stellung nähme zu der «tiefsten Erniedrigung Deutschlands».

Und es kam vor, daß ein französischer Offizier kontrollierend an der Tür lehnte, mit untergeschlagenen Armen der Rede zuhörend. Fichte sah ihn, aber fuhr ruhig fort, nur daß die Kraft der Stimme noch um einige Grade feuriger und heller klang. Der Offizier begann zu gähnen: Was hier gesprochen und gelehrt wurde, war seiner Meinung nach völlig ungefährlich. Sprach doch der Professor vom Wesen der Deutschen und einer neuen Bildungsart für sie. Der Franzose zuckte verächtlich die Schultern und ging. Er ahnte nicht, daß wenige Jahre später die Saat, die hier gesät wurde, aufgehen und mit der Kraft, die sie in den Herzen der Deutschen weckte, das stolze Kaiserreich Napoleons zerschlagen würde. Es war ein Feuerfunke, der hier 1807/08 in Berlin in die Seelen einiger weniger Hörer geschleudert wurde, aber solch reinigende Gewalt und Macht hatte, daß bald in vielen, vielen Herzen die Flamme loderte, in genügend Herzen jedenfalls, um die Mutlosen, die Selbstsüchtigen, die Trägen über sich hinauszuheben und die Befreiung zu ermöglichen.

Beim Rückblick auf Fichtes Leben kann man den Eindruck gewinnen, als habe es von Anfang an zu diesem Ziel hingestrebt, zu den «Reden an die Deutsche Nation». Leider sind sie damals nur wenigen Deutschen bekanntgeworden, und vor allem hat sein Vorschlag, die deutsche Nation durch eine ihrem wahren Wesen entsprechende Erziehung zum reinen Menschentum zu führen, keine unmittelbare Verwirklichung erfahren. Aber dennoch sind die «Reden an die Deutsche Nation» nicht nur wesentlich für den Geist der Freiheitskämpfer von 1813 gewesen, sondern haben auch, wenn auch untergründig, im deutschen Volke nachgewirkt, und zu dem Namen Fichte fügt sich für die Deutschen nicht so sehr der Begriff «Begründer der neueren deutschen Philosophie», der er in Wirklichkeit war, sondern der des mutigen Redners während der napoleonischen Besetzung Preußens, der «Reden an die Deutsche Nation».

Als Ältester von acht Kindern eines armen Bandwebers geboren (am 19. Mai 1762), mußte Johann Gottlieb schon früh für das Wohl der jüngeren Geschwister Verantwortung übernehmen. Rammenau, sein Geburtsort, ein kleines Weberdorf, liegt in der sächsischen Oberlausitz zwischen waldigen Bergzügen und wohlbebauten Feldern und Wiesen, die kleine, muntere Bäche durchziehen. Hier lebte Fichtes Familie seit dem Dreißigjährigen Kriege, wo der Überlieferung nach ein schwer verwundeter schwedischer Wachtmeister von einem Bandweber aufgenommen und gesundgepflegt, dessen Schwiegersohn und Erbe und der Gründer der Familie Fichte wurde. Johann Gottliebs Vater war «ein Mann von starkem Willen, festem Wort und großer Redlichkeit», sanftmütig und gütig und voll warmer Liebe für die Seinen, an dem der große Sohn immer mit herzlicher Dankbarkeit hing. Er schrieb später einmal über den Vater: «Mache mich Gott zu so einem guten, ehrlichen, rechtschaffenen Manne und nehme mir alle meine Weisheit, und ich habe immer gewonnen.»

Das Verhältnis zu seiner Mutter aber war bis spät ins Leben hinein recht schwierig. Sie stammte aus der Stadt und hatte es schwer, sich mit den ländlichen Verhältnissen abzufinden, außerdem kamen die acht Kinder sehr schnell hintereinander. So war sie hart und verlangte, besonders von ihrem Ältesten, viel. Sie war verschlossen und wortkarg, und ihre Umgebung litt unter ihrem zornmütigen, eigensinnigen und herrschsüchtigen Wesen. Fichte, der manche ihr ähnliche Seite in seinem Charakter hatte und außerdem schon als Kind sehr empfindlich und stolz war, hatte immer wieder Zusammenstöße mit ihr. Später schrieb er einem seiner Brüder von der Mutter: «Sie wollte gern guttun, und sie kann leider nicht, weil ihr Herz nicht gut ist.» Auch ihre große Frömmigkeit, der Fichte viel verdankte, hatte doch einen Anflug von Bigotterie.

So oft seine Pflichten – er mußte auch schon früh seinem Vater am Webstuhl helfen – es ihm erlaubten, schlich sich Johann Gottlieb davon und wanderte allein durch die Felder und Wälder. Oder er stand unbeweglich und sah der sinkenden Sonne verzaubert zu, bis etwa der Schäfer kam, der ihn besonders liebte und beim Heimtreiben seiner Schafe den traumversunkenen Jungen mit heim ins Dorf nahm. Da er anfänglich ein zartes Kind war, schickte ihn der Vater nicht in die Schule, sondern unterrichtete ihn selbst im Lesen und Schreiben, lehrte ihn fromme Lieder und Sprüche und gab ihm bald das Amt, der Familie das Morgengebet zu sagen. Leise entstand allmählich in der Familie der Wunsch und die Hoffnung, daß Johann Gottlieb vielleicht einmal Pfarrer werden könne, was allerdings bei der großen Armut nicht möglich zu sein schien. Lebhaft und gern erzählte Vater Fichte auch von seinen Wanderungen und weilte dabei besonders liebevoll an den Ufern der Saale, die er in leuchtenden Farben beschrieb, nicht ahnend, daß dort einmal für manches Jahr das Heim seines Ältesten stehen würde.

Eines Tages brachte der Vater, als er mit seinem Kasten auf dem Rücken wieder einmal durch das Land gewandert war, um seine Bänder zu verkaufen, für Johann Gottlieb das Volksbuch vom gehörnten Siegfried mit, mit dem er den großen Fleiß des Siebenjährigen belohnen wollte. Aber nun fesselte das Buch – wahrscheinlich neben Bibel und Gesangbuch sein erstes Buch – den Kleinen so sehr, daß aus dem vorbildlich Fleißigen und Zuverlässigen jemand wurde, der seine Pflichten vergaß, im Lernen und in aller Arbeit unachtsam und unpünktlich wurde und gar eines Tages die Gänse, die er hüten mußte, sich im Kornfeld sattfressen ließ. Das ging weit über Johann Gottliebs Knabenehre, und er beschloß energisch, sich von dem geliebten Buch zu trennen. Aber als er an dem Bach stand, um es dessen Wellen anzuvertrauen, überfiel ihn doch der Jammer, und als er es endlich von sich geschleudert, weinte er laut auf, und es fehlte nicht viel, daß er ihm nachgesprungen wäre. Doch da kam der Vater. Später, als der Vater ihm einmal ein ähnliches Buch mitbrachte, fürchtete sich Johann Gottlieb vor der Versuchung und bat den Vater, es lieber einem der Geschwister zu schenken.

Als er neun Jahre alt war, griff zum erstenmal, wie später so oft, das Schicksal in Form eines Zufalls ein und gab Fichtes Leben eine neue Richtung. Der Pfarrer des Ortes gewann den stillen, versonnenen Jungen auch bald lieb, beschäftigte sich häufig mit ihm, unterrichtete ihn und staunte über seine schnelle Auffassungskraft und sein gutes Gedächtnis. Besonders erstaunt war er, als er zufällig entdeckte, daß Johann Gottlieb ihm seine am Sonntag gehaltene Predigt auswendig wiederholen konnte. Bald danach bekam der Schloßherr von Rammenau Besuch seines Schwagers, eines Freiherrn v. Miltitz. Diesem war zu seinem Leidwesen unterwegs ein Rad gebrochen, so daß er nicht mehr pünktlich zur Predigt des als Kanzelredner angesehenen Pfarrers kommen konnte. Als er darüber sehr enttäuscht war, erzählte man ihm von Johann Gottliebs erstaunlicher Fähigkeit und ließ den Jungen kommen, um dem Freiherrn die Predigt zu wiederholen. Der kam auch bald in seinen leinenen Bauernhöschen und mit einem großen Blumenstrauß, den ihm die Mutter mitgegeben, und entledigte sich seiner Aufgabe so ausgezeichnet, daß der erstaunte Freiherr beschloß, ihn mitzunehmen und zusammen mit seinen eigenen Kindern zu erziehen. Aber in seinem Entschluß hatte er nicht mit der Mutter Fichtes gerechnet, die für das Seelenheil ihres Kindes fürchtete, wenn es allein in die Fremde und in so andere, reiche Verhältnisse ginge. Doch als es gelungen war, ihre Befürchtungen zu beschwichtigen, mußte der Kleine sein Dörfchen mit dem Freiherrn verlassen, nicht ahnend, daß er es für viele Jahre nicht wiedersehen sollte.

Fichte blieb nicht lange in dem «düster erhabenen, schreckenden Schloß, einer alten Ritterburg». Der gütige Herr v. Miltitz bemerkte bald, daß diese andere Umwelt seinen kleinen Schützling zu sehr bedrückte, ja schließlich seine Gesundheit angriff. So gab er ihn für einige Jahre in die Betreuung und den sehr guten Unterricht eines kinderlosen, liebevollen Pfarrers, und die Jahre bei diesen Pflegeeltern bezeichnete Fichte immer als seine schönsten Jugendjahre. Besonders die warmherzige Pfarrfrau gewann er sehr lieb, und ihre Lehren befolgte er bis weit in sein ferneres Leben hinein dankbar. Aber auf die Dauer hielt der Pfarrer seinen Unterricht für den begabten und gutwilligen Jungen nicht mehr für genügend. Er erreichte bei dem Freiherrn, daß Fichte mit gut zwölf Jahren in die «Fürstenschule Pforta» geschickt wurde, kurze Zeit ehe der gütige Schutzherr, erst 34 Jahre alt, starb. Schulpforta war ein ehemaliges Kloster, und so schliefen sowohl die Schüler wie die Lehrer in Mönchszellen, und als wären sie kleine Mönche, durften die Jungen auch nur einmal in der Woche unter Aufsicht die Schulgebäude verlassen, um sich auf in der Nachbarschaft liegenden Spielplätzen auszutoben. Der Tageslauf war streng geregelt und verlief in reizloser Eintönigkeit. Die Zelle mußten die Jüngeren meist mit einem Älteren teilen, unter dessen Aufsicht sie gestellt wurden und dem sie unzählige kleine Dienste zu leisten hatten. Dafür half der ältere Schüler dem Jüngeren bei den Schularbeiten und mußte ihm notfalls Nachhilfestunden geben. Fichtes «Obergesell» scheint ein recht hartherziger Bursche gewesen zu sein, denn eines Tages sah ein Lehrer, wie Fichte sich in seiner Zelle übte, mit einem einzigen Schlag ein Buch vom Tisch auf den Boden zu schleudern. Gefragt, was er eigentlich täte, antwortete er errötend, er habe sich üben wollen, genauso geschickt und sicher Ohrfeigen geben zu können wie sein Obergesell, von dem er genügend davon ertragen müsse.

Die Familie v. Miltitz zahlte zwar den Aufenthalt Fichtes in Schulpforta weiter, auch erhielt er nach einiger Zeit ein Stipendium, aber im übrigen kümmerte sich niemand um sein Wohl und Wehe, und Fichte war schon früh auf sich allein gestellt. Das war um so härter, als er, der freies Herumstreifen in Wald und Feld von klein auf gewohnt war und ganz besonders liebte, sich jetzt tagein, tagaus in den Mauern seiner Schule aufhalten mußte und wegen seines Heimwehs und seiner Niedergeschlagenheit von seinen Kameraden gehänselt wurde. Das Hänseln forderte er auch durch sein ungeschliffenes Wesen heraus. Er war ein gerader, aufrichtiger Junge, aber unberührt von jedem feineren Benehmen, und so wurde bald «Bauer» sein gern benutzter Spitzname, der sich auch in seinem späteren Leben noch oft an ihn hängte. Unter seiner mangelnden «Kinderstube» litt er als Student und hatte es noch als Professor schwer, sein bäuerisches Wesen dem allgemein Üblichen anzupassen, ohne sich als Selbst aufzugeben. In der harten Prüfung, die Schulpforta für ihn in dieser Zeit wurde, übte Fichte, was er später sein Leben lang bewahrte: immer nur ganz er selber zu sein, nur das anzunehmen und anzuerkennen, was er selbst für richtig hielt und voll und ganz unerschrocken für seine Überzeugung einzutreten.

Nur in einem Punkte mußte er sich zu seiner großen Qual, wie er später seiner Frau gestand, fügen: Die Schüler waren durch enge und kleinliche

Verbote und Gebote in ihrer notwendigen Freiheit außerordentlich eingeschränkt, und ein gesundes Gedeihen war nur möglich, wenn sie sich durch List und kleine Unwahrhaftigkeiten die ihnen notwendige Freiheit und Selbständigkeit wahrten. Fichte, dessen Charakter Aufrichtigkeit so notwendig war wie seinem Körper Bewegung, Licht und Luft, litt schwer unter diesen krummen Wegen, die er hier gehen mußte.

Eines Tages gelang es ihm jedoch, auf diese Weise «Robinson Crusoe» in die Hände zu bekommen. Er verschlang das Buch und beschloß, seinem Elend in Schulpforta durch die Flucht in die weite Welt jenseits der Meere ein Ende zu machen. Er besorgte sich Karten und suchte sich den Weg über Naumburg nach Hamburg. Aber ohne innerliche Berechtigung feige zu fliehen, widersprach wieder seinem geraden Wesen. So sagte er bei der nächsten Quälerei seinem Obergesellen, er wolle seine schlechte Behandlung nicht länger ertragen und müsse von der Anstalt gehen, wenn er ihr weiter ausgesetzt würde. Der Obergesell lachte nur und änderte seine Haltung in keiner Weise. So glaubte Fichte, fliehen zu müssen, und benutzte den nächsten Tag, an dem die Schüler auf die Spielplätze geführt wurden, zur Flucht. Während er befreiten Herzens auf der Landstraße nach Naumburg hinwanderte, fiel ihm aber ein, daß sein Pfarrer ihm geraten, jedes Werk mit einem Gebet zu beginnen. So bestieg er «einen schönen Hügel», an dem ihn sein Weg vorbeiführte, und begann sein Gebet um Beistand. Doch dabei fiel ihm schwer aufs Gewissen, daß seine Eltern darauf hofften, daß er eines Tages als Pfarrherr zu ihnen zurückkehren würde, wie sie sich grämen würden, wenn sie statt der Erfüllung dieser schönen Hoffnung die Schmach einer verantwortungslosen, schmählichen Flucht, wohl gar seinen Tod irgendwo in der fremden Welt erfahren würden. Ja, vielleicht würde er nun seine Eltern nie, nie mehr wiedersehen, und wenn, wie sollte er vor ihnen bestehen! Da beschloß er, lieber umzukehren, sich jeder Strafe, die ihn in Schulpforta sicher erwartete, mutig zu stellen und standhaft die schnöde Behandlung weiter zu tragen. So kehrte er um. Vor dem Direktor gestand er offen, daß er habe fliehen wollen, weil sein Stolz die unwürdige Behandlung seines Obergesellen nicht mehr länger ertragen konnte. Der Direktor, durch sein offenes Wesen und seinen Mut beeindruckt, gab ihn in die Obhut eines sehr wohlwollenden, freundlichen neuen Obergesellen und unterließ jede Strafe, ja suchte Fichte das Anstaltsleben soweit wie möglich zu erleichtern.

Ein gutes Bild seines jetzigen Lebens gibt ein Brief an seinen Vater: «Herzlieber Vater, Euren Brief habe ich erst heute als dem 1. April erhalten. Ich habe bisher mit Schmerzen gewartet, und fast vor Freude wurde ich außer mir, als ich hörte, es sei ein Brief an mich da, denn ich glaubte gewiß, daß etwas darin sein würde. In etlichen Tagen ist der Examen aus, welcher 14 Tage währet, und wo wir verschiedene Sachen ausarbeiten müssen, die nach Dresden geschickt werden. Wir bekommen auch übermorgen die Zensuren, da wir entweder wegen unseres Fleißes gelobt oder wegen unserer Faulheit gescholten werden. Dieses wird nun alles nach Dresden an die Regierung berichtet. Da ich nun gewiß weiß, daß ich ein sehr gutes, ja fast das beste Lob bekommen werde, so kostet mich doch auch dieses entsetzlich Geld. Denn es ist hier die fatale Gewohnheit, daß, wer eine gute Zensur bekommt, den sechs Obersten in seiner Klasse und fünf Obersten am Tisch jedem ein ganz Stück Kuchen kaufen muß, welches 1 Gr 3 Pf kostet, also zusammen 13 Gr 9 Pf. Ob ich nun gleich dieses Examen 5 Gr 6 Pf verdient habe, so bleibt doch 8 Gr 3 Pf, welche mir auch schon mein Obergesell, ein sehr hübscher Mensch, geborgt hat. Doch was ich natürlich verdiene, langt kaum zu den vielen Wasserkrügen, welche man hier kaufen muß, denn die Untersten müssen Wasser holen, und mausen sich einander die Krüge dazu ganz entsetzlich, welches ich aber nicht tun kann, denn es ist und bleibt gestohlen. Doch bei all diesen kümmerlichen Dingen danke ich doch noch Gott, daß ich keine Schulden als die vorhin erzählten 8 Gr 3 Pf habe. Daß es Euch, mein lieber Vater, sehr schwerfallen werde, glaube ich wohl, doch sollte ich denn nicht noch so ein gutes Andenken bei meinen Freunden haben.»

Durch seine gute Begabung, seinen großen Fleiß und seine Zuverlässigkeit wurde Fichte bald selbst Obergesell. Er trat in freudigen Wetteifer mit den besten Schülern der Anstalt und schloß sich ihnen an im Kampf um ihre geistige Selbständigkeit gegen die schulmeisterliche Autorität der Lehrer selbst in den Oberklassen. Wieland, Lessing, Goethe und die Schriften der Aufklärung waren in Schulpforta streng verboten. Aber Fichte las verbotenerweise die eingeschmuggelten Bücher über neue Literatur, über die Erziehung, wie sie Rousseau lehrte, und auch die Kampfschriften Lessings. Letztere beindruckten ihn ganz besonders, da er hier einen dem seinen gleichartigen Geist fand. Er beschloß, Lessing aufzusuchen, sobald sich die Tore von Schulpforta hinter ihm geschlossen hätten. Als Exlibris zeichnete er seine Bücher mit seinem damaligen Motto: «Si fractus illabatur orbis, impavidum ferient ruinae.» (Und wenn geborsten die Welt zusammenbricht, werden den Furchtlosen selbst die Trümmer noch tragen!)

In Schulpforta war für Fichte das Problem der menschlichen Freiheit praktisches Leben gewesen, in seinen ersten Universitätsjahren führt die Frage nach der menschlichen Freiheit, besonders nach der Freiheit des menschlichen Willens ihn zu seiner ersten Berührung mit der Philosophie. Als er mit 18 Jahren die Universität Jena bezog, um Theologie zu studieren, wandte er sich bald mit gleich großem Interesse und Eifer allen möglichen anderen Studien, auch der Juristerei, zu. Es ging ihm wie auch in seinen späteren Jahren um eine stets erweiterte Allgemeinbildung. Er schreibt einmal an seine Braut: «Der Hauptzweck meines Lebens ist der, mir jede Art von Bildung (nicht wissenschaftlicher – ich merke darin viel Eitles –, sondern von Charakterbildung) zu geben, die mir das Schicksal nur irgend erlaubt. Ich forsche dem Gange der Vorsehung in meinem Leben nach und finde, daß eben dies auch wohl der Plan der Vorsehung mit mir sein könnte.» Was er auf der Universität an theologischer Dogmatik vorfand, weckte in ihm «viele dunkle Fragen». Um diese zu beantworten, wandte er sich an die Philosophie. Spinoza ängstete ihn lange mit dem Glauben an die unbedingte Vorherbestimmung des menschlichen Willens.

Nach einigen Semestern stellte die Familie v. Miltitz ihre Unterstützung völlig ein. Fichte schämte sich seiner Armut und unterhielt sich lieber durch Geben von Privatstunden, als daß er um eine der üblichen Unterstützungen für arme Theologen gebeten hätte. Wieder wie in Schulpforta und in noch höherem Maße hatte ihn sein Schicksal auf sich allein gestellt. Er wechselte die Universität und ging in der Hoffnung, es in seinem eigenen «Vaterland» Kursachsen leichter zu haben, nach Leipzig, mußte aber nach einiger Zeit in einem Brief bekennen: «Mein Aufenthalt in Leipzig hilft mir nichts, weil ich alle meine Zeit auf ganz heterogene Dinge wenden muß, um zu leben.» Er ist nun in mehreren Orten Hauslehrer. Da ihm daran lag, sein Studium mit einem Examen abzuschließen, rang er sich schließlich nach sieben Studienjahren einen Bittbrief an den «Konsistorial-Präsidenten» von Kursachsen ab, in dem er bittet, ihm so viel Unterstützung zukommen zu lassen, daß er sich ohne Geldsorgen zur Pfarrprüfung vor dem Konsistorium «um kommende Ostern» (das Briefkonzept ist ohne Datum) vorbereiten könne. In diesem Schreiben heißt es unter anderem: «Von dem Einfluß, den die klassischen Autoren auf die ganze Wendung des Geistes haben, ist mir vielleicht etwas übriggeblieben, das eigentlich gelehrte Studium derselben habe ich aber nicht fortsetzen können, weil ich den größten Teil meiner Zeit anderen Geschäften schuldig war und einen gänzlichen Mangel an eigenen Büchern hatte. Doch habe ich seit der Zeit viele französische und deutsche Schriften gelesen, meinen Stil nie ohne Übung gelassen, oft gepredigt und mir durch Umgang die Leichtigkeit, meine Gedanken zu entwickeln und diejenige Welt- und Menschenkenntnis zu erwerben gesucht, deren gänzlicher Mangel ein Unglück über meine ersten Jahre verbreitete, dessen traurige Folgen wohl nie aufhören werden.» Aber seine Bitte blieb unerfüllt, wohl, weil die beigefügte Predigt einen selbständigen und freien Geist zeigte, den man sich damals in Sachsen für einen Pfarrer nicht gerade wünschte. So erwog Fichte denn, das Theologiestudium aufzugeben, zumal da er glauben durfte, daß die Lücken in seinem juristischen Wissen geringer als die in seinen theologischen Kenntnissen seien.

Am Vorabend seines 26. Geburtstages war er der Verzweiflung nahe. Alle seine Mittel waren erschöpft, er fühlte sich von aller Welt verlassen und war sicher, daß sein Leben zu Ende gehe. Doch gerade in diesem Augenblick höchster Not fand er, als er in seine Kammer kam, dort einen Brief vor, durch den ihm eine Hauslehrerstelle in Zürich angeboten wurde. Fichte war von dieser Schicksalsfügung tief ergriffen, und zu Fuß reiste er über Nürnberg, Ulm, Lindau, oft in großen Tagesmärschen, in die Schweiz. In dem Hause seiner beiden neuen Zöglinge blieb Fichte 19 Monate. Es war nicht leicht, mit diesem sehr eigenwilligen, sehr selbstbewußten und leicht in seinem Stolz zu verletzenden Hauslehrer zusammenzuleben. «Überall, wohin er kam, pflegte seine Persönlichkeit anregend zu wirken auf seine Umgebung, meist aber auch Widerstand hervorzurufen. «Er war ein herrscherlicher Geist», charakterisierte ihn sein Sohn. Fichte machte für die Schwächen seiner Zöglinge deren Eltern verantwortlich und legte nach einiger Zeit ein «Tagebuch über die auffallendsten Erziehungsfehler, die mir zu wissen gekommen sind», an, das er in regelmäßigen Abständen der Mutter gab, die nicht gerade sehr erbaut darüber war. In diesen schriftlichen Belehrungen forderte er verschiedentlich eine menschlichere Behandlung des Personals. Er, der selber immer wieder und wieder unter der geringschätzigen Behandlung, die er als ein Armer zu erleiden hatte, litt, setzte sich überall für eine bessere Behandlung der Mittellosen ein. In der Auseinandersetzung, die der Lösung dieses Verhältnisses vorausging, führte der Vater der Zöglinge an, daß der Hauslehrer an dem schlechten Benehmen seiner Kinder insofern selber schuld sei, als er selbst nicht immer ein gutes Benehmen habe. Fichte fand in seiner eigenen Tagebuchnotiz hierüber, daß dieser Vorwurf leider berechtigt sei. Man schied zwar voneinander, doch hatte Fichte die Eltern, wie er an seinen Bruder schrieb, «in gewaltiger Weise gezwungen», ihn zu «verehren», und sie blieben auch in Zukunft in Briefwechsel und freundschaftlichem Verhältnis mit ihm.

Neben seiner Hauslehrertätigkeit beschäftigte sich Fichte in Zürich schriftstellerisch und vor allem mit Übersetzungen, um seinen Stil zu verbessern. Ein Erfolg dieser Bemühungen zeigte sich darin, daß man seine Predigten, die er in Zürich und Zürichs Umgebung hielt, gerne hörte und lobte, obgleich die Züricher gute Prediger, unter ihnen Lavater, hatten. Von Lavater, der bald zu seinen treuen Freunden gehörte, eifrig unterstützt, arbeitete Fichte damals einen genauen Plan einer von ihm zu errichtenden Rednerschule aus.

In Zürich lernte er außer vielen Freunden, die der bisher recht Einsame und Zurückhaltende hier fand – auch Pestalozzi gehörte bald zu ihnen und wurde von Fichte innig verehrt –, seine spätere Frau, Johanna Rahn, eine Nichte Klopstocks, kennen. Ihr Vater war ein angesehener, wohlhabender Kaufmann, ihr väterliches Haus sehr gastfrei und geistig interessiert, die Gäste international und bedeutend. Sie war vier Jahre älter als Fichte. In einem launigen Brief an Fichtes Bruder Gotthelf schildert sich Johanna so: «Vors erste bin ich klein und war im 16. Jahre fett, da ich seit der Zeit um ein Merkliches abgemagert bin, so hat die einmal zu stark ausgedehnte Haut viele Runzeln bekommen, dazu gab mir die Natur ein widrig langes Kinn; und was nun das Ärgste von allem ist, so hab ich wegen heftiger Zahnschmerzen (welches fast alle Leute in der Schweiz haben) mir meine oberen Zähne ausziehen lassen; nun überlasse ich Ihrer eigenen Einbildungskraft, mich so komisch darzustellen, als ich wirklich bin.» Johanna hatte vielerlei Lebensprüfungen durchgemacht und war eine kluge, besonnene und liebevolle Frau, die Fichte bis zu seinem Tode nicht nur in allen äußeren Geschehnissen in unwandelbarer Treue zur Seite stand, sondern auch verständnisvoll an seinen geistigen

Arbeiten teilnahm. Als er in der Zeit seiner Flucht vor Napoleon in Königsberg Vorlesungen hielt, vermißte er sie bitter unter seinen Zuhörern.

Fichtes Selbstvertrauen war in Zürich sehr gewachsen. Er wünschte sich eine Stelle an irgendeinem Hofe als Prinzenerzieher, ja, er äußerte in seinen Briefen sogar die Möglichkeit, daß er in einem der vielen europäischen Ländchen Minister werden könnte, um endlich für das allgemeine Wohl irgendwo im Großen wirken zu können. Jetzt schien sich dieser jahrelange Wunschtraum wirklich erfüllen zu wollen, da seine Züricher Freunde vielerlei Beziehungen auch zu verschiedenen Fürstenhöfen hatten und ihn mit Empfehlungsschreiben versahen. So machte er sich auf den Weg, natürlich wieder zu Fuß. Zwar hatte seine besonnenere Braut ihm gesagt, daß er wohl an keinem Hofe Anstellung finden würde, weil er zu wenig Talent habe, sich Menschen, die anders wären und empfänden als er, anzupassen. Er könne nur mit braven Leuten zurechtkommen, weil er zu offen sei. Darauf hatte er ihr aber geantwortet, das sei ihm nur ein Grund mehr, daß er an einen Hof gehen müsse, «um dadurch zu erlangen, was mir fehlt», und «ich habe nur *eine* Leidenschaft, nur *ein* Bedürfnis, nur *ein* volles Gefühl meiner selbst, das, außer mir zu wirken. Je mehr ich handle, desto glücklicher scheine ich mir».

Aber schon am Hofe in Stuttgart erlebte er seine erste große Enttäuschung. Er wurde zwar mit Auszeichnung behandelt, aber das war alles, und auf der ganzen Reise erging es ihm so. Ziemlich ernüchtert kam er nach Leipzig zurück, um zu erleben, daß dann auch alle seine schriftstellerischen Versuche, die er von dort aus unternahm, fehlschlugen. Aber in Leipzig wurde er Schüler eines Rezitators und schrieb seiner Braut, daß er nichts Geringeres im Sinne habe, als nach seinem bewunderten Lehrer der erste in der Kunst der Rede zu werden.

Sein Elternhaus war nicht allzufern von Leipzig, aber er schämte sich, daß er mit 28 Jahren es noch zu absolut gar nichts gebracht und seinen Eltern trotz eisernen Fleißes bisher nur Enttäuschungen bereitet hatte. So besuchte er Rammenau nicht.

Bald waren seine geringen Mittel wieder völlig erschöpft. Wieder war er in höchster Not, und wieder griff das Schicksal ein und brachte eine entscheidende Wende in sein Leben, brachte ihn einen großen Schritt näher zum Ziel. Er mußte, um nur das nackte Leben zu fristen, Privatstunden geben. Da bat ihn ein Student um Unterricht in der Philosophie

Kants. Fichte sagte zu, obgleich er diese Philosophie gar nicht kannte. Mit dem gewohnten großen Eifer machte er sich an das Studium Kants und fühlte sich durch die Lektüre so in all seinem unruhigen Streben und Auf-Wirksamkeit-Drängen befriedet, daß er von dieser Philosophie schreibt, daß sie «die Einbildungskraft, die bei mir immer sehr mächtig war, zähmte, dem Verstande das Übergewicht und dem ganzen Geiste eine unbegreifliche Erhebung über alle irdische Dinge gibt. ... Dies hat mir eine Ruhe gegeben, die ich noch nie empfunden; ich habe bei einer schwankenden äußeren Lage meine seligsten Tage erlebt.» Viel später erzählte er in einem anderen Briefe: «Das waren die glücklichsten Tage, die ich je erlebt habe. Von einem Tage zum anderen verlegen um Brot, war ich damals vielleicht einer der glücklichsten Menschen auf dem weiten Runde der Erde.» – «Die Grundsätze» der Kantschen Philosophie, fährt er in dem zuerst zitierten Brief fort, «sind freilich kopfbrechende Spekulationen, die keinen unmittelbaren Einfluß aufs Leben haben; aber ihre Folgen sind äußerst wichtig für ein Zeitalter, dessen Moral bis in seine Quellen verdorben ist; und diese Folgen der Welt in einem anschaulichen Lichte darzustellen, wäre, glaube ich, Verdienst um sie.»

Wie von einem schweren Alp befreit, schreibt er weiter, er sei «jetzt gänzlich überzeugt, daß der menschliche Wille frei sei und daß Glückseligkeit nicht der Zweck unseres Daseins sei, sondern nur Glückwürdigkeit». Es ist der sich selbst bestimmende Wert des Ich des Menschen, der Fichte bei seinem Studium Kants aufgeht, der ihn so beglückt, die Gewißheit der Freiheit des Menschen im Ich, der Freiheit zur moralischen Tat, zum Handeln. Damals schreibt er auch das echt Fichtesche Wort: «Da ich das Außer-mir nicht ändern konnte, so beschloß ich, das In-mir zu ändern.» Darin äußerte sich die gleiche innere Haltung, die ihn in seinen «Reden an die Deutsche Nation» sagen ließ: «Ein Deutscher ist man nicht, ein Deutscher *wird* man.» Das gilt für Fichte in seinem ganzen Leben bis zum Schluß. Immer war er ein sich Wandelnder, Weiter-Fortschreitender, an sich Arbeitender.

Er ist 28 Jahre, als er diese bestimmende Begegnung mit der Philosophie hatte. Interessant ist die Tageseinteilung, die er sich nun unter dem beruhigenden Einfluß Kants gab: «Um fünf Uhr stehe ich auf, was mir anfangs, weil ich zeitlebens spät aufgestanden bin, sehr schwer ward; desto dringender suche ich es von mir zu erzwingen, weil ich dadurch zu-

gleich mich zur Selbstüberwindung zwingen wollte. Von da bis elf Uhr (die halbe Stunde ausgenommen, die ich zum Ankleiden brauche) studiere ich. Von elf bis zwölf gebe ich einem Menschen eine griechische Stunde. Ich suchte sie mit Fleiß, um durch das ewige Denken für mich nicht die Gabe, anderen etwas vorzutragen, zu vernachlässigen, und nach der Arbeit des Kopfes auch der Lunge etwas zu tun zu geben. Von zwölf bis eins zu Tische, in einer erträglich artigen und unterhaltenden Gesellschaft. Von eins bis zwei in einem der stadtnahen Gärten spazierengegangen und meistens dabei nicht viel Ernsthaftes gedacht. Von zwei bis drei etwas Leichtes gelesen oder Briefe geschrieben, wenn solche zu schreiben sind. Von drei bis vier gebe ich einem Studenten Privatunterricht über die Kantsche Philosophie . . .
Von vier bis sechs Uhr wird bei jeder Witterung nicht spazierengegangen, sondern gelaufen und der Einbildungskraft völlig freien Lauf gelassen: durch Felder, durch Wälder gestürmt – besonders, wenn es regnet und windig ist. Von sechs Uhr bis zur Dämmerung wird wieder ein wenig studiert . . . Sobald das Licht kommt, wird ernsthaft fortstudiert, aber nicht länger als bis zehn Uhr . . . Ich suche, völlig Herr über mich selbst zu werden und lege mir in dieser Absicht jetzt etwas auf, was ich nicht gerne tue, versage mir jetzt etwas, was ich gern gehabt hätte, bloß darum, weil ich es gern gehabt hätte, kündige jeder aufkeimenden Leidenschaft, sowie sie sich blicken läßt, den Krieg an.»
Später mußte er von morgens acht bis abends sieben Uhr mit geringen Unterbrechungen Stunden geben. Von einem Schüler schrieb er, was sein Lehrgeschick zeigen mag: «Dieser Knabe verbindet mit einem Kopf, der mich fähig macht, mit ihm, den ich vor drei Monaten bekam, ohne daß er einen griechischen Buchstaben konnte, jetzt den Homer zu lesen, eine liebenswürdige Bescheidenheit und Unschuld. Es tut mir weh, wenn ich mir den Gedanken denke, daß er doch verdorben werden könne; ein Schicksal, von welchem unter einer Menge Leipziger Kinder nicht leicht einer frei ist.»
Doch seine Not war so groß, daß er sich schließlich gezwungen sah, die Stellung eines Hauslehrers bei dem einzigen Sohn eines Grafen in Warschau, den er auch später oft in die Universität begleiten sollte, anzunehmen. In fünfwöchigen Fußmärschen, in Polen mit Fuhrwerken, ging's von Leipzig nach Warschau. In einem noch erhaltenen Tagebuch beschrieb er seine Eindrücke mit außerordentlicher Anschaulichkeit und

Frische; er reiste mit sehr offenen Augen und sinnender Betrachtung. Am 9. Juni 1791 wurde er der gräflichen Familie in Warschau vorgestellt und läßt uns in seinem Tagebuch daran teilnehmen: «Madame ist eine Frau der großen Welt, und da ich noch wenig dergleichen gesehen hatte, so konnte es nicht fehlen, daß sie mir nicht unausstehlich werden mußte. Sie ist groß, die Augenknochen stehen stark hervor; dabei hat ihr Blick etwas Leidenschaftliches, Gereiztes. Der Ton ihrer Stimme ist stumpf, ohne Silber, wie ich es hier bei mehreren Frauen von Stande bemerkte. Sie stößt mit der Zunge an, ich glaube aus Affektion, redet immer mit Kommandierton, rasch, undeutlich, weshalb sie schwer zu verstehen ist. Sie ist nie zu Hause, kommt, redet ein paar Worte, läßt sich von ihrem gehorsamen Manne die Hand küssen und geht. Er ist ein guter, ehrlicher Mann, dick und träge, ein Jaherr.» Obgleich sein Französisch der Gräfin nicht genügt hatte, schrieb er ihr wenige Tage nach seinem Antritt, bei dem sie ihm ihr Mißfallen an seiner Person, darunter besonders, daß er nicht unterwürfig genug sei, offen gestanden hatte, auf französisch einen Kündigungsbrief. Er vertrat darin den Standpunkt, daß er, was er versprochen hatte zu leisten, auch gewiß geleistet hätte; so müsse er eine Entschädigung verlangen, da er an der Tatsache, daß sie sich andere Vorstellungen von ihm gemacht, nicht schuldig sei und auf der anderen Seite nicht als Erzieher wirken könne, wo man ihn nicht achte. Nach einigem Kampfe erhielt er diese Entschädigung, die ihn für ein paar Wochen von jeder Sorge befreite.

Nun zog es ihn nach Königsberg zu Kant, bei dem er zu studieren hoffte. Zuerst einmal gab es aber wieder eine Enttäuschung, weil Kant ihn «nicht sonderlich aufnahm». Auch fand er Kants Vortrag in den Vorlesungen schläfrig und bemerkte späterhin: «Seine Kollegien sind nicht so brauchbar als seine Schriften. Sein schwächlicher Körper ist es müde, einen so großen Geist zu beherbergen. Kant ist schon sehr hinfällig, und das Gedächtnis fängt an, ihn zu verlassen.» – Aber bald suchte in Königsberg ein junger Student Fichtes Freundschaft, der spätere bedeutende preußische Minister und Burggraf von Marienburg, Theodor von Schön, der unter Stein und Hardenberg mit diesen wesentlich an der Abschaffung der Leibeigenschaft in Preußen beteiligt war. Bis zu seinem Tode hielt er Fichte treue und helfende Freundschaft. Der damals Neunzehnjährige schildert Fichte folgendermaßen: «Im letzten Jahre meines Studienlebens kam Fichte nach Königsberg. Gänzlich unbekannt kam er an die Wirtstafel, wo ich Mittag aß . . . Er entfernte sich gleich nach den letzten Gerichten, seine Äußerungen hatten allgemeines Interesse erregt, und nun verhandelte man allgemein, wer der Mann wohl sein könnte. Für einen Gelehrten von Profession war er zu elegant modern gekleidet. Für einen reisenden Kaufmann war er zu wissenschaftlich gebildet. Von den offiziellen Schranken, welche sich bei den Beamten bald verraten, war keine Spur. Ein alter Kapitän hob nur die gewaltigen Muskeln und die große Nase heraus . . . Als er wahrnahm, daß man im Speisehaus auf ihn aufmerksam wurde, gab er diese Gesellschaft auf; er besuchte niemanden, verstattete aber, daß ich ihn zum Spaziergang abholen durfte. Diese Spaziergänge haben wesentlich auf mich gewirkt . . . Veranlaßt durch die Tischgesellschaft, warnte er mich gegen Umgang mit gewöhnlichen Menschen.»

Um sich Kant gegenüber als würdigen Schüler auszuweisen, schrieb Fichte einen «Versuch einer Kritik aller Offenbarungen» und überreichte sie Kant als sein «selbst gemachtes Empfehlungsschreiben». Kant las zwar, wie er Fichte gestand, nur einen Teil der Arbeit, aber was er da las, gewann ihn für den jungen Verfasser. Außerdem verhalf er der Schrift Fichtes zum Druck. Beide ahnten nicht, daß sie Fichte mit einem Schlag zum berühmten Mann machen sollte. Fichte, der einmal wieder nicht wußte, wovon er leben sollte, schrieb über diese Kalamität an Kant: «Ich bin nicht das erste Mal in Verlegenheiten, aus denen ich keinen Ausweg sehe. Aber es wäre das erste Mal, daß ich in ihnen bliebe. Neugier, wie es sich entwickeln wird, ist meistens alles, was ich bei solchen Vorfällen fühle.» Und richtig bot sich ihm eine ihn bald sehr befriedigende Hauslehrerstelle beim Grafen Krockow an. Hier hatte er zum erstenmal die Freude, seinen Zögling so erziehen zu dürfen, wie er es für richtig hielt. Von diesem Schüler wird später berichtet, daß er den Grundsatz Fichtes «Du mußt, wenn du solltest», sich gründlich zu eigen gemacht und immer danach gehandelt habe. Fichte lebte gerne im Krockowschen Hause und war besonders dankbar, daß das Vorbild der gütigen und doch sehr vornehmen Gräfin ihn «anständige Freimütigkeit und eine gewisse Leichtigkeit im gesellschaftlichen Leben» lehrte. Einige Jahre später riet er seinem Lieblingsbruder Gotthelf, sich ja ein gutes Benehmen anzueignen: «Ein solches feines Betragen nun lernt in späteren Jahren sich nie; denn die Eindrücke der ersten Erziehung sind unaustilgbar. (Mir sieht man die meinige jetzt vielleicht nicht mehr an;

aber das macht mein früheres Leben im Miltitzschen Hause, mein Leben in Schulpforta unter meist besser erzogenen Kindern, mein frühes Tanzenlernen usw. Und dennoch hatte ich noch nach meinem Abgang von der Universität einige bäuerische Manieren, die bloß das viele Reisen, das viele Hofmeisterieren in verschiedenen Ländern und Häusern und besonders die größte Aufmerksamkeit auf mich selbst vertilgt haben. Und weiß ich denn, ob sie ganz vertilgt sind?) Das also ist der Hauptpunkt, über den wir nie kommen werden. Und das – gestehe ich – tut mir weh, weil ich die Wichtigkeit davon einsehe.»

Zuerst einmal wurde jedoch der Druck von Fichtes Schrift von der preußischen Zensur nicht gestattet, weil er nicht rechtgläubig genug erschien. Und wieder kam das Schicksal Fichte zu Hilfe. Als der Druck endlich erlaubt wurde, hielt es der ängstliche Verleger für besser, die Schrift auf der Leipziger Messe anonym und ohne Vorrede erscheinen zu lassen. Die Käufer und Leser hielten bald die Schrift für ein Meisterwerk Kants und lobten sie gewaltig, so sehr, daß Kant sich veranlaßt sah, öffentlich lobend zu gestehen, daß nicht er, sondern ein gewisser Herr Johann Gottlieb Fichte der Verfasser sei. So war Fichte über Nacht berühmt und angesehen geworden. Er begann aber auch noch eine andere Schrift in dieser Zeit, einen «Beitrag zur Berichtigung der Urteile des Publikums über die Französische Revolution», eine Schrift, die ihn, der sein Leben lang geistige Freiheit für das unabdingbar Notwendige nicht nur für das Gedeihen jedes Menschen, sondern auch für das Wohl des Staates hielt, später in manche Lebensschwierigkeiten brachte, weil er durch sie bei kleinen und ängstlichen Geistern als «Revolutionär» anrüchig wurde.

Doch nun, ein angesehener Mann und nicht mehr ganz mittellos, konnte Fichte endlich daran denken, seine Johanna zu heiraten. Er verließ Krockow, wo er zwei glückliche Jahre verbrachte, und reiste, vielfach wieder zu Fuß, von Königsberg über Berlin, Weimar, Frankfurt, Stuttgart nach Zürich. Er war ein Vierteljahr lang unterwegs. Im Oktober 1793 war die Hochzeit, an die sich eine Hochzeitsreise nach Bern anschloß. Von Zürich aus besuchte Fichte mehrere Tage seinen Freund Pestalozzi, von dem er sich in seinen erzieherischen Ideen am besten verstanden wußte. Und hier in Zürich «am warmen Winterofen stehend», wie er selbst erzählte, kam ihm eines Tages die Erkenntnis, die fortan der Angelpunkt seines ganzen Denkens und Wirkens werden sollte, daß das höhere Ich des Menschen ein Teil des göttlichen Ich sei, seine Gesetze in sich selber finde und sich wie Gott in Tathandlungen verwirkliche. In Jena, wohin er einen Ruf als Professor erhalten hatte, las er über seine «Wissenschaftslehre», in der er darlegte, daß geistiges Leben nur durch die *Freiheit* derer möglich sei, die das geistige Leben tragen, da es in der Natur der «Wissenschaft» liege, daß sie nie durch Zwang Wirklichkeit werden könne, weil sie nur in der freien Erkenntnis des tätigen Ich entstehe.

Auf der Reise nach Jena besuchte Fichte zuerst in Tübingen «Hofrat Schiller, den künftigen Kollegen. Er gehört unter die ersten, geliebtesten und berühmtesten Professoren in Jena.» Wenn Schiller auch nicht immer mit dem stürmischen und eigenwilligen Fichte übereinstimmte, so hat doch bis über beider Tod hinaus zwischen den Familien Schiller und Fichte eine schöne Freundschaft bestanden, wie Fichte auch von Goethe immer hoch geschätzt wurde, wenn dieser sich auch des öfteren besonders über Fichtes Starrsinn ärgerte.

Als Fichte in Jena seine erste öffentliche Vorlesung hielt, war, wie er seiner Frau schrieb, die vorläufig noch in Zürich bleiben mußte, «das größte Auditorium in Jena zu eng, der ganze Hausflur, der Hof stand voll, auf Tischen und Bänken standen sie übereinander». Auch die Professoren begegneten ihm höflich und freundlich, man suchte den Umgang des berühmten Mannes. Aber was ihm das Wichtigste und Wertvollste war, er konnte endlich wirken, ins Große wirken, denn bald hatte er auch in seinen bezahlten Kollegien viele Studenten. Sie hörten ihn gerne, und er gewann großen Einfluß auf sie. Der Herzog lud ihn mit den anderen neuen Professoren seiner Universität zur Tafel, aber allein Fichte bat er sich zur Audienz. So konnte dieser berechtigterweise in einem Briefe ausrufen: «Oh, was bin ich für ein glücklicher Mensch!» Außer am Sonnabend hielt er jeden Morgen von 6 bis 7 Uhr seine erste Vorlesung. Daß er nicht im eigentlichen Sinne «las», sondern frei sprach, wirkte auf die Studenten erfrischend und begeisternd. Auch vom späteren Fichte erzählt sein Sohn, daß er seine Vorlesungen von einem einzelnen Blatt hielt, auf dem er sich ganz kurz Notizen gemacht hatte und das er nach der Vorlesung in den Papierkorb warf. Jede Vorlesung arbeitete er ganz neu aus, als habe er über diesen Gegenstand noch nie gesprochen, sprach sie dann wohl mit seiner Frau durch und hielt sie darauf mit Hilfe jenes Blattes völlig frei. Seine vielen, bis zu seinem Tode immer durchgeführten Rede- und Stilübungen kamen ihm außerdem zu Hilfe. «Ich bewundere seinen streng philosophischen Vortrag, kein anderer reißt so mit Gewalt den Zuhörer an sich, keiner bringt ihn so ohne alle Schonung in die schärfste Schule des Nachdenkens», berichtete einer seiner Studenten, und ein anderer meinte von Fichte: «Wer im Denken zusammengenommen, geschult und rastlos durchgearbeitet werden will, der gehe zu ihm.» Henrik Steffens, der auch bei ihm hörte, urteilte: «Fichtes Vortrag war vortrefflich, bestimmt, klar, und ich wurde ganz von dem Gegenstand hingerissen und mußte gestehen, daß ich nie eine ähnliche Vorlesung gehört hatte.»

«Meine Theorie ist, auf unendlich mannigfaltige Art vorzutragen, jeder wird sie (seine Wissenschaftslehre) anders denken und anders denken müssen, um sie *selbst* zu denken», schreibt Fichte selbst über seine Lehrmethode. Der freie, selbständig denkende Mensch ist es, den er erziehen und heranbilden will. Und so konnte es nicht fehlen, daß fast alle, die sich damals durch Geist auszeichneten oder späterhin bedeutend wurden, mit ihm sich verbanden oder seinen Einfluß auf sich wirken ließen. Er war Mittelpunkt der Jenaer Romantiker und Mitarbeiter an Schillers «Horen». Er glaubte, nun an dem Platze zu stehen, wo er wirklich nicht nur leben, sondern auch an dem Fortschritt der Menschheit wirken konnte. Ein späterer Freund berichtete von ihm: «Der Hang zu unruhiger Tätigkeit, der in der Brust jedes edlen Jünglings wohnt, wird von ihm sorgfältig genährt, damit er zu seiner Zeit Früchte bringe. Er schärft bei jeder Gelegenheit ein, daß Handeln die Bestimmung des Menschen sei ... Seine Grundsätze sind streng und wenig durch Humanität gemildert; gleichwohl verträgt er Widerspruch und versteht Scherz ..., seine Superiorität läßt er nicht demütigend empfinden. Wird er aber herausgefordert, so ist er schrecklich. Sein Geist ist ein unruhiger Geist; er dürstet nach Gelegenheit, viel in der Welt zu handeln ... Sein Vortrag rauscht daher wie ein Gewitter, das sich seines Feuers in einzelnen Schlägen entlädt ... Sein Auge ist strahlend und sein Gang trotzig ... Fichte will durch seine Philosophie den Geist des Zeitalters leiten ... Seine Bilder sind nicht reizend, aber sie sind kühn und groß.»

Sein in Jena geborener Sohn Immanuel Hermann, Fichtes einziges Kind, schildert den Vater als von muskulöser, gedrungener Gestalt, mit dunklem, krausem Haar, kurzem Kopf, mit schmalem Gesicht und großen, auffallenden Zügen mit mächtiger Hakennase, schmalen Lippen und starkem Kinn. Seine Augen seien mehr grau als blau gewesen, groß und leuchtend. Nimmt man zu diesen Charakteristiken noch hinzu, daß Fichte und seine Gattin einig darüber waren, daß es ihm schwer wurde, sich in andere Menschen hineinzudenken, sie in ihrer Eigenart gelten zu lassen, so wird man verstehen, daß, trotz all des vielen Positiven, Fichte in Jena bald eine ganze Anzahl Feinde hatte. Die Begeisterung der Studenten für ihn erregte den Neid anderer Professoren, seine freie, selbständige Denkungsart machte ihn politisch und religiös verdächtig. Ja, es kam so weit, daß ihm nachts von aufgehetzten Studenten verschiedentlich die Fenster eingeworfen wurden, seine Frau nicht ohne Beschimpfung auf die Straße gehen konnte. Schließlich wurde ihm wegen eines Aufsatzes, den zwar ein anderer geschrieben, den Fichte aber, weil ihm Freiheit über alles ging, entgegen seiner eigenen Ansicht über den Inhalt doch in der von ihm herausgegebenen Zeitschrift aufgenommen hatte, der Prozeß wegen «Atheismus» gemacht. Sein trotzig und schwer verletzt hingeworfenes Abschiedsgesuch wurde wider Erwarten von der Regierung angenommen. Auch in das Verhältnis zu Goethe und Schiller waren, wenn auch vorübergehend, Spannungen getreten, und mit dem Kreis der Romantiker hatte er sich bald gänzlich überworfen, als es zwischen ihm und seinem größten Schüler, Schelling, als Folge von Fichtes jähem, unwirschem Wesen zum Bruch kam.

Fichte, bei seinem Abschied 37 Jahre alt, suchte Schutz und Unterschlupf bei einem ihm wohlgeneigten thüringischen Fürsten und mußte erfahren, daß man ihn im Hinblick auf die ihm ungünstige Stimmung bei Hofe nicht aufnehmen mochte. So verließ er Jena tief verstimmt und versuchte, in Berlin sich niederzulassen. Der König von Preußen, Friedrich Wilhelm III., entschied: «Ist Fichte ein so ruhiger Bürger, ist er so fern von allen gefährlichen Verbindungen, wie ich vernehme, so gestatte ich ihm gerne den Aufenthalt in meinem Staate. Über seine religiösen Grundsätze zu entscheiden, kommt dem Staate nicht zu.» Privat meinte der König: «Ist es wahr, daß er mit dem lieben Gott in Feindseligkeiten begriffen ist, so mag dies der liebe Gott mit ihm abmachen, mir tut das nichts.» Und so hatte das Schicksal Fichte nun an den Platz gestellt, wo er bald im Mittelpunkt des geistigen Lebens stand und bei Hofe, in der Regierung und in der Akademie der Wissenschaften einen großen Kreis treuer Freunde hatte. In seiner Lebensansicht und Philosophie erklomm er in diesen Berliner Jahren der Lebensmitte den Gipfel. «Im Ich nur die

an sich selbstlose Bildform des absolut Realen, Gottes, zu erkennen,
... in einer Religiosität, welche am Ich nichts übrig läßt, als ein Gefäß
zu sein für das göttliche Leben und Wirken», so beschrieb sein Sohn, als
er selber Philosophieprofessor war, den Punkt, den sein Vater jetzt
innerlich erreicht hatte.

Sieben wirkensreiche und glückliche Jahre verbrachte Fichte in Berlin,
bis im Oktober 1806 Preußen unter der Gewalt Napoleons zusammenbrach. Mit vielen anderen bedeutenden Männern Berlins mußte auch
Fichte nach Ostpreußen fliehen, um dem Zugriff des Korsen zu entgehen.
Er ist glücklich, als er an der Universität seines verehrten ehemaligen
Meisters Kant über Philosophie lesen darf, doch diese Vorlesungen
waren auf die Dauer für ihn nicht befriedigend. In nächster Nähe der
königlichen Familie tat Fichte auf dieser Flucht tiefe Blicke in das Ge-
füge des Staates und das Räderwerk der Politik. Sein Wunsch, als Redner
für die Krieger mit in den Krieg ziehen zu dürfen, war nicht erfüllt
worden, und doch fühlte Fichte, daß jetzt der Augenblick gekommen
war, wo er für den Wiederaufbau Preußens, für die Wiederbelebung
und Einigkeit des deutschen Volkes wirken mußte. So kehrte er nach
Berlin zurück, wo seine Gattin mit ihrem Söhnchen geblieben war. In
seinen «Denkwürdigkeiten des eigenen Lebens» berichtet Varnhagen
von Ense über das Berlin von 1807 nach dem Friedensschluß in Tilsit:
«Französische Verwaltung, französische Besatzung ... setzten ihr Wesen
fort, als habe der Krieg noch nicht aufgehört, sie richteten sich auf längere Zeit nur noch bequemer und drückender ein und verhehlten es nicht,
daß sie nun erst recht alle Hilfsmittel des Landes noch erschöpfen wollten ... In dieser Zeit des Jammers fühlte man sich gewaltsam auf das
geistige Leben hingeworfen, man vereinte und ergötzte sich in Ideen und
Empfindungen, welche das Gegenteil dieser Wirklichkeit sein sollten.
Nicht wenig verstärkt wurde dieser Sinn durch das Wiedererscheinen
Fichtes, der von Königsberg über Kopenhagen nach Berlin unerwartet
gegen Ende August zurückkam.»

Zuerst wurde Fichte, der schon früher Pläne für eine Hochschulreform
ausgearbeitet hatte, von der Regierung ersucht, einen solchen für die
neu zu errichtende Berliner Universität vorzulegen. Fichte durchdachte
bei diesem Plan, an den er mit großer Freude und seinem gewohnten
Eifer ging, jede kleine Einzelheit, erwartete er doch schon seit seiner
Hauslehrerzeit den Neuaufstieg der Menschheit und ihrer Zukunft nur

von einer neuen Erziehung. Als Erziehung im engeren Sinne hatte er
auch seine Aufgabe als Professor aufgefaßt. Das schuf ihm den großen
Einfluß bei den Studenten und das Urteil, er sei «das Muster eines aka-
demischen Lehrers». Ein Dorn im Auge waren ihm die damaligen stu-
dentischen Verbindungen, die sogenannten «Orden», in denen Raufe-
reien und Trinkereien und die Gewalt herrschsüchtiger Rohlinge den
geisttötenden Ton angaben. Gewiß hatten wohl auch manche seiner
Kollegen dieses Treiben nicht gerne gesehen, aber niemand von ihnen
hatte irgend etwas dagegen getan. Fichte war seinerzeit noch nicht lange
in Jena gewesen, als es seinem Einflusse gelang, daß diese Verbindungen
von sich aus mit dem Wunsche zu ihm kamen, sich aufzulösen. Dem
neidischen Gegentreiben seiner Feinde war es aber dann damals gelungen, die Studenten von ihrem Plane nicht nur abzubringen, sondern
gegen Fichte aufzuhetzen. Jetzt in Berlin, wo der Senat der 1810 gegründeten neuen Universität Fichte zum ersten gewählten Rektor erkor,
waren es wieder die Erfahrungen in seinem Vorgehen gegen die Un-
sitten der «Orden», die Fichte veranlaßten, sein Rektorat schon nach
einem halben Jahr niederzulegen, als er sah, daß seine Kollegen sein
Verhalten nicht unterstützten.
Aber jetzt, im Herbst 1807, als er das Streben, sich von innen heraus aus
geistigen Quellen zu erneuern, erlebte, resignierte Fichte trotz all der
vielen Enttäuschungen und widrigen Erlebnisse, die er mit seinen Mitmenschen und seinen Kollegen reichlich gehabt hatte, nicht, sondern
jetzt fühlte er, hatte ihn das Schicksal endlich an *den* Platz gestellt, nach
dem er sich immer gesehnt, wo er wirken konnte und nicht nur auf den
kleinen Kreis junger Studenten, sondern auf die ganze, vom harten
Geschehen aufgerüttelte und hilflose Nation. «Den Tod fürchte ich nicht.
Für den Zweck, den ich habe, würde ich gerne auch sterben.»
Die Männer und Frauen, die in diesem Winter um zwölf Uhr an
14 Sonntagen zu seinen Füßen saßen und seine «Reden an die Deutsche
Nation» hörten, waren ihm die Vertreter dieser Nation. Über sie hin
baute er die Zukunft des Deutschland, das jetzt zertrümmert und wehr-
los darniederlag. Der Mut und die Opferbereitschaft, mit der er das tat
– wieder und wieder ging seine Stimme im Lärm der französischen
Trommeln auf der Straße unter, und er sah auch die allgemein bekannten
Aufpasser, die, unter seinen Zuhörern saßen –, wirkten ungeheuer. Daß
es einer wagte, den Deutschen offen und öffentlich zu sagen, wie sie sich

aus der Niederlage retten könnten, daß es einen gab, der mit Gefahr seines Lebens das deutsche Volk auf das Wertvolle im deutschen Wesen, das Zukunfttragende im deutschen Charakter aufmerksam machte und zeigte, wie beides zur Geltung gebracht werden könnte, das weckte Hoffnung und Opferwille weit über den Kreis der Zuhörer in der Berliner Akademie hinaus und bereitete den wagemutigen, selbstlosen Geist vor, der dann in den Freiheitskriegen zur Befreiung Deutschlands führte.

Eine einheitliche Volks- und höhere Schule ist die Fichtesche Nationalschule, die er für Deutschland forderte. Es ist verlockend, sich vorzustellen, Metternich hätte nicht die alles Neue, Zukunftsträchtige erstickende Gewalt gehabt, mit der er in Deutschland die alten Zustände wieder herstellte und es von seiner Zukunft abschnitt, sondern Fichte wäre mit seinen Forderungen durchgedrungen! Wie anders wäre Deutschlands und der Welt Schicksal geworden! Doch wenn sich an der Oberfläche auch Fichtes Einfluß in den Freiheitskriegen erschöpfte, seine gedruckten «Reden an die Deutsche Nation» wirken, wo sie gelesen werden, heute noch, und im deutschen Volke ist er nicht nur einer seiner größten Philosophen, sondern zugleich der Redner aus dem Winter 1807/08.

Damit hat der Sohn aus dem Volke seine Kenntnisse des Volkes zu dessen Nutzen gebraucht, der unentwegte Erzieher seiner selbst hatte für die Selbsterziehung des einzelnen und die Erziehung aller die Grundrichtung angegeben, deren Wert und Richtigkeit ihn sein lebenslanger Erzieherberuf gelehrt; sein unbeugsamer Wille hatte ihn den Weg finden lassen, im rechten Augenblick die Tat zu tun, die von der Stunde gefordert wurde. Fichte stand auf der Höhe seines Lebens. Im Frühling 1808 hatte er seine Aufgabe erfüllt. Und da ergriff ihn, der niemals zuvor krank war, eine schwere, tödliche Krankheit, die die Ärzte nicht kannten. Zwar gelang es ihrer Kunst noch einmal, sein Leben zu retten, aber seine ungewöhnlichen Körperkräfte waren gebrochen. Wie immer rücksichtslos gegen sich selbst, stelite er sich bei Ausbruch der Freiheitskriege wieder als Redner für die Front zur Verfügung. Als ihm das wieder abgeschlagen wurde, tat er als einfacher Landsturmmann Wachtdienste. Seine Frau, vom gleichen Opfergeiste beseelt, pflegte in den Lazaretten, bis sie sich dort ansteckte und mit einem schweren Fieber niederlegte.

An dem Morgen, als die Ärzte sie aufgegeben hatten und ihren Tod jeden Augenblick erwarteten, hatte Fichte eine Vorlesung zu halten. Mit dem unerbittlichen Pflichtbewußtsein, das er immer geübt, riß er sich von ihrem Sterbebette los und hielt seine Vorlesung. Als er in der Gewißheit, ihren Tod nicht miterlebt zu haben, an ihr Bett trat, hatte sie die Krise überwunden und war gerettet. Erschüttert beugte er sich zum Kuß über seine Frau, mit der er 20 Jahre alles teilen durfte, was ihn bewegte, und die ihm nun wiedergeschenkt war. Aber jetzt steckte er sich an, und das gleiche Fieber packte ihn, der sich von der schweren Krankheit im Frühjahr 1808 nicht mehr hatte erholen können. In seinen Fieberphantasien kämpfte er siegesgewiß auf den Schlachtfeldern mit. In einem der wenigen lichten Augenblicke konnte ihm sein Sohn von dem Übergang Blüchers über den Rhein und das siegreiche Vordringen in Frankreich berichten. Es war die letzte Freude, die er erlebte. Am zehnten Tage nach Ausbruch der Krankheit fühlte er sich plötzlich gesund. Als sein Sohn ihm die Medizin reichen wollte, sagte er fröhlich: «Ich bedarf keiner Arzenei mehr, ich fühle, daß ich genesen bin.» Es ist das letzte Wort, das uns von ihm überliefert ist. Am kommenden Morgen, dem 29. Januar 1814, um 5 Uhr starb er. In einem höheren Sinne, als er es gedacht, war er genesen.

Friedrich Wilhelm Bessel

1784 – 1846

Beim Betrachten alter Porträts fiel durch seinen Adel das Gesicht eines Mannes mittleren Alters auf. Unter der Wölbung einer bedeutenden Stirn und klar gezeichneter Augenbrauen schauen große, tiefliegende Augen, deren scharfer, beobachtender Blick durch die Güte, die auf dem ganzen Antlitz leuchtet, gemildert wird; unter einer ziemlich langen und, wie es scheint, geraden, kräftigen Nase ein fein gezeichneter Mund, der fest geschlossen ist und von dem energischen Kinn wie getragen wird, ein Mensch, der in sich ruht und von innen her die Welt liebevoll umfaßt. Es ist das Gesicht des in seiner Zeit und bis heute sehr anerkannten und auch menschlich geschätzten Königsberger Astronomen Friedrich Wilhelm Bessel.

Bessel stammte aus einer Familie, die ihrem westfälischen Lande viele Juristen und Offiziere gestellt hatte. Auch Bessels Vater hatte in Göttingen Jura studiert und war, als ihm am 22. Juli 1784 sein zweiter Sohn geboren wurde, Regierungssekretär in Minden an der Porta Westfalica. Sein Gehalt war sehr klein, und es mußte, da sich im Laufe der Jahre zu den beiden Söhnen Karl und Fritz noch sieben weitere Kinder einfanden, im Hause Bessel sehr einfach und sparsam gelebt werden. Die Mutter, Frau Charlotte Bessel, war die Tochter eines Landpfarrers und an Sparsamkeit gewöhnt, aber sie wie ihr Mann hatten die feste Absicht, ihren Kindern die beste Ausbildung zukommen zu lassen, möge es kosten, was es wolle. So war sie oft von Sorgen bedrückt, aber tüchtig und tapfer löste sie immer wieder ihre schwere Aufgabe, und ihre Kinder hingen an ihr, die ihnen, nach dem Worte ihres berühmten Sohnes, das vollendetste Vorbild aufopfernder Liebe für die Ihrigen bot, in gleicher Dankbarkeit und Liebe wie an dem warmherzigen, lebensklugen und voll ruhiger Energie die Geschicke seiner großen Familie lenkenden Vater.

Der älteste und der jüngste der drei Söhne erfüllten denn auch im Laufe ihres Lebens glänzend die Hoffnungen, welche die Eltern in sie gesetzt hatten, aber der mittlere, der Fritz, war nach seinem eigenen späteren Urteil «ein fauler Schulbub», der «den anderen häufig nachgesetzt» werden mußte, «was auch ganz recht war, indem die Anfangsgründe des Lateinischen mir immer zuwider waren», und der stundenlanges einsames Umherstreifen in Wald und Flur, fröhlich singend, oder Schlittschuhlaufen interessanter fand als Schularbeitenmachen. Daß er nicht nur allein in der Dunkelheit abends auf die Berge stieg, um dort das Firmament zu studieren, sondern auch mitten in der Nacht und ganz früh am Morgen aufstand, um mit Hilfe einer Sternkarte die Sterne zu beobachten, nahm niemand wichtig. Es lag dem Jungen auch gänzlich fern, aus dieser Neigung etwa einen Berufswunsch werden zu lassen, wenn er auch als alter Mann davon überzeugt war, daß er bei der Nautik stehengeblieben wäre und nicht zur Astronomie gefunden hätte, wenn in dem Kinde nicht der starke Wunsch damals gelebt hätte, verstehen zu können, wie die Astronomen ihre Berechnungen machten.

Einmal kam er auch auf die Idee, ein rundes Stück Fensterscheibenglas auf einer Untertasse so lange im Sand zu reiben, daß es die Sonnenstrahlen einigermaßen konzentrierte; als er es dann aber mit der Bitte, ihm zu erklären, wie er ein ordentliches Brennglas daraus machen könne, seinem Mathematik- und Naturkundelehrer Thilo zeigte, war dieser zwar hell begeistert von Fritzens naturwissenschaftlichen Möglichkeiten und schloß ihn von da ab fest in sein Herz, wußte ihm aber in keiner Weise zu helfen. Kaufmann wollte Fritz werden, denn er liebte das Rechnen und hatte darin «entschiedene Fertigkeit». Zu seinem Glück unterstützte nun Lehrer Thilo die Wünsche und Bitten des Vierzehnjährigen bei seinem Vater, und so gab dieser nach, nahm den Sohn in der Untertertia (8. Klasse) von der Schule und ließ ihm in Schreiben, Rechnen, Französisch und Geographie Privatunterricht erteilen. Nebenher mußte Fritz weiter fleißig das Flötenspiel treiben, während der Vater seine Freunde in der Freien Reichs- und Handelsstadt Bremen in Bewegung setzte, um seinem Jungen eine gute kaufmännische Lehrstelle zu vermitteln.

Zum Neujahrstag 1799 reisten dann Vater und Sohn im Kutschwagen in anderthalb Tagen von Minden nach Bremen, wo Fritz für sieben Jahre Lehrling in einem der angesehensten Handelshäuser, der Getreidefirma Andreas Gottlieb Kulenkamp & Söhne, laut Vertrag ohne Entgelt und im Hause des Chefs wohnend und essend, von morgens 8 Uhr bis abends 8 Uhr im Kontor und in den weiten Lagerräumen arbeiten sollte. Der 68jährige Chef des Hauses – in Bremen hieß er «der goldene Kulenkamp» – flößte dem Knaben schon bei der ersten Begegnung nicht nur Hochachtung, sondern verehrende Liebe ein, und der «faule Schulbub» gelobte sich, hier immer seine ganze Kraft einzusetzen und die Zufriedenheit dieses von ihm so bewunderten Chefs zu gewinnen, ein Gelöbnis, das er denn auch ehrlich erfüllt hat und so in kurzer Zeit dem Chef eine unentbehrliche Stütze wurde. «Die Großartigkeit der bedeutenden Handelsgeschäfte interessierte mich so lebhaft, daß ich, selbst wenn ich mich entfernen durfte, im Kontor blieb und in allen Handelsbüchern blätterte, um einen Überblick über das Ganze zu gewinnen. Das gelang mir sehr bald, und es fanden sich Gelegenheiten, wenn die eine oder andere Einzelheit dem Gedächtnis der übrigen im Kontor Beschäftigten entgangen war, meine erlangte Einsicht geltend zu machen. Dadurch kam ich nach und nach zu einigem Ansehen», erzählte Fritz kurz vor seinem Tode in seiner Selbstbiographie.

In Bremen kam Fritz im Gegensatz zu den engen häuslichen Verhältnissen in Minden in Weite und Wohlhabenheit. Sein Stübchen, das er ganz für sich allein hatte – bei seiner Liebe zur Einsamkeit und seinem versonnenen, melancholischen Temperament ein unerhörtes Glück – lag im dritten Stock unterm Dach. Am Familientisch des Chefs – an dem die Lehrlinge mitaßen und so nicht nur im guten Benehmen, sondern auch durch die Unterhaltung mit mancherlei weitgereisten Gästen des angesehenen Kaufherrn für ihren späteren Umgang mit Menschen geschult wurden – und im Kontor hatte bald jeder den immer freundlichen und heiteren, hilfsbereiten Jungen gern. Die gleiche Zuneigung fand er auch in den verschiedenen Bremer Freundeshäusern seiner Eltern, wo man sich freute, wenn er zu Gast kam.

Bremen war damals noch eine starke Festung, die in den Jahren, als Fritz Bessel dort Lehrling war, bald in den Händen der Franzosen, bald in denen der Preußen oder Engländer war, bald sich ihrer reichsstädtischen Freiheit freute, aber im ganzen sich nur mühsam ihre Unabhängigkeit als Freie Reichsstadt des noch bestehenden Heiligen Römischen

Reiches Deutscher Nation wahrte. Kulenkamps wurden von der jeweils herrschenden Armee mit der Versorgung mit Getreide beauftragt, und so herrschte im Kontor und in den Lagerräumen, in denen Fritz oft die Waage bedienen mußte, stets rege Geschäftigkeit, auch wegen des weiten, über Länder und Ozeane sich erstreckenden Handels, den die Firma mit Amerika, Westindien, den holländischen Kolonien und – damals für Kulenkamp besonders lohnend – mit der jungen Republik Frankreich betrieb. So mußte der Vierzehn- bis Fünfzehnjährige tüchtig helfen! Die zwölfstündige Kontorarbeit ging die ganze Woche hindurch und über den Sonntagvormittag, von der Zeit der Mahlzeiten, etwa zwei bis drei Stunden zusammengerechnet, unterbrochen. Der Sonntagnachmittag war arbeitsfrei, und die Lehrlinge durften dann nach vorher erbetener Erlaubnis gehen, wohin sie wollten, mußten aber um 10 Uhr abends wieder zu Hause sein.

Fritz sah schnell ein, daß er, um weiterzukommen – und er wollte durchaus weiterkommen –, seine Kenntnisse und Fähigkeiten erweitern müsse. Er träumte sich auf einem großen Schiff als Handlungsvertreter die Ozeane durchquerend, und um das zu erreichen, mußte er nicht nur Sprachen beherrschen, es war auch wertvoll, wenn er, wenigstens bis zu einem gewissen Grade, die Steuermannskunst erlernte. So beschränkte er das so geliebte ungebundene Umherschweifen in den Wäldern und Wiesen sehr bald auf die Sonntagnachmittage, da er sich fest vorgenommen, an denen nur im Notfall zu arbeiten. Unter großen Anstrengungen und bisweilen bitterem Verzicht lernte er nun in der geringen Freizeit, welche die 64stündige Arbeitswoche ihm ließ, in einem Vierteljahr die englische Sprache! Doch mußte er dafür vier Taler für 16 Stunden Unterricht nebst fünf Talern «Eintrittsgeld» ausgeben, «Preise, die», wie er schreibt, «ich nie bezahlt haben würde, wenn nicht ein Mißverständnis vorgefallen wäre». Darum versuchte Fritz dann die spanische Sprache, die er nun in Angriff nahm, durch eine Grammatik und Lesen im Selbstunterricht zu erlernen. «Auch fand ich einen Menschen, welcher meine Fragen wegen der Aussprache zu beantworten die Geduld besaß.»

Während er so fleißig Sprachstudien betrieb, erkundigte er sich gleichzeitig im Kontor bei den Kapitänen und Steuermännern der Kulenkampschen Schiffe nach den Regeln und Geheimnissen der Navigation. Hier erschien auch des öfteren ein weitgereister und erfahrener Mann, ein kaiserlich-königlicher Konsul, der laut und eingehend die Ausbildung der Bremer Schiffer kritisierte, wozu er als ehemaliger Kapitän sich berechtigt fühlte, und in langen Gesprächen mit dem einflußreichen Chef des Hauses diesen für seinen Plan, eine Schule für die Steuermannskunst in Bremen zu errichten, zu gewinnen suchte. Diese Gespräche, die dann auch wesentlich zur Gründung einer solchen Schule in Bremen beitrugen, wurden für den unbeachtet und über seinen Büchern anscheinend ganz konzentriert arbeitenden, in Wirklichkeit aber begierig lauschenden Lehrling schicksalbildend. Als dann nämlich die erste Steuermannsprüfung an dieser Schule stattfand, erbat sich Fritz von seinem Chef einige freie Vormittagsstunden und schlich sich in die Prüfung, um staunend zu hören, was alles die Prüflinge beherrschen mußten: Deutsch, Englisch, Französisch, Schiffsbau, Schiffsausrüstung, Takelung, Seemanöver, Arithmetik und Geometrie, mathematische Erdbeschreibungen, sphärische Trigonometrie und Astronomie. Nun wußte er, was ihm zu lernen nottat! Als Folge schreibt er in einem der nächsten Briefe an seinen Bruder Karl, der in Berlin Gymnasiast war und später in Halle studierte, von einer Hochzeit einen Bericht mit dem Zusatz: «Wir dürfen an Mädchen nicht denken; übrigens mache ich mir auch nichts aus diesem (Waren-)Artikel, da die Zeit sich nützlicher verwenden läßt, z. B. zum Erlernen der Geographie.»

Als nach zwei harten Arbeitsjahren Weihnachten nahte, belohnte der gütige Chef die stete Einsatzbereitschaft seines jüngsten Lehrlings mit dem unerwarteten Angebot einer fast 14tägigen Heimreise auf Kosten der Firma. Das war eine außerordentliche Anerkennung, zumal damals niemand einen Anspruch auf Urlaub hatte. Fritz war glückselig und jubelte hernach in einem Brief: «Du glaubst nicht, wie vergnügt wir (zu Hause) waren! ... wie vortrefflich unsere Mutter ist und wie lieb unser Vater uns hat! ... Mein Neujahrsgeschenk hat sich verdoppelt.» Ein Lehrling bekam zwar kein Geld für seine Arbeit, aber es war üblich, ihm zu Neujahr ein Geldgeschenk zu geben. Das betrug für den kleinen Bessel im ersten und zweiten Jahr je 25 Taler, nach unserem Geld etwa 500,– DM, und war also am dritten Neujahrsfest verdoppelt worden. In den letzten Jahren seiner Lehrzeit erhielt Fritz in Anbetracht seiner unbedingten Zuverlässigkeit, Fähigkeit und großen Verdienste um die Firma zu Neujahr das Zwanzigfache!

Der Siebzehnjährige kann dem Bruder mit gewissem Stolz berichten:

«Jetzt gerade liegt, da Kulenkamps sämtlich nach Pyrmont verreist sind, mir und einem Kollegen die Direktion aller Geschäfte ob; wir beide sind bevollmächtigt worden, zu tun und zu lassen, was uns für das Beste der Handlung gut dünkt. Das ist nicht sehr gewöhnlich bei einem Lehrling, so daß Du daraus sehen kannst, wie Kulenkamps doch etwas Zutrauen in mich setzen. Mein oben erwähnter Kollege, der schon zu den Handlungsdienern gehört, geht in einem halben Jahr nach London oder Bordeaux: dann bin ich General en chef. Noch drei, längstens vier Jahre und Dein Bruder sieht Deutschland mit dem Rücken an . . . In Deutschland ist für unsereins, der kein eigenes Vermögen hat, gar nichts zu machen; Frankreich ist jetzt ganz erbärmlich, in England will's auch nicht fort. Nach Englisch-Amerika strömt heute alles; da wird's nicht so bald ein Ende haben. Zuerst nach England, wo man zu unternehmenden Leuten kommt; von dort dann weiter und weiter . . . Viele Tausende suchen außer Landes ihr Glück. Warum sollte ich's nicht auch tun? . . . Man setze der Gefahr nur Vorsicht gegenüber und stelle sich so sicher.»

Aber zugleich fragt er den Bruder, wie man Quadrat- und Kubikwurzeln ausziehe und Logarithmen finde und was der Galvanismus sei. Damals studiert er nach der Kontorarbeit in seinem Stübchen Geographie, Geschichte, Geometrie, Kenntnis des Sonnensystems und des gestirnten Himmels sowie Steuermannskunst. Aber als er sich dann für das Studium der Navigationskunst ein Lehrbuch der Sternkunde erwirbt, gesteht er doch, daß er es nur verstohlen lesen könnte, weil er den Spott der Kameraden «bei einem Hinauswagen in die Astronomie» fürchtete.

Der Achtzehnjährige jedoch schreibt im Zusammenhang mit der Astronomie, als Olbers den nach seiner Entdeckung wieder verlorengegangenen Planeten Ceres wiederfand, selbstsicher: «Es ist fatal, daß ich keine detaillierten Beobachtungen zu sehen bekomme; sonst wollte ich einmal versuchen, ob ich nicht die Bahn dieser Ceres berechnen könnte; wozu habe ich die Keplerschen Gesetze! Die Mathematik ist doch die angenehmste Wissenschaft; sie und die Astronomie vertreten bei mir Tanzgesellschaften, Konzerte und derartige Belustigungen, die ich nur dem Namen nach kenne.» Da der junge Autodidakt nicht einmal einen Berater zur Hilfe hatte und seine Bücher in der Hauptsache auf Auktionen billig erwerben mußte, wo er sie zufällig sah, studierte er wieder und wieder Werke, die ihn seinem Ziel kaum näher brachten, während solche, die ihm das Studium sehr erleichtert hätten, ihm unbekannt blieben.

Für das politische Leben interessierte sich, wie seine bald immer häufigeren Briefe an den Bruder zeigen, der Lehrling sehr. Seine Sympathien gelten ungeteilt nicht den Preußen, schon gar nicht den Franzosen, sondern den Engländern. Als die Franzosen diesen ein Schiff kaperten und die Ladung im gerade wieder einmal neutralen Bremen verhältnismäßig billig verkauften, ist dadurch auch der arme Fritz in die Lage versetzt, sich für zweieinhalb Taler eines seiner ersten eigenen wissenschaftlichen Bücher – natürlich umständehalber in englischer Sprache! – zu kaufen; es handelte von Geographie, Geschichte, Physik und Naturwissenschaften und enthielt unter anderem 20 Landkarten, vier Kupfer, «botanische und optische Sachen», das Sonnensystem und eine «höchst sonderbare historische Tabelle, die aus vielen neben- und übereinander liegenden, die Hauptbegebenheiten anführenden Tafeln besteht», ein für damalige Zeiten und einen Lehrling erstaunlicher Besitz. Er ist eifrig am Lernen und Sichbilden, ohne mit irgend jemandem darüber zu sprechen. So schreibt der Mann, den ein Alexander v. Humboldt später «den größten Astronomen unserer Zeit» nannte und dessen Fähigkeit, die schwierigsten mathematischen Probleme schnell und leicht lösen zu können, berühmt war, mit 17 Jahren dem Bruder: «Bist Du noch solch ein großer Astronom wie ehedem? Meinesteils habe ich die Namen der vielen Fixsterne, die doch früher uns so geläufig waren, fast sämtlich vergessen und würde jetzt, 1801, nur sehr wenig Sternbilder zusammenfinden können. Indessen habe ich einige kleine Fortschritte in dem Nebenteil der Sternkunde gemacht, der sich auf mathematische Geographie bezieht. Da ich mit keinem vernünftigen Mann darüber reden kann, hilft mir auch das Lesen meines englischen Buches nicht viel. Schreib mir immer, wenn Du Muße hast, von gelehrten Sachen; ich höre so etwas herzlich gerne, um so mehr, da ich hier nichts davon zu hören bekomme. *Kannst Du Algebra?* Ich wollte viel darum geben, wenn ich nur einiges davon verstände; es ist gewiß eine vortreffliche Wissenschaft. Nichts würde mir mehr Vergnügen machen, als wenn ich sie auch lernen könnte.»

Das Geheimnis seines schnellen Eindringens in die Mathematik lag wohl, neben seinem ungeheuren Fleiß, in einer großartigen pädagogischen Methode. Er schreibt nämlich über seine Arbeit mit Formeln und schwierigen Berechnungen: «Nun kann ich dergleichen Sachen nicht behalten, wenn ich nicht selbst imstande bin, Grund und Zusammenhang des Ganzen zu beurteilen.» Und so findet er denn einmal durch eigenes Nachdenken eine Formel und stellt freudig fest, daß sie zwar nichts Ähnliches mit der im Buch behandelten hat, das Ergebnis aber doch das gleiche ist. Es ergreift ihn geradezu eine Leidenschaft für Mathematik, und er gibt sein knappes Geld für mehrere, z. T. mehrbändige mathematische Bücher aus und arbeitet sie restlos und gründlichst durch. «Wie glücklich würde ich sein, wenn ich ein Jahr ganz den Wissenschaften leben könnte; ich beneide Dich um Deinen Universitätsaufenthalt, nicht der sogenannten Freiheit des lustigen Lebens halber, sondern weil Du mit vollen Zügen den überfließenden Nektar der Gelehrsamkeit schöpfen kannst», seufzt er jetzt dem Bruder gegenüber.

Im Kontor ist ihm nun der größere Teil der Korrespondenz zugefallen, die ihm viel Freude macht und ihn mit Stolz erfüllt, doch immer wieder Überstunden erfordert, und so war die Freizeit oft gering bemessen. Als aber Dr. Olbers einen neuen Planeten entdeckte, interessierte Bessel die Berechnung der neuen Planetenbahn so sehr, daß er berichtete: «Der Sternkunde ist jetzt jedes Stündchen gewidmet, das mir die Kontorarbeit übrigläßt; ich betreibe diese für mich neue Wissenschaft mit wahrem Vergnügen und sehe oft, daß meine Mühe nicht ganz fruchtlos ist. Eine gute Hilfe gewährt mir dabei v. Zachs monatliche ‹Korrespondenz zur Beförderung der Erd- und Himmelskunde›, von welcher ich monatlich ein Stück für vier bis fünf Tage von Anton Rieke empfange, der als Postsekretär die Zeitschrift zur Weitersendung nach England erhält.»

Ein lieber Freund wurde ihm in jener Zeit der Büchsenschmied Helle. Als dieser seinerzeit zum Studium der Theologie zur Universität gehen wollte, wurde er durch den plötzlichen Tod des Vaters bewogen, dessen Werkstatt weiterzuführen. Bessel war nun viel in dieser Werkstatt und versuchte sich mit Helle zusammen im Bau mechanischer Apparate, die er für seine gelehrten Arbeiten würde verwenden können. Als erstes wissenschaftliches Gerät gelang ihm ein Sextant, nachdem er monatelang an ihm gebastelt hatte. Er bekam jetzt zwar zu Neujahr 100 Taler, aber sein Bedarf an wissenschaftlichen Büchern war ungleich größer geworden, und auch selbstgemacht kosteten die wissenschaftlichen Apparate noch eine ganze Menge, der Sextant allein elfeinhalb Taler. Außerdem hatte sein Vater bisher noch immer für des Sohnes Kleidung sorgen müssen, und Fritz wünschte nichts sehnlicher, als dem Vater diese Ausgaben abnehmen zu können.

Obgleich mit der Zeit alle Angehörigen des Kulenkampschen Kontors von Bessels seltsamen Privatbeschäftigungen wußten, die der alte Chef und schließlich auch seine Söhne ehrfürchtig billigten, stieg sein Ansehen im Geschäft so sehr, daß der Zwanzigjährige mit den verschiedensten wichtigen Reiseaufträgen betraut wurde. Wenn er auch auf einer solchen Reise einmal die Möglichkeit hatte, die berühmte Sternwarte in Gotha besichtigen zu können und ein andermal Karl Friedrich Gauß zu besuchen, so mußten doch für seine wissenschaftlichen Arbeiten die Nächte «zu Hilfe genommen werden, und ich hatte desto weniger Bedenken dagegen», erzählt seine Selbstbiographie, «als sie gewöhnlich für die eigentliche Arbeitszeit der Astronomen gehalten werden. Ich machte also zur Regel, gleich nach dem Abendessen – 8$^1/_2$ oder 9 Uhr – mich auf mein Zimmer zurückzuziehen und sechs Stunden, bis 2$^1/_2$ oder 3 Uhr morgens, meinen Rechnungen und Büchern zu widmen. Diese Regel, welche vom Anfang 1804 bis . . . 1806, da ich Bremen verließ, unabänderlich befolgt wurde, leistete die Aufgabe, meine beiden verschiedenartigen Geschäfte miteinander vereinbar zu machen, nicht nur vollständig, sondern auch ohne irgendeine Unbequemlichkeit für mich. Die ungestörte Ruhe der Nacht erwies sich die Aufmerksamkeit begünstigend, und mein Körper forderte, dem Zeugnis ununterbrochenen Wohlbefindens zufolge, nicht mehr als fünf Stunden Schlaf.»
Außer der Politik verfolgte er mit lebhaftem Interesse auch alle Berichte über Entdeckungsreisen und physikalische Neuerungen. Auf der Suche nach einer passenden Formel zur Berechnung von Polhöhen fand er, was nach einem der Bücher, aus denen er lernte, für unmöglich gehalten wurde, die Rektifikation der Ellipse. Als er dann erfuhr, daß die Rektifikation inzwischen bereits bekannt war, enttäuschte ihn diese Wahrheit nicht, sondern stärkte nur sein Selbstbewußtsein, denn er wußte nun, daß er jetzt in der Lage war, mathematische Probleme richtig zu lösen, die noch vor kurzem allgemein für unlösbar galten! Aber – o Graus! – die besseren und schwierigeren Bücher sind damals alle noch in Latein geschrieben! Doch sein Wissensdurst ist so groß, daß er nun auch diese für ihn schier uneinnehmbare Burg unermüdlich berennt und schon 1803, er ist neunzehnjährig, schreiben kann: «Durch das Latein lasse ich mich nicht mehr abscheuchen, da ich es mit der Zeit noch so weit zu bringen hoffe, jedes astronomische Lehrbuch zu verstehen, was wegen der darin allgemein gültigen Sprache, der Algebra, nicht so gar schwer

ist.» Später schreibt er dann die wichtigsten seiner 385 bekannten wissenschaftlichen Arbeiten in Latein.

Wie überglücklich war er, als ihm 1803 auch gelang, den Mittagsunterschied von Bremen zu berechnen, und sich dann herausstellte, daß sein Ergebnis bis auf die Sekunde genau war! Er wußte: «Mein Los wurde dadurch für die übrigen Teile meines Lebens geworfen.» Und so machte er sich nun 1804 an eine große Arbeit, die anderthalb Monate in Anspruch nahm. Man hatte nämlich alte Beobachtungen englischer Astronomen über den Halleyschen Kometen von 1607 gefunden, und Bessel fand in einer Fachzeitschrift die Anregung gegeben, die Berechnungen und genauen Auswertungen dieser alten Beobachtungen zu machen. Dieser Aufforderung war bisher noch niemand nachgekommen; er machte sich jetzt daran.

An seinem 20. Geburtstag war die Arbeit fertig, und er hatte das Glück, daß ihm kurz darauf der damals sehr berühmte Astronom Dr. Olbers auf der Straße begegnete. Dem Jungen klopfte das Herz gewaltig, als er den verehrten Gelehrten bat, ob er ihm erlauben würde, «ihm einen geringen Versuch, den ich gewagt hätte, vorlegen zu dürfen», was Olbers gern gestattete, und noch am gleichen Tag brachte ihm Bessel seine Schrift. Der nächste Tag war ein Sonntag, und die Unruhe über die Beurteilung, die seine große Arbeit bei dem Fachgelehrten bekommen möge, trieb Bessel am Nachmittag zu einem weiten Spaziergang. Wie groß war seine Freude, als er bei seinem Heimkommen in seinem Zimmer nicht nur einen Brief von Olbers, sondern sein ganz unerwartetes hohes Lob, Bücher zu weiterem Studium und die Bitte fand, ihm zu erlauben, daß er die Arbeit, «die nicht ungedruckt bleiben darf», zu diesem Zweck an zwei der damals bekanntesten Astronomen weiterleiten dürfe.

Zwischen Bessel und Olbers, den er, wie er selbst erzählte, bald als seinen «zweiten Vater» betrachtete, entstand eine bis ans Lebensende dauernde, warme Freundschaft, von der ein sehr eifriger Briefwechsel zeugt. Durch Olbers lernte er auch den berühmten Braunschweiger Mathematiker und Astronomen Karl Friedrich Gauß näher kennen, der nur wenige Jahre älter als Bessel war. Bald verband ihn auch mit diesem, begünstigt durch die gemeinsamen wissenschaftlichen Interessen, eine innige Freundschaft. Auch mit ihm stand er bis an sein Lebensende in regem Briefwechsel.

Nun standen Bessel Olbers erfahrener Rat, seine wertvollen Bücher und

kostbaren Instrumente zur Verfügung, und außerdem nahm Olbers sein bescheidenes Angebot, dem Meister bei dessen Berechnungen behilflich sein zu dürfen, sehr gerne an, was Bessel eine große Gewandtheit und Erfahrung brachte. Ein Astronom berichtet, daß ein gewisser Burkhard in Leipzig die Bahn eines bestimmten Kometen in 24 Stunden habe berechnen können, was öffentlich gelobt wurde. Er aber habe Bessel abends um acht Uhr vier Beobachtungen geschickt, der Bote habe Bessel nicht zu Hause getroffen, und doch habe ihm dieser schon am Morgen um acht Uhr die gewünschten Ergebnisse gesandt, zu denen er nur die Zeit von zehn bis zwei Uhr nachts gebraucht hätte. – Im Herbst 1804 erschien Bessels Abhandlung bereits in einer der führenden astronomischen Zeitschriften mit den rühmlichsten Bemerkungen der astronomischen Herausgeber versehen. «Mit wahrem Vergnügen lasse ich diesen so trefflich wie mühsam ausgearbeiteten Aufsatz hier abdrucken. Hier tut ein junger deutscher Mann zu seinem Vergnügen, mit einer Sachkenntnis und mit einer Fähigkeit, die manchen besoldeten und berufenen Astronomen ehren würde, was ein englischer Professor (gemeint war der englische Astronom Harriot) längst aus Amtspflicht hätte tun sollen.»
Aber nun fand Olbers bald, daß es eine sträfliche Verschwendung wertvoller Kräfte und wissenschaftlicher Fähigkeiten sei, wenn Bessel länger als Kaufmannslehrling arbeitete, und bemühte sich um eine Arbeit rein astronomischer Art für ihn, doch wollte Bessel nicht vor der Zeit von dem Lehrvertrag zurücktreten. Als aber die sieben Jahre um waren und er in der Firma seine Kündigung einreichte, wollten Kulenkamps den bewährten, tüchtigen Mitarbeiter nicht verlieren und boten Bessel eine ehrenvolle Anstellung und ein Gehalt von etwa 700 Talern an, während er auf der privaten, aber sehr gut eingerichteten Sternwarte in dem nicht sehr weit von Bremen gelegenen Lilienthal, die sich um ihn bewarb, nur 100 Taler bekommen sollte.
Aber die Aussicht, in Zukunft nur noch der Astronomie leben zu können, war so verlockend, daß Bessel die Arbeit in Lilienthal, bei der er auch weiterhin äußerlich sehr knapp leben mußte, der gut besoldeten bei Kulenkamps vorzog. Schwer wurde ihm der Abschied von der ja auch mit Begeisterung getanen Arbeit im Kontor auch dadurch, daß gerade in diesen Tagen sein verehrter Seniorchef starb. Statt am 31. Dezember konnte Bessel erst im März mit gutem Gewissen die Kontorarbeit mit der Lilienthaler Sternwarte vertauschen. Aber die langen Jahre bei Kulen-

kamps hatten ihm für sein weiteres Leben wertvolle Fähigkeiten gebracht. Auch in Zukunft arbeitete er mit der im Kontor notwendigen
Genauigkeit und Zuverlässigkeit. Er sorgte, sowohl in seiner Privat-
korrespondenz wie in seinen Vorlesungen (die er frei, nur mit Hilfe eines
kleinen Notizblattes hielt) an der Königsberger Universität, streng dafür,
daß keine Rückstände blieben, und hatte immer bei allen, selbst bei den
scheinbar abstraktesten Forschungen möglichst praktische Gesichtspunkte
im Auge.

Als Bessel am 19. März 1806 – also einundzwanzigjährig – als junger
Inspektor und Observator einer angesehenen Sternwarte nach Lilienthal
kam, war es ein regnerischer und stürmischer Tag, und stürmisch war
auch die Zeit. Während er Kometen beobachtete und kleinere Planeten
und nicht nur eine neue Methode zur Berechnung der Störungen der
Himmelskörper, die sich in langgestreckten Bahnen bewegen, veröffentlichte, sondern in den vier Lilienthaler Jahren auch weitere 40 wissenschaftliche Arbeiten drucken ließ, herrschte in Europa die Militärdiktatur
tur Napoleons. 1808 und 1809 sollte Bessel als westfälischer Untertan
des «Könik Lustik» Jérome ins Militär gesteckt werden. Zum Glück
konnte Olbers durch sein Ansehen und mit Hilfe seiner weiten Verbindungen beidemal die Gefahr abwenden.

Schon 1810, Bessel war erst ein gutes Jahr in Lilienthal, wollte man ihn
für 1000 Taler Gehalt nach Düsseldorf berufen, durch die politischen
Verhältnisse zerschlug sich das. 1809 bewarben sich Gotha, Leipzig und
Greifswald um Bessel. Er lehnte alle Berufungen ab. Als aber Preußen
trotz seiner Not und Napoleons Spott wagte, an der Königsberger Universität eine Sternwarte zu erbauen und eine Professur für Astronomie
zu errichten und Wilhelm v. Humboldt als Professor für Astronomie und
Direktor der noch zu erbauenden Sternwarte den jungen Lilienthaler
Inspektor nach Königsberg berief, griff Bessel sofort zu. Er war 26 Jahre
alt und nun in der Lage, selbst wenn es auch bei den schwierigen politischen Verhältnissen lange dauern und mit vielen Schwierigkeiten verbunden sein sollte – wann hätten aber Schwierigkeiten einen Bessel
abgeschreckt –, eine Sternwarte ganz nach eigenen Wünschen einzu-
richten und im Laufe der Zeit mit den nach seinem Urteil besten Instru-
menten zu versehen.

Obgleich Bessel eine Berühmtheit war, verärgerte seine Berufung doch
die älteren Königsberger Professoren, die es für eine Degradierung ihrer

Universität hielten, wenn jemand, der in der achten Klasse von der Schule abgegangen und ein Handlungsgehilfe gewesen war, nie an einer Universität studiert hatte, ihr Kollege werden sollte. So verlangten sie von ihm eine doppelte Dissertation und die Erwerbung der Magisterwürde. Daß zwei Jahre später das Institut Français ihm seine Medaille übersandte und die Berliner Akademie ihn zu ihrem Mitglied ernannte, hat sicher auch dazu beigetragen, die beleidigten Herren allmählich mit seinem Dasein zu versöhnen. Für uns ist er wichtig als erster, der die Höhe eines Fixsternes ermitteln konnte und genaue Werte für Präzession, Nutation, Aberration, Schiefe der Ekliptik bestimmte. Den Studenten der Technischen Hochschule ist er durch die Besselfunktion 1. und 2. Art und die Fourier-Bessel-Reihen wohlbekannt. Um die Jahrhundertwende hieß es noch von ihm: «Die heutige praktische Astronomie ruht auf der von Bessel geschaffenen Grundlage. Zu Bessels Zeit nahm Deutschland die erste Stelle in der Astronomie ein.» (Joh. Riem.)

Im gleichen Jahr 1812, wo er so außerordentlich geehrt wurde, heiratete er – 28 Jahre alt – die Tochter eines der Universitätskollegen, des originellen Medizinalrats und Inhabers der Hofapotheke, Prof. Hagen, der als einziger an der Universität in Königsberg die Naturwissenschaften vertrat. Von ihm ging die Sage, daß er am gleichen Tische mit seinen Kindern arbeitete und gleichzeitig durch die offene Tür zur Apotheke den dort beschäftigten Provisor kontrollierte. Johanna Hagen war achtzehn Jahre alt, als sie den berühmten Astronomen heiratete und eine außerordentlich glückliche Ehe mit ihm begann. Drei Töchter und als ältestes Kind ein hochbegabter Sohn vervollständigten das Glück. Viele Berufungen an andere Universitäten ergingen im Laufe der Jahre an Bessel, aber er lehnte alle ab.

Ein furchtbarer Schlag, von dem er sich kaum richtig erholte, war es, als sein Sohn, der in Berlin Architekt war, 1840 am Typhus starb. Daß der König verfügte, daß in Anerkennung der Verdienste Bessels nach dem Tode des einzigen Sohnes in den Familien seiner Töchter der jeweils älteste Sohn auch den Namen Bessel führen sollte, war ein ehrenvoller, aber nicht gewichtiger Trost für den Vater. Drei Jahre zuvor war auch Dr. Olbers, der väterliche Freund und treue Beschützer, den Bessel von Königsberg aus verschiedentlich besucht hatte, gestorben.

Alexander v. Humboldt meinte Gauß gegenüber einmal: «Prof. Bessels Freundschaft ist mir unendlich viel wert. Bessel ist ein überaus liebenswürdiger Mann, dessen Umgang mir Belehrung und Freude gewälıren wird.» Und als nach mehrjährigem, schmerzvollem Leiden Bessel am 17. März 1846, 62 Jahre alt, starb, versah Alexander v. Humboldt einen Brief von ihm mit dem Zusatz: «Der vorletzte Brief, den ich von dem großen und edlen Mann erhielt.»

Leonora Christina Ulfeldt

1621 – 1698

Nach dem Bericht des Monsieur Orgerius, der im Jahr 1634 den französischen Gesandten zur Hochzeit des dänischen Kronprinzen an den Hof König Christians IV. begleitete, muß Kopenhagen der glänzendste europäische Königshof der ersten Hälfte des 17. Jahrhunderts gewesen sein. Des Königs weise Regierung hatte es verstanden, die Verwaltung zu ordnen, Handel, Schiffahrt und Gewerbe zu ungeahnter Blüte zu bringen. Der Gewerbefleiß der Dänen und reiche Kolonien, die Christian erworben, hatten Reichtum und Behagen ins Land gebracht. Das vom König sorgsam gepflegte öffentliche Unterrichtswesen und sein Sinn für Kunst und Wissenschaft hatten des Volkes Kultur gehoben, seine Städte geschmückt, seine Sitten veredelt. Rauschende Feste, Turniere und Jagden erfreuten die Jugend und erhöhten die große Beliebtheit des Königs, die er vor allem seiner Güte und Leutseligkeit, seinem heiterernsten Wesen und seiner Schlichtheit verdankte. Er war selber immer bestrebt, seine Kenntnisse nicht nur ständig zu vermehren, sondern auch seinen ausgeprägten praktischen Sinn nicht ungenützt zu lassen. So zog König Christians Persönlichkeit die Söhne des selbstbewußten dänischen Adels, in Höflichkeit und Kenntnissen untereinander wetteifernd, an den Königshof. Dessen Hauptzierde aber waren die acht schönen und geistvollen Töchter des Königs. Unter diesen wieder nahm seine Lieblingstochter, die blonde, anmutige Christina einen besonderen Platz ein. Ihre hohen Geistesgaben hatte der Vater von bekannten Erziehern und Lehrern pflegen und entwickeln lassen und, unterstützt von Leonora Christinas Lerneifer und Tätigkeitsdrang, wurde sie bald wegen ihres großen Wissens, ihrer Belesenheit, ihrer Sprachkenntnisse – neben Latein verstand und sprach sie fast alle europäischen Sprachen – bewundert; man erzählte von ihr, daß sie fähig war, gleichzeitig einen Psalm zu singen, während sie einen anderen schrieb, und indessen auf alles, was im Hause geschah, achtgab. Bei alledem war sie immer heiter und schlagfertig, hilfsbereit und freundlich. Sie nähte und stickte, spielte mit besonderer Liebe Harfe und Flöte, tanzte gut und sehr gern, war eine kühne Reiterin, liebte Jagden und die Gesellschaft Gleichaltriger. Bald war sie der umschwärmte Mittelpunkt all der vielen schimmernden, rauschenden Feste. Sie lachte hell und unschuldig, erzählte Anekdoten und Schwänke, gab Rätsel auf und wußte schon früh, geistvoll und anregend zu plaudern.

So war es auch kein Wunder, daß sie, kaum ihrer ersten sorglosen, frohen Kindheit entwachsen, von einer Schar leidenschaftlicher, wohl auch ehrgeiziger Freier aus den Söhnen des dänischen Adels wie von den Höfen des Auslandes umgeben wurde. Unter ihnen waren besonders Hannibal Sehstedt und ein Fürst Albert von Sachsen erbitterte Rivalen. Aber die nun vierzehnjährige Königstochter wies wie im Märchen all die vielen Freier ab. Denn vor kurzem war an dem Hof ihres Vaters ein Mann erschienen, dem sofort ihr ganzes Herz zuflog, und dessen glänzende Erscheinung, dessen Geist und innerer Adel alle anderen in den Schatten stellten.

Zuerst war er unter einem fremden Namen in der steten Begleitung des französischen Gesandten erschienen, der unbegrenztes Vertrauen zu ihm zu haben schien, ihn bei allen Verhandlungen mit dem Kopenhagener Hof zugegen sein und sich von ihm beraten ließ. Bald hatten aber seine wenigen Äußerungen bei diesen Besprechungen den dänischen König sowohl wie den Reichskanzler Graf Ulfeldt mit Erstaunen und Bewunderung über des jungen Mannes scharfen Verstand, seine große Selbstdisziplin und die Fähigkeit, seine treffenden Urteile in überzeugender Rede darzulegen, erfüllt. Seine Anmut und sein heiterer Witz auf Gesellschaften hatten sie ganz für ihn eingenommen, so daß der sehr angesehene Graf ihn eines Tages nach solch einer Verhandlung beiseite nahm und eingehender nach seinem Woher und Wohin forschte, um zu seinem grenzenlosen Erstaunen zu hören, daß der bewunderte, ernste und kluge Berater des französischen Gesandten sein eigener Sohn Corfitz war!

Vor Jahren hatte Graf Ulfeldt den zwölfjährigen Sohn, dessen lose Streiche, gefährliche Neckereien empfindlicher und einflußreicher Persönlichkeiten und dessen Übermut er nicht mehr zu bändigen wußte, einem strengen Hofmeister anvertraut und auf Reisen in die weite Welt geschickt in der Hoffnung, daß er sich nun bessern und mäßigen werde. Aber in dieser Hoffnung wurde der Graf sehr getäuscht, denn wenige Jahre später schon hatte der empörte Erzieher aus Paris geschrieben, daß Corfitz den Gehorsam aufgekündigt und ihm den Abschied gegeben habe. Der Vater hatte zornig geantwortet, den Sohn nicht mehr als den seinen zu betrachten und ihn seinem Schicksal zu überlassen.

Von diesem Schicksal hatte der junge Ulfeldt dann bald gelernt, sich zu wandeln. Er hatte sich, als König Christian das dänische Heer nach Deutschland schickte, um die Protestanten gegen Tilly und Wallenstein zu unterstützen, unter falschem Namen darin anwerben lassen, war wegen Tapferkeit und Umsicht bald von Rang zu Rang gestiegen und benutzte die im Kriege erworbenen Gelder, um nach dem Friedensschluß zwischen dem Kaiser und dem dänischen König in Padua, Wien und Rom ernst und eifrig zu studieren und mit dem Rat erfahrener Männer, die ihn seines Geistes wegen schätzten, seine naturgeschenkten Gaben auszubilden.

So stand er nun in banger Erwartung nach vielen Jahren in der Fremde vor seinem Vater, der, als er sich versichert hatte, daß der junge Mann wirklich sein ehemaliges Sorgenkind sei, ihn stolz und glücklich in seine Arme schloß. Leonora Christina gewann des geistig und seelisch Ebenbürtigen Liebe, und es entsprach ihrer beider Charakter, ihre Liebe in der intrigenreichen Hofgesellschaft mit Geheimnis zu umhüllen.

Da aber trat ein Ereignis ein, das Leonora Christina zutiefst traf und ihrer Liebe zu Corfitz besondere Kraft schenkte. Ihre Mutter, Kirsten Munk, aus einem der vornehmsten dänischen Adelshäuser, war ihrem Gatten König Christian nach dem Tode seiner ersten Frau, einer brandenburgischen Prinzessin, «zur linken Hand» angetraut. Sie war eine sehr geliebte Königin, ihren sechs Stiefkindern eine warmherzige Mutter und wurde von ihren und König Christians eigenen zehn Kindern aufrichtig geliebt und verehrt. Sie und ihre Kinder trugen den Namen der Grafen und Gräfinnen von Schleswig-Holstein. Die königlichen Gatten liebten sich sehr, und ihre Ehe galt als außerordentlich glücklich.

Doch selbst vor dieser Ehe machte der Hofklatsch nicht halt. Eine Hofdame, die Mutter eines natürlichen Sohnes König Christians war, benutzte die Geburt seiner jüngsten Tochter, um sich selbst in der Gunst des Königs zu befestigen, indem sie aussprengte, daß des Königs Gemahlin ihm die Treue nicht gehalten und das Neugeborene nicht des Königs Kind sei. So gelang es ihr, des Königs Eifersucht zu erregen und ihr immer neue Nahrung zu geben, bis der König, von der Untreue seiner Gemahlin überzeugt, ihr vor dem Reichsrat und der ganzen königlichen Familie den Prozeß machen ließ.

Hannibal Sehstedt sah darin eine erwünschte Gelegenheit, sich an Leonora Christina für deren Abweisung seiner Bewerbung zu rächen, und eine Hoffnung, in der Gunst des Königs zu steigen. Er erbot sich, der öffentliche Ankläger zu sein, und verstand es, mit hinreißender Beredsamkeit das Leben der Gattin des Königs und ihr Verschulden so darzustellen, daß niemand mehr an ihrer Treulosigkeit zweifelte und sich alle von der Unglücklichen abwandten. Corfitz Ulfeldt war über des Königs Blindheit und der Höflinge Feigheit tief empört. Er hatte, in der unwandelbaren Gunst des Königs stehend, durch seine Beziehung zu Leonora Christina reichlich Gelegenheit gehabt, den lauteren Charakter der Gräfin Schleswig-Holstein kennenzulernen, und er verehrte sie sehr. So trat er nun zu ihrer Verteidigung vor den Reichsrat, unbekümmert darum, daß er sich damit gleichzeitig auch gegen den König wenden mußte, der ja, den Bitten und Tränen seiner Kinder und dem Schmerz seiner Lieblingstochter Leonora Christina zum Trotz, das unwürdige Schauspiel angeordnet hatte. Und so sehr setzte er all seinen scharfen Verstand, seine Empörung, seine unerschütterliche Überzeugung von Kirsten Munks Unschuld und die ganze Gewalt seiner Beredsamkeit für sie ein und wußte zugleich – im Gegensatz zu dem gehässigen Hannibal – die Vornehmheit seiner Gesinnung und das hohe Maß seiner Selbstdisziplin zu offenbaren, daß alle ihm zustimmten und die Gräfin von aller Schuld freigesprochen wurde. Sie aber war durch das ganze Geschehen so zutiefst verletzt, daß sie sich für immer vom Hof auf ihre Güter zurückzog. Als zwölf Jahre später der König sich zur Versöhnung mit ihr auf ihre Güter begeben wollte, starb er, ehe er sie wiedergesehen hatte.

Von Neid, Rachsucht und Ehrgeiz aufs äußerste gereizt, fiel Hannibal Sehstedt Corfitz auf offenem Markt mit seinem Degen an. Aber der erbitterte Kampf endete auch hier mit einem Siege Corfitz'. Jetzt vermochte nichts mehr, Leonora Christina daran zu hindern, ihre Dankbarkeit und Liebe für ihn bei jeder Gelegenheit zu zeigen. Der König hatte den ritterlichen Verteidiger seiner Gemahlin nur noch lieber gewonnen und ehrte und begünstigte ihn immer wieder, gab ihm Einfluß und Macht und willigte von ganzem Herzen in seine Ehe mit Leonora Christina. Am 9. Oktober 1636 wurde die Hochzeit der Fünfzehnjährigen mit ihrem doppelt so alten Gatten mit ungewöhnlicher Pracht gefeiert.

Nun folgten überaus glückliche Jahre. Corfitz hatte bald das höchste Amt Dänemarks, das des Reichshofmeisters, inne. Alle inneren und äußeren Angelegenheiten des Staates mußten durch seine Hände gehen; er hatte fast unumschränkte Gewalt, und als der König alt wurde, war Corfitz der eigentlich Regierende. Er war Marschall des dänischen Adels, Anführer seiner zehn ebenfalls sehr befähigten Brüder, Schwiegersohn des Königs und besaß ein großes, ererbtes und erheiratetes Vermögen. Da er alle seine Handlungen auf gründlichen Sachkenntnissen aufbaute und sein beweglicher Geist leicht alle Möglichkeiten erwog, wurde er einer der erfolgreichsten dänischen Staatsmänner, dem der König völliges Vertrauen schenkte und dessen Rat er gern anerkannte.

Leonora Christina hielt sich den Staatsgeschäften fern, aber Corfitz besprach vieles mit ihr und hörte auf ihre Meinung. Besonders wichtig waren ihm ihr verbindliches Wesen, ihre Liebenswürdigkeit und ihr geistvolles Gespräch bei seinen Reisen an fremde Höfe, wo sie Sympathie und Gunst erwarb, die sich ihm wohl noch versagt hätten. Ihre Schönheit, Jugend und Heiterkeit gewannen ihr die Herzen der Könige und Staatsmänner wie der großen Handelsherren des Auslandes. Besonders lebhaft war die Liebe der Holländer für sie; aber auch den strengen Kardinal Mazarin wußten ihre ungewöhnlichen Kenntnisse und ihr geistvoller Humor für Dänemark zu gewinnen.

Doch als Leonora 22 Jahre alt wurde, trat mit der Hochzeit ihres Bruders Friedrich in dessen Braut, der Prinzessin Sophia Amalia von Braunschweig, der unerbittliche Widerpart in ihr Leben. Sophia Amalia war schön und klug, fühlte sich aber in beidem Leonora unterlegen. Sie konnte sehr liebenswürdig sein, wenn es ihr nützlich schien, war aber herrschsüchtig, gewalttätig und rücksichtslos, zudem außerordentlich ehrgeizig und nie zu versöhnen, wenn sie einmal ihren Groll auf jemanden geworfen. So fand sie schnell, daß Corfitz' Macht eine Bedrohung der königlichen sei, wenn auch noch nicht zu Lebzeiten König Christians, so doch sicher nach seinem Tode. Einen ergebenen Freund und Mitkämpfer fand die Prinzessin in Hannibal Sehstedt, der zwar eine andere

Tochter des Königs zur Frau bekommen und den Corfitz zum Statthalter von Norwegen, das damals zu Dänemark gehörte, gemacht hatte, der aber nicht weniger unversöhnlich war als die Prinzessin. Niemals ließ er es an Ränken und Intrigen gegen die Familie Ulfeldt fehlen. Dabei halfen ihm seine Skrupellosigkeit, seine Kunst zu schmeicheln und sich in Gunst zu setzen. Er war ein geborener Höfling, während Corfitz, ihm an Geist und Stellung überlegen, krumme Wege und Schmeicheleien verabscheute.

Leonora Christina merkte wohl, wie die feindliche Partei gegen ihren Gatten wuchs und wuchs und gefährlich wurde, als plötzlich auf einer Reise der Kronprinz starb und bald darauf auch König Christian IV. Aber vorläufig lag die Regierung auch nach dem Tode des Königs und in verstärktem Maße in den Händen ihres Gemahls; denn Dänemark war Wahlreich. Als Marschall des Adels forderte Graf Ulfeldt von dem Prinzen Friedrich, dem Kronanwärter, als Gegenleistung für seine Wahl zum König größere Privilegien für den Adel, und erst, nachdem der Prinz durch seine Unterschrift dem Adel diese größeren Privilegien gewährt hatte, setzte sich Corfitz für seine Wahl ein.

Die Prinzessin Sophia Amalia aber sah in der Stärkung der Vorrechte des Adels eine neue Schwächung der königlichen Gewalt, und ihre Rachgier kannte keine Grenzen mehr. Zudem wurde ihr hinterbracht, daß Gräfin Leonora Christina sich zu dem Goldschmied begeben habe, der die Krone für die Krönung der Prinzessin zur Königin gerade in Arbeit hatte. Übermütig und tändelnd hatte die Gräfin das königliche Geschmeide auf ihre reichen blonden Locken gedrückt. Aber die Krone war ihr entfallen und ein kostbarer Stein herausgesprungen. Zwar war der Schaden bald wieder in Ordnung gebracht und alles auch ordnungsgemäß dem König gemeldet worden und dieser hatte, seine Schwester zu schützen, auch niemandem davon erzählt. Aber bei Hofe war nichts zu verbergen, und so war auch dieses harmlose Geschehen für Sophia Amalia ein neuer Beweis dafür, daß die Ulfeldts nach der Krone strebten. Sie war entschlossen, alles zu tun, um das Königtum wieder in seine alten Rechte zu setzen, und begann, zwischen den Kindern Kirsten Munks und ihren Schwiegersöhnen einerseits und dem niederen Adel andererseits Mißtrauen zu säen und das Bürgertum in Gegensatz zum Adel und in ihre Gefolgschaft zu bringen.

Eine längere Reise, die Graf Ulfeldt und Leonora Christina – sie wurde gerade 28 Jahre alt – zum Abschluß eines Freundschaftsbundes zwischen Dänemark und Holland nach dem Haag unternehmen mußten, bot der Königin Zeit und reichlich Gelegenheit, ihre Partei zu stärken und Argwohn und Unzufriedenheit mit dem Grafen im Lande zu verbreiten. Bei seiner Rückkehr wurde er zum erstenmal in seiner Heimat mit Murren empfangen. Corfitz war außerordentlich empfindlich und hielt sich darauf sechs Monate lang dem Hofe fern. Als dann noch die böswilligen Verleumdungen und Verdächtigungen zweier gewissenloser Anhänger der Königin ihn und seine Gemahlin sogar des Mordanschlages auf den König bezichtigten, wozu die Königin Hilfestellung lieh, wuchs sein Groll, zumal er ahnte, daß die Hinrichtung des einen und die Landesverweisung des anderen der beiden Verleumder den in König Friedrich gegen ihn entstandenen Verdacht nicht völlig ausräumen und das alte Vertrauensverhältnis auch nicht wieder herstellen konnten. Was ihn aber aus der sonst immer gewohnten überlegenen Ruhe brachte, war, daß die Königin durchsetzte, daß Leonora Christina nicht mehr wie bisher und wie alle ihre Geschwister als Mitglieder des königlichen Hauses mit ihrem Wagen selbstverständlich und ohne vorherige Anmeldung in den Schloßhof fahren durfte. Nichts verletzte Corfitz je so, als wenn jemand es wagte, Leonora Christina nahezutreten. Da er außerdem überzeugt war, daß die Königin alles tat, um seinen Einfluß bei dem König zu verringern, seine Pläne zu durchkreuzen und ihn zu ihr gefälliger Zeit zu stürzen, legte er alle seine Ämter nieder und ging, ohne den König zu benachrichtigen, mit seiner Familie nach Holland. Weil er sich bald auch dort nicht mehr sicher fühlte, begab er sich später an den Hof und in den Schutz der Königin Christine von Schweden. Schweden und Dänemark aber standen seit Jahrhunderten miteinander auf gespanntem Fuß.

So machte er es Sophia Amalia leicht, sein Bild und Andenken zu schwärzen und jahrelang an seiner gänzlichen Verurteilung und seinem vollkommenen Sturze zu arbeiten. Leonora Christina – nun 35 Jahre alt – begab sich deshalb im Bewußtsein ihrer völligen Unschuld auf Wunsch ihres Gatten nach Kopenhagen, um zu versuchen, den König, der ja ihr Halbbruder war, von der Unschuld ihres in Schweden gebliebenen Gemahls zu überzeugen und beide auszusöhnen. «Es war Wintertag», schreibt sie darüber, «beschwerlich und gefahrvoll. Ich litt Spott und Verfolgung, und hätte Gott mir nicht Mut gegeben und ihn denen genommen, die mich greifen sollten, so wäre ich zu jener Zeit dem Unglück der Gefangenschaft nicht entronnen.» Aber noch ehe sie Kopenhagen erreicht hatte, überbrachte ihr einer ihrer Brüder einen Befehl des Königs, «der sie zwang, sofort umzukehren». Graf Ulfeldt war dadurch noch aufgebrachter. Das dänische Königshaus war sein geschworener Feind, an dessen Sturz er von nun an bewußt arbeitete, um danach die drei skandinavischen Völker unter dem schwedischen Könige zu vereinigen in dem sicheren Bewußtsein, daß Dänemark durch seine Lage den beiden anderen Ländern überlegen sein würde.

Auch der Nachfolger der schwedischen Königin begeisterte sich für diesen Plan, und so kam es zum Krieg zwischen Dänemark und Schweden, der sehr wechselvoll verlief. In seiner Heimat waren inzwischen nicht nur alle seine Freunde, sondern auch alle seine Brüder von Corfitz abgefallen. Auch glückte es der Königin Sophia Amalia, das Vertrauen des schwedischen Königs zu Graf Ulfeldt zu erschüttern. Als dann auch noch bei Ausbruch des Krieges die Bürger von Malmö wieder zu Dänemark drängten, zu dem sie früher gehörten, fiel Verdacht auf Corfitz, den Aufstand verursacht zu haben, und er wurde in Schweden gefangengesetzt und des Hochverrats angeklagt. Die Gräfin wollte ihren alternden Gatten nicht verlassen und teilte seine Gefangenschaft mit ihm. Als der Graf keine Möglichkeit mehr sah, sich aus dem Netz von Verleumdung und Intrige, das, ausgehend von der dänischen Königin, ihn überall umspann, zu befreien, griff er zur List, indem er, er war jetzt 52jährig, einen Schlaganfall vortäuschte und angeblich nicht sprechen konnte. Daher trat Leonora Christina für ihn vor die Schranken des schwedischen Gerichtshofes und verteidigte ihren Gemahl mit solch überzeugender Beredsamkeit, daß sie großes Aufsehen erregte und die schwedische Regierung Corfitz nach dem Kriege freisprach. Was aber dieser Prozeß für sie selber bedeutete, berichtet sie auch: «Welche Herzenssorge und Betrübnis ich für meinen gebrechlichen Herrn (so bezeichnet sie ihren Gemahl immer) hatte, welche Mühe, Beschwerde und Kümmernis der Prozeß, so über neun Wochen betrieben ward, mir verursachte, das weiß der allerhöchste Gott, welcher mein Trost und Beistand und meine Stärke war, und welcher mir Mut und Herz gab, vor den Richtern meines Herrn ehrlichen Namen zu verteidigen.»

Nun aber mischte sich Hannibal Sehstedt, der gerade in Stockholm war, ein, ging zu dem Minister, der die Freilassung seines Schwagers, des

Grafen Ulfeldt, zu veranlassen hatte, und bat ihn, die Freilassungs-
urkunde noch nicht zu veröffentlichen, sondern ihm zu geben, damit er
sie seinem Schwager bringen und so eine Möglichkeit zur Aussöhnung
mit ihm bekommen könnte. Der Minister, der Sehstedts wahren Charakter nicht kannte, gab ihm darauf die Urkunde. Sehstedt aber ging statt
zu Ulfeldt zu den Gesandten von England und Frankreich, versicherte
ihnen, daß er sichere Kenntnis davon habe, daß Corfitz zum Tode verurteilt sei und bat sie heuchlerisch, das seinem Schwager mitzuteilen, um
ihm Gelegenheit zur Flucht zu geben. Auch sie glaubten ihm und handelten dementsprechend. Obgleich das Gefängnis und der Gefängnishof
noch von Soldaten bewacht waren, flohen der Graf und die Gräfin auf
diese Nachricht hin. Er in dem Gewand eines Geistlichen, um nach
Lübeck in See zu stechen, sie in der Tracht einer Bürgerin von Malmö,
um glückselig, nun ihren Gatten endlich seinen Feinden entronnen
wähnend, nach Kopenhagen zu gehen. In Kopenhagen stellte sie schnell
fest, daß man ihm feindlicher denn je gesonnen war. Wer beschreibt
daher ihr Entsetzen, als sie ihm dort eines Tages begegnete! Nun wurden sie beide zusammen in grausame Gefangenschaft genommen. Der
Kommandant von Hammershuus, wo sie gefangengesetzt wurden, Fuchs
mit Namen, war einer ihrer schlimmsten Feinde und wollte sich außerdem bei der Königin beliebt machen. Er setzte sie in feuchte, kalte
Räume, beraubte sie ihres Schmuckes und Geldes, fast all ihrer Diener-
schaft, ließ sie Hunger und Durst leiden und quälte sie in jeder Weise.
Der Graf war erkrankt, sein einziger Trost waren die Fürsorge der
Gräfin und ihre Gegenwart.
Nach mehr als neun Monaten, als die See von Eis frei war, wagte das
Ehepaar einen Fluchtversuch. Leonora Christina flocht aus Bettüchern
Seile und nähte ein Segel. Dann schwang sie sich in einer dunklen Nacht
als erste mutig aus mehr als 20 Meter Höhe aus dem Fenster. Über
Wälle und Gräben kletternd, gelangten sie endlich zu dem bereitgestell-
ten Boot. Aber gerade brach der Tag an, und die Wachen konnten sie
sehen. Nun wurden sie voneinander getrennt gefangengesetzt. Einzig
tröstlich war, daß ihre Fenster übereinander lagen, so daß sie sich an
einer Schnur Zettel zusenden konnten. Erst nach weiteren sechs Monaten
fand Ulfeldt eine Gelegenheit, dem König ein Schreiben zukommen zu
lassen, in dem er sich bitter über die unwürdige, harte Gefangenschaft
und Fuchs' unberechtigte Grausamkeiten beklagte.

Der König ließ die Lage des gräflichen Paares an Ort und Stelle untersuchen, entsetzte Fuchs seines Amtes und ließ Corfitz die Bedingungen
mitteilen, unter denen man ihn wieder in Freiheit setzen würde. Sie
waren übermäßig hart. Graf Ulfeldt sollte aller seiner Güter, ausgenommen derer auf der Insel Fünen, die Eigentum Leonora Christinas
waren, zugunsten der Krone beraubt werden und auf eine beachtliche
Summe, die der König ihm noch schuldete, verzichten. Auch sollte er
schwören, sich jeder Rache zu enthalten, nicht ohne königliche Einwilli-
gung außer Landes zu gehen und bei keinem fremden Fürsten Dienste
anzunehmen. Außerdem sollte er, was für den einst so hochgestellten,
stolzen Grafen besonders hart war, zumal er sich keiner eigentlichen
Schuld bewußt war, dem König förmlich für alles, was er ihm zugefügt
hatte, Abbitte tun. Man ließ ihn zugleich wissen, daß, wenn er die Bedingungen nicht annähme, man ihn und seine Gattin wegen Hochverrats
enthaupten wolle.
Als Corfitz so Leonora Christina in Todesgefahr sah, bat er um Bedenk-
zeit, während welcher er sie mit einem Zettel um ihren Rat bat. Ihre
Antwort war:

> Rebus in adversis, facile est contemnere mortem.
> Fortius ille facit, qui miser esse potest.

(Im Mißgeschick ist es leicht, den Tod nicht zu fürchten. Stärker ist jener,
der Elend ertragen kann.) Bezeichnend für ihren Charakter, wirft sie zugleich ein helles Licht auf das wunderbare Verhältnis der beiden Gatten
und auf Leonora Christinas Platz in dieser Ehe. Wenn er auch schwer
an seinem Groll trug, unterschrieb Corfitz nun doch den Vertrag und traf
mit der Gräfin im Januar 1661 in Kopenhagen ein, wo er dem König
geloben mußte, in Zukunft Frieden zu halten. Der König ordnete sodann
an, daß das Ehepaar mit seinen zehn Kindern und seiner Dienerschaft
auf ihrem Gute Ellensborg auf Fünen leben sollte.
In den zehn Jahren, die Corfitz Ulfeldt nicht in Dänemark war, waren
dort aber tiefgreifende Änderungen vor sich gegangen. Dem steten Be-
mühen der Königin war es gelungen, mit Hilfe der Bürgerschaft, der
Geistlichen und des niederen Adels nahezu alle Privilegien des Adels
zu kassieren und schließlich sogar die Königswürde bei dem derzeit
regierenden Königshaus erblich und den König absolut zu machen.
Einige Zeit ertrug Corfitz zähneknirschend die neuen Verhältnisse, dann

aber war es ihm nicht länger möglich, in ihnen zu leben und Untertan zu sein. 1662 bat er den König, ihm wegen seiner sehr angegriffenen Gesundheit zu erlauben, nach Aachen zu reisen, um die dortigen Bäder zu gebrauchen. Der König stimmte zu, und die ganze Familie Ulfeldt reiste, aber nicht nach Aachen, sondern nach Brügge. Kurz darauf begab sich der Graf selber nach Paris, um die dortigen Ärzte um Rat wegen seiner Gesundheit zu befragen, und verkehrte lebhaft am Hofe Ludwigs XIV.

Das erregte bereits in Dänemark Argwohn; außerdem liefen Gerüchte um über einen gefährlichen Anschlag Ulfeldts, der versucht hätte, Dänemark an den Kurfürsten von Brandenburg zu verschachern. Jeder Verdacht aber, der irgendwie auf Corfitz Ulfeldt fiel, wurde in Dänemark begierig aufgegriffen und eifrig verfolgt. So auch dieser.

Leonora Christina ahnte nichts von der neuen Gefahr in der ihr Gatte schwebte. Ihr Vetter, Karl II. Stuart, der Sohn einer Schwester ihres Vaters, König Christians, regierte in England. Corfitz, der ihm während Karls Landflüchtigkeit in der Regierungszeit Cromwells eine große Summe Geldes geliehen hatte, bat jetzt in Brügge Leonora Christina, nach England zu reisen und zu versuchen, von dem König die Rückzahlung dieses Geldes zu erreichen. Sie ging nur sehr ungern auf diese Reise. Sie wußte, daß ihr Gatte zu hoch von Karl II. dachte, und war sicher, daß sie die Summe nicht bekommen würde. Der König empfing sie mit schmeichlerischer Liebenswürdigkeit und einem Kuß, versprach zwar die Rückzahlung, zahlte aber nicht, sondern hielt sie mehr als einen Monat lang mit Versprechungen und Beteuerungen hin. Schließlich, nachdem ihr der König bis Brügge freies Geleit zugesichert hatte, reiste Leonora Christina unverrichtetersache nach Dover ab.

Aber noch vor Dover hielt ihr Schiff, weil Karl, trotz des zugelobten freien Geleites, sie auf Wunsch der dänischen Königin verhaften und an die Dänen ausliefern ließ. Von acht schwerbewaffneten Männern, die ihr Degen und Pistole auf die Brust setzten, wurde die Gräfin auf ein dänisches Schiff geführt. Von niemandem erfuhr sie, warum sie verhaftet wurde. Karl II. aber war froh, so leicht um die Bezahlung seiner Schuld gekommen zu sein.

Als sie nach einer sehr stürmischen vierzehntägigen Reise in Dänemark ankam und am späten Nachmittag von Wachen umgeben an Land geführt wurde, sah sie eine riesige Volksmenge, die neugierig sich mühte, sie zu sehen. Entgegenkommend wandte sie sich immer wieder nach rechts und nach links, daß jeder sie sehen könnte. Doch als sie nicht nur Frauen, sondern auch Männer über ihr hartes Schicksal weinen sah, mußte sie um Haltung ringen. Der ganze Schloßhof ihres Vaterhauses war mit bewaffneten Soldaten gefüllt. Man führte sie in den «Blauen Turm», das Staatsgefängnis, das ihr Vater hatte an das Schloß anbauen lassen.

Die Zelle, in die man sie führte, hatte kein Fenster, sondern war stockdunkel. Nur ein Licht in einem Messingleuchter zeigte Leonora Christina ein schmales Bett aus Fichtenholz ohne Vorhänge mit hartem, altem Bettzeug, einen kleinen Tisch, ein paar Stühle und einen Nachtstuhl, an der einen Wand eine Bank. Bis kurz vor ihrem Erscheinen waren hier – es war das gewöhnliche Diebsgefängnis, «die dunkle Kirche» genannt – drei Bauern gefangen gewesen, die, weil ihnen nichts anderes dafür zur Verfügung stand, an der Wand entlang ihre Notdurft verrichtet hatten, so daß die Luft Gestank erfüllte. Die 42jährige ahnte zum Glück nicht, daß sie erst als 63jährige nach mehr als 21 Jahren diesen Ort wieder verlassen würde. In all der Zeit wurde sie nicht einmal an die frische Luft geführt oder durfte auch nur ihre Kinder sehen. Nie, wie oft sie auch fragte, erfuhr sie, warum man sie gefangengesetzt und so hart bestrafte; sie war völlig rechtlos.

Kaum war sie in der Zelle, so kamen der Premierminister, der Kanzler, ein Rentmeister und ein Sekretär, sie streng zu verhören. Auch von ihnen erfuhr sie keinen Grund für ihre Verhaftung, aber aus ihren Fragen konnte sie erraten, daß man versuchte, durch sie für ihren Mann Belastendes zu erfahren. Aber sie wußte ja nichts Belastendes.

Danach kamen drei Hofdamen ohne Begrüßung zu ihr, trugen Kleidungsstücke über dem Arm, und die Hofmeisterin der Königin sagte: «Es ist Ihrer Majestät der Königin Befehl, daß wir Euch Eure Kleider nehmen und Euch diese mitgebrachten dafür geben.» Auf Leonora Christinas «In Gottes Namen!» zogen sie ihr die Kleider einschließlich des Hemdes aus, nahmen ihr alle Juwelen, Ketten, Ringe und Armbänder und zogen ihr die viel ärmlicheren mitgebrachten Sachen an. Und als sie sich setzen wollte, fragte die Hofmeisterin scharf, ob sie nicht stehen könne, ob ihr etwas fehle. «Mir fehlet nur allzuviel», gab die Gräfin zur Antwort, «übrigens kann ich wohl stehen, wenn es von Nöten ist.»

Schließlich kam an diesem ersten Abend noch ein Mädchen in ihre Zelle und sagte ihr, sie hätte von der Königin Befehl, diese Nacht über bei ihr zu bleiben. Die Königin hätte niemanden anders für dieses Amt bekommen können, denn die Leute hätten Angst vor Leonoras Zauberkünsten, und die Königin sage, sie sei auch böse. Aber viele, die sie früher gekannt, seien traurig über der Gräfin hartes Geschick. Die Königin habe zu ihr gesagt: «Du sollst diese Nacht bei Leonora sein. Du sollst dich nicht fürchten, sie kann dir nichts Böses tun. Wenn sie hexen kann, so nützt ihr das nichts. Sie ist nun gefangen und hat nichts bei sich. Und wenn sie dich schlägt, so gebe ich dir Urlaub, sie tüchtig wieder zu schlagen, bis sie blutet.» Aber dann gestand das Mädchen auch, daß die Königin sie zu diesem nächtlichen Amt erwählt habe, weil sie infolge einer Krankheit bisweilen in Verwirrung gerate. Da sie gleich darauf ihrem Mitleid mit der Gefangenen mit heißen Umarmungen und Zärtlichkeiten Ausdruck gab, fürchtete Leonora Christina einen Ausbruch ihres Wahnsinns und gab vor, nun schlafen zu wollen, während das Mädchen sich auf die Bank legte. Sie hörte nicht auf zu weinen, und so mußte die Gräfin diese erste Nacht im Gefängnis damit zubringen, dies gutmütige Geschöpf zu trösten über ein Geschick, das ihr eigenes war.

Früh am Morgen wurde die Wärterin zur Königin befohlen. Während ihrer Abwesenheit hielt der Gefängnisaufseher bei Leonora Christina Wache. Er war halb betrunken – kam später auch wieder und wieder ganz betrunken zu ihr –, aber die Gräfin antwortete ihm nicht und beachtete seine Gegenwart nicht. Viele Tage lang blieb sie still im Bett liegen, aß nichts, trank höchstens ein wenig, mit Verzweiflung kämpfend, die sie eifrig vor den anderen verbarg. Als das Mädchen wiederkam und mit ihr allein war, erzählte sie, die Königin habe gefragt, was Leonora täte, ob sie viel weine; sie hätte ihr geantwortet: «Ja, gewiß, sie weint heimlich für sich. Denn hätte ich gesagt, daß Ihr nicht weint, so hätte sich die Königin gedacht, daß Ihr noch nicht genug hättet, darüber zu weinen.» In den folgenden Tagen und Nächten hatte die Gräfin zwei sehr unangenehme Wächterinnen, offensichtlich Spitzel der Königin, mit denen sie, in dem engen, dunklen Raum eingeschlossen, schlafen mußte. Der Gestank und die Luft waren derart, daß die eine der beiden Frauen sich jede Nacht mehrfach übergeben mußte.

Durch lange Zeit gingen die Verhöre, die besonders quälend dadurch wurden, daß die Frauen und der Gefängniswärter ständig Andeutungen über die Wahrscheinlichkeit einer «hoch Not peinlichen Befragung» durch die Tortur machten. Leonora Christina wußte, daß über ihrer

Zelle der Raum mit den Torturmitteln war und fürchtete sich sehr davor, verbarg aber ihre Angst sorgfältig.

All die physischen und seelischen Qualen brachten Leonora Christina, die ihr Leben lang fest an eine göttliche Führung und Schicksalsbestimmung geglaubt und danach gelebt und gehandelt hatte, nun doch dazu, mit Gott zu hadern. Ihr Lebensmut war völlig gebrochen, und sie erbat einen Pfarrer an ihr, wie sie meinte, Sterbebett. Bis sie eines Morgens davon aufwachte, daß sie sich laut sagen hörte, noch tief im Traum: «Mein Kind, verzage nicht, wenn du von Gott geprüft wirst; denn welchen der Herr lieb hat, den prüfet er. Er schlägt aber einen jeglichen Sohn, den er aufnimmt.» Zugleich spürte sie eine wunderbare Kraft in sich und beschloß, sich völlig in ihr Schicksal zu ergeben und alles gelassen hinzunehmen, was mit ihr geschähe. Nach Jahren dieser harten Gefangenschaft schreibt sie für ihre Kinder: «Gott hat wunderliche Dinge an mir getan, denn das ist mehr als unbegreiflich, daß ich die großen mir widerfahrenen Unglücksfälle habe überleben können und dabei meine Vernunft, meinen Sinn und Verstand behalten habe! Darüber muß man sich höchlich verwundern, daß meine Glieder nicht krumm und contrakt sind vom Liegen und Sitzen, daß meine Augen nicht matt und ganz blind geworden sind von Weinen, von Rauch und Schmauch, daß ich nicht kurzatmig geworden bin von all dem Kerzenqualm und Dunst, von Stank und beklommener Luft. Gott allein die Ehre!»

«Ich leide dafür, von einem tugendsamen Herrn und Gatten geliebt worden zu sein und ihn im Unglück nicht verlassen zu haben; werde verdächtigt, von einer Verräterei zu wissen, über die man niemals mit ihm gesprochen, noch weniger ihn derselben überführt hat, welcher Beschuldigung Ursache mir nie erklärt wurde, wie demütig und wehmütig ich solches auch begehrte.»

Später, als sie sich wieder mehr gefaßt hatte, verlangte sie energisch und beständig Vorlage der Urkunden, die ihres Mannes angeblichen Verrat beweisen könnten. Niemand konnte solche vorzeigen, und sie war welterfahren genug, um sich schließlich zu sagen: «Das, so ich dachte, durfte ich nicht sagen. Ich wußte wohl, wie es in solchen absoluten Regierungen zugeht. Da darf nicht widersprochen werden, da heißt es: Unterschreibe, der König will es so haben! Und frage nicht warum, sonst kommst du in gleiche Verdammnis.» Schließlich gab ihr der König sogar ein über der «dunklen Kirche» liegendes größeres Gemach. Aber das große Fenster, das in diesem Raum war, wurde auf Befehl der Königin fast gänzlich einige Tage, ehe Leonora Christina einzog, zugemauert. Nur ein etwa handbreiter Spalt zum Rauchabzug des rohrlosen Ofens mußte offenbleiben, wurde aber mit dicken Eisenstäben und einem dichten Drahtnetz vergittert.

Die zu ihrer Bespitzelung, Bewachung und Bedienung von der Königin ausgesuchten und bezahlten Frauen waren in all den Jahren mit wenigen Ausnahmen heruntergekommene, verwahrloste Geschöpfe. Durch ihre Trunksucht, groben Witze, schlüpfrigen Redensarten, wüsten Flüche und endlosen Liebeleien oder Zänkereien belästigten sie Leonora Christina und machten ihr oft genug das Leben schier unerträglich. Die Gräfin versuchte dennoch, für diese Frauen, die sich meist tödlich langweilten, Arbeiten zu erfinden, ihnen vorzulesen (nachdem es ihr gelungen war, einige Bücher sich einschmuggeln zu lassen) oder gar, sie lesen und schreiben zu lehren.

Allmählich stellte sich auch ihr Humor wieder ein. So hatte an ihrem eigenen Hochzeitstag ihre Nichte Hochzeit, und die Gräfin lag an diesen Gedenktagen gefangen dicht an der Wand ihrer einstigen Brautkammer. Da sie aus Erfahrung wußte, wie sehr die Schloßbewohner in ihren Gedanken dann vom Fest gefangen waren, sagte sie ihrer damaligen, sehr primitiven Wärterin «voraus», daß sie beide heute wohl den ganzen Tag über würden fasten müssen. Auf die erstaunte Frage der Frau, warum sie sollten fasten müssen, antwortete Leonora schelmisch: «Das sollt Ihr heute abend wissen!» Als sie dann gegen Mittag den Brautmarsch spielen hörte, behauptete sie wieder: «Nun gehen sie mit der Braut nach dem großen Saal.» Mit entsetzten, weit offenen Augen sah die Wärterin sie an: «Wie wißt Ihr das?» – «Ja, ich weiß», war die Antwort, «mein Geist hat mir das gesagt.» Ängstlich fragte die Frau: «Was ist das für ein Geist?» – «Das kann ich Euch nicht sagen», meinte die Gräfin mit verstecktem Schmunzeln. Aber als sie dann noch behauptete, daß sie erst gegen sieben Uhr würden zu essen bekommen und man den beiden armen Hungrigen wirklich erst gegen halb acht Uhr etwas zu essen brachte, war die Wärterin, vor Grauen zitternd, wirklich überzeugt, daß Leonora Christina über übersinnliche Kräfte verfüge.

Sehr viel über Leben und Schicksal des einfachen Volkes erfuhr die Königstochter dadurch, daß es den Wärterinnen sauer wurde – wenn sie auch im Gegensatz zur Gräfin sich täglich einige Zeit frei draußen

bewegen durften –, so Tage und Wochen mit ihr eingeschlossen zu sein.
Dann flüchteten sie zu ihr und vertrauten ihrem gütigen Herzen alle ihre
Kümmernisse, Befürchtungen und Hoffnungen. Und wie wußte Leonora
Christina zu trösten und klugen Rat zu geben!
Eines Tages erfuhr sie durch die schadenfrohen Andeutungen und Reden
des Gefängniswärters und der Frauen, daß ihr kostbarer Kopenhagener
Palast niedergebrochen und an seiner Stelle eine Schandsäule für Corfitz
Ulfeldt dort aufgerichtet werden solle. Sie hörte auch, daß der Henker
ein hölzernes Bildnis ihres Gatten enthauptet und gevierteilt habe und
daß die Königin gefordert, daß dieses Bildnis zu Leonora Christina in
die Zelle getragen werden solle, der König das aber verboten habe. Die
Gräfin tröstete sich damit, daß, wenn seine Feinde ihre Wut an einem
Bilde ausließen, sie ihren Gatten wohl nicht bekommen hätten. Es kam
ihr denn auch eines Tages im Frühjahr 1664 zu Ohren, daß der Graf auf
der Flucht vor seinen Verfolgern eines natürlichen Todes gestorben sei.
Den Gefängniswärter aber, als er große Trauer über den schönen, zer-
störten Palast heuchelte, fragte sie, ob er wisse, wo der Tempel Salo-
monis geblieben sei. Von ihm wäre kein Stein mehr zu finden. Irgendwie
bewegte diese Frage, die ihm hinterbracht wurde, den König, seiner
Gemahlin gegenüber mutiger zu werden. Er befahl, Leonora Christina
zweimal in der Woche Konfekt und Streuzucker zu geben. Sie bat den
Gefängniswärter, dem gütigen König «für die Gnade untertänigst zu
danken». Wie nun aber der Gefängniswärter wagte zu bemerken, daß
die Königin auch «eine liebe Königin sei», schwieg die Gräfin nur viel-
sagend.
Wie oft hatte Leonora Christina vor Angst um ihren Gatten sich schlaf-
los im Bette herumgeworfen! Einmal stach sie sich dabei an einer Nähnadel, die beim Nähen des Bettzeugs wohl steckengeblieben war. Sie
nahm sie voll Freude zu sich, denn zu dem Schwersten ihrer Gefangenschaft gehörte, besonders in der ersten Zeit, daß die Königin Sophia
Amalia streng darauf achtete, daß sie nichts besaß, mit dem sie sich hätte
beschäftigen oder sich unter Umständen das Leben nehmen können. So
hatte sie weder Messer noch Schere, noch Zwirn oder Band. Aber jetzt
hatte sie eine Nähnadel! Ihr kam die Idee, die Bänder ihres Nacht-
hemdes aufzulösen und mit den so gewonnenen Fäden kleine Blumen
auf ihr Brusttuch zu sticken. Bald waren die Bänder aufgebraucht. Da
zog sie sich Fäden aus ihrem Bettlaken und antwortete der Wärterin, die

interessiert fragte: «Was wollt Ihr nun machen, wenn dieses auch aus ist?» – «Oh, ich werde schon etwas zu tun kriegen. Sollten es mir auch die Raben bringen, so bekomme ich es!» Einige Zeit danach vergaß eine Magd aus der königlichen Waschküche, in der auch Leonora Christinas Wäsche mitgewaschen wurde, eine ganze Docke Zwirn, die versehentlich zwischen die Wäsche der Gräfin geraten war, herauszunehmen. Hochbeglückt rief die Gefangene ihrer Wärterin zu und hielt den kostbaren Zwirn empor: «Seht Ihr, wie die Raben mir den Zwirn bringen!»

Im Laufe der ersten Jahre fabrizierte sich Leonora so aus dem, was ihr freundliche Frauen aus dem Müll vor ihrer Zelle heraussuchten oder verbotenerweise in ihre Hände schmuggelten, eine ganze Anzahl Geräte: eine Pinne mit zwei Zinken zum Bändermachen aus einem zerbrochenen hölzernen Kochlöffel, eine Schnurknüpfe aus kleinen sandgefüllten Beutelchen, die ihr besonders wertvoll war, weil ihr die Königin das Korsett genommen, das damals unbedingt zur Kleidung gehörte und das sie trotz ständiger Bitten nicht wiederbekam, ein Tintenfäßchen aus einem zerbrochenen zinnernen Krugdeckel, eine Schreibfeder aus einem Hühnerknochen, die Tinte aus Kerzenruß und ihrem Mittagswein. Den trank sie selten, sondern verschenkte ihn als Dank und Belohnung für Schmuggelhilfe oder an arme Gefangene, von denen sie erfahren, daß es ihnen noch elender gehe als ihr selber. Als sie auf ihre Bitte, sich wenigstens einmal mit einer Schere die Fingernägel beschneiden zu dürfen, auch nur eine grobe Absage bekam, ritzte sie sich mit ihrer Nähnadel die Nägel so lange, bis sie abfielen. Nur den des kleinen Fingers ließ sie wachsen, um zu sehen, wie lang er werden könnte. Leider stieß sie ihn dann doch, als er schon eine ansehnliche Länge hatte, versehentlich ab. Für naturwissenschaftliche Beobachtungen hatte sie überhaupt ein außerordentliches Interesse. Auch mit Schreiben und Dichten beschäftigte sie sich sehr viel, wenn es auch anfänglich oft unmöglich schien, das dazu notwendige Papier zu bekommen. Da ihr die Königin auch ihren Geistlichen schickte, der ein recht ungeistiger und eigentümlich «christlicher» Herr war, durch den Leonora Christina viel Ärger und Leid, aber keinen Trost und keine Hilfe hatte, so versteht man den letzten Vers eines ihrer vielen Lieder:

«Vor dir, Gott, fall ich nieder:
Gib mir die Freiheit wieder,
eh' ich zugrunde geh!

O reich mir deine Hände,
mach' meinem Joch ein Ende!
Doch nicht mein Will,
dein Will gescheh!»

Als aber nach dem Tode König Friedrichs seine Witwe, Königin Sophia
Amalia, das Schloß verlassen mußte, erhörte der junge König Christian V.
ihre Bitte und sandte ihr einen Geistlichen, der eine wirkliche Kraft-
quelle für die Gräfin war. Zwar hatte die alte Königin über ihren Sohn
die gleiche unheilvolle Macht wie über ihren Gemahl, aber sie erfuhr
doch nicht mehr alles sogleich, und vieles war schon geschehen, ehe sie
ihren bösen Einfluß ausüben konnte. Der neue Pfarrer verwandte sich
auch bei dem König für Leonora Christina und erreichte, daß sie einen
größeren Raum erhielt mit einer Art Vorzimmer, in dem in Zukunft die
Wartefrauen schliefen. Auch eine Postille, in der sie lesen konnte, be-
willigte ihr jetzt der König und schließlich ein beachtliches jährliches
Gnadengeld. Von diesem ließ sie sich vor allem Bücher besorgen, einmal
auch ein Klavichord (ein Vorgänger des Cembalos), so daß sie sich und
ihre Wärter mit Musik ergötzen konnte.

Einmal jammerte eine Wärterin, daß sie gehört habe, am Nachmittag
würden Seiltänzer auf dem Schloßplatz ihre Künste zeigen und sie
könne sie nicht sehen, weil sie mit der Gräfin eingeschlossen sei. Diese
frug sie, ob sie schweigen könne, und als die Frau ihr Schweigen versichert hatte, ließ Leonora Christina das Bettzeug und die Bretter aus
dem Boden der Bettlade nehmen, diese dann aufrecht unter dem Fenster an die Wand stellen und obendrauf noch den Nachtstuhl. Dann
wurde der Tisch vor das aufrechte Bett geschoben, um darauf zu kommen, an den Tisch ein Stuhl, um auf den Tisch zu kommen, ein weiterer
auf den Tisch, um auf den Nachtstuhl zu kommen und ein anderer Stuhl
auf den Nachtstuhl, so daß sie bequem durch die Gitterstäbe des hohen
Fensterspaltes auf den Schloßplatz sehen konnten. Die Gräfin ließ die
Wärterin zuerst hinaufsteigen und paßte unten auf, daß das Bett auch
nicht zusammenkrachte. Aber sie wußte auch, daß die Seiltänzer ihre
besten Stücke am Ende der Vorführung zeigten. Als sie an der Reihe
war, sah sie, als sie oben ankam, direkt dem König und der Königin, die
auf ihrem Balkon dem Schauspiel zusahen, in die Augen. Sie bekam
einen Schreck, merkte aber bald, daß sie nicht gesehen wurde. Einige

Zeit danach hatte sie Lust, auf die gleiche Weise einmal wieder die Leute in die Kirche gehen zu sehen. Die Wärterin sagte, sie ginge nicht wieder hinauf, sie sei froh gewesen, als sie das letzte Mal heil wieder unten angekommen sei. Leonora aber sah die Menschen zur Kirche gehen und blieb auf ihrem wackeligen Bau, bis auch der letzte wieder aus der Kirche gekommen war.

Eines Tages wollte sich die derzeitige Wächterin, weil sie sich nicht wohl fühlte, auf dem Gang vor der Zelle ein Warmbier machen und bat den Turmwächter, während sie ihr Wächteramt bei Leonora Christina versah, darauf zu achten, daß das Bier nicht überkoche. Als sie jedoch nach einiger Zeit wiederkam, hatte sich der Türmer an dem Bier gutgetan und auch keinen Tropfen übriggelassen. Die Frau bekam einen gewaltigen Zorn, an dem sie fast zu ersticken drohte und der sich auch noch nicht gelegt hatte, als sie wieder mit der Gräfin eingeschlossen war. Leonora versprach der Erstaunten, daß sie den Topf zum Kochen bringen und ihr ein Warmbier verschaffen würde, wenngleich der Zellenofen eiskalt sei. Nur dürfe sie auch nicht ein einziges Wort sprechen. Als sie dies Versprechen hatte, stellte sie drei Ziegelsteine, die in dem Gemach waren, zusammen, ließ die Wärterin den Topf darauf stellen und eifrig rühren. Von Zeit zu Zeit hob sie den Kopf von ihrer Schreibarbeit und fragte ernsthaft, ob das Bier noch immer nicht koche. Die Frau schüttelte den Kopf und rührte eifrig weiter, bis Leonora sich das Lachen nicht mehr verhalten konnte und der Erzürnten sagte, daß sie dieses neue Foppen bekommen habe, weil sie immer noch geglaubt, daß die Gräfin zaubern könne. Sie selbst aber hatte eine wunderbar ruhige halbe Stunde auf diese Weise gehabt. Dann entzündete sie unter dem Topf drei Lichtstummel, und die Frau bekam nach einiger Zeit ihr Warmbier und das Versprechen, immer wieder einmal die Erlaubnis zu solchem Bier zu bekommen, wenn sie unbedingte Verschwiegenheit zusicherte.

Was aber in Wahrheit für die Tochter König Christians IV. bedeutete, Tag und Nacht mit den von der alten Königin für sie ausgesuchten Frauen zusammensein zu müssen, möge das folgende Beispiel zeigen: Einmal fühlte sich die Gräfin nicht wohl und legte sich deshalb zum Schlaf bei Tag auf das Bett. Es war schon nach dem Tode König Friedrichs, und sie hatte die Erlaubnis, einen Hund bei sich zu haben. Kaum glaubte die Wartefrau, Leonora Christina sei eingeschlafen, als sie auf Socken zum Bett schlich und den dort liegenden Hund so lange reizte, bis er mit seinem Knurren die Schlafende geweckt hatte. Gefragt, warum sie ihr nicht den heilsamen Schlaf gönne, behauptete die Wärterin: «Ich wußte nicht, daß Ihr schliefet.» – «Warum schlichet Ihr dann auf Euren Socken?» Die Frau lachte: «Wenn Ihr das gesehen habt, dann habt Ihr auch nicht geschlafen!» Wieder lag die Gräfin eine Zeitlang still, und als die andere meinte, sie schliefe, begann sie das gleiche Spiel mit dem Hunde. «Ihr erdreistet Euch im Vertrauen auf meine Geduld», warnte Leonora. «Läuft mir aber einmal die Galle über, so werdet Ihr etwas zu sehen bekommen, Ihr verdammtes, schlimmes Ding!» – «Verdammtes, schlimmes Ding!» lachte die Frau, und Leonora Christina fügte in ihrem Bericht hinzu: «Ich bat Gott, daß er mich behüten möge, daß ich mich nicht an diesem Abschaum vergreife.» Dieses Stoßgebet hatte sie immer wieder nötig.

Die stärkste Fürbitterin für Leonora Christina aber war die junge Königin. Sie hatte gleich zu Anfang ihrer Ehe mit König Christian V. um Freilassung der armen Gefangenen gebeten, aber von der alten Königin ein scharfes Nein zu hören bekommen, denn das «wäre zu gefährlich für Land und Leute». Als nun König Friedrich gestorben war, erwirkte sie sich bei ihrem Gemahl die Erlaubnis, in Begleitung der Hofmeisterin der alten Königin und der Schwester des Königs Leonora Christina zu besuchen. Sie war auf allerlei Erschrecken gefaßt gewesen, aber was sie in der Zelle sah, war so, daß sie sich gleich nach der Begrüßung an dem Tisch festhalten mußte, und «unter fließenden Tränen» hernach von Leonora Abschied nahm. Aber von dem Tag an ließ sie wieder und wieder durch Geschenke und Erleichterungen, auch schöne Beschäftigungsmöglichkeiten die Gräfin wissen, daß sie liebend ihrer gedachte. Als dann ihre Mutter, die Landgräfin von Hessen, nach Kopenhagen kam, um ihrer Tochter bei der ersten Geburt beizustehen, besuchte auch sie Leonora. Sie begrüßte die Gefangene gleich mit einem Kuß und versuchte, sie zu trösten und aufzuheitern, ohne sich zu erkennen zu geben. Aber Leonora Christina sagte ihr bald, wen sie glaubte, vor sich zu haben: «Eurer Durchlauchtigkeit Haltung und Ansehen können ihren Stand nicht verleugnen, selbst wenn Sie in Bauernkleidung wären.» Die beiden schieden in großer Herzlichkeit voneinander, und die Landgräfin versprach, ihr möglichstes zu tun, daß Leonora Christina endlich freigelassen würde.

Wieder im Schloß, nahm die Landgräfin dem König mit Handschlag das

Versprechen ab, daß, werde das Neugeborene ein Knabe, Leonora Christina freikommen sollte. Es wurde ein Knabe. Und als alle über den kleinen Kronprinzen erfreut, sich um ihn scharten, sagte die Landgräfin glücklich: «Oh, wie wird sich erst die Gefangene freuen!» Jäh wandte sich die Königin-Witwe um: «Warum?» Darauf erzählte die Landgräfin von dem Gelöbnis des jungen Königs. Sophia Amalia geriet in eine solche Erregung, daß sie ihre Kutsche vorfahren ließ und nur durch einen Eid des Königs, daß Leonora Christina nicht freikommen solle, dazu zu bringen war, wenigstens die Taufe, die am folgenden Tag stattfinden sollte, mitzumachen. Es nützte nichts, daß die Landgräfin entsetzt darüber war, daß es möglich sein sollte, ein königliches Versprechen zu brechen. Sie bat schließlich mit dem Hinweis, daß die Gefangene doch eines Königs Tochter und vielem Unrecht ausgesetzt sei, darum, daß sie wenigstens an einen besseren Ort mit mehr Freiheit und Erleichterungen gebracht werde. Aber die Königin-Witwe antwortete auch darauf nur zornbebend: «Nun soll sie gerade nicht loskommen! Und *da* soll sie sitzen bleiben!» – «Will's Gott, so wird sie doch herauskommen; wenn Eure Majestät es auch nicht wollen!» erwiderte die Landgräfin, stand auf und verließ das Gemach.

Leonora Christina ließ keine Gelegenheit vorübergehen, bei dem König oder einflußreichen Persönlichkeiten um ihre Freilassung zu bitten. Ihr ganzes Sehnen ging danach. Ihre Gedanken waren auch immer bei ihren Kindern und deren Geschick, besonders dem der Töchter und ihres jüngsten Sohnes. Nur ganz selten hatte sie von ihnen in all den Jahren gehört, so daß sie wußte, ihre und ihres Gatten Geschwister hatten sich der Unversorgten angenommen. Aber mit Vorbedacht benutzte sie keine der mancherlei Gelegenheiten zu fliehen. Sie bezauberte mit ihrem selbstsicheren, liebevollen Wesen mit der Zeit selbst die rohen Menschen ihrer Gefängnisumgebung, und jener erste Gefängnisaufseher, unter dem sie so viel gelitten hatte, war nicht der erste und einzige, der sie um Verzeihung für sein schlimmes, ihm aber befohlenes Verhalten bat und, als er später todkrank wurde, seine Zuflucht zu ihr nahm und sich von ihr über die Bitternis seines Todes hinweghaben ließ. Ein anderer ihrer Quälgeister bot ihr einmal als Zeichen seiner Sympathie «eine Schachtel voll von Stücken Wachs, worauf alle Turmschlüssel abgedruckt waren. Dabei war geschrieben: ‹Die wird mein Mädchen in Schonen machen lassen› ... Darauf gab ich die Schachtel mit Danksagung zurück.

Es läge mir nichts daran, auf diese Weise aus dem Turm zu entkommen. Das gefiel ihm nicht, das sah ich wohl.»

Ein andermal war in der Stadt Feuer ausgebrochen, und da ihrer großen Aufmerksamkeit und wunderbaren Kombinationsgabe kaum je etwas entging, hörte sie davon, daß der Turmwächter wegen der Morgenreinigung alle Türen offengelassen hatte, und eilte schnell mit ihrer Wartefrau in den Turm hinauf, um von dort das Feuer zu beobachten. Als sie, nachdem das Feuer gelöscht war, ruhig plaudernd mit ihrer Frau wieder vom Turm herunterkam und die Furcht des Wärters, daß sie bei den vielen offenen Türen hätte entflohen sein können, sah, beruhigte sie ihn, er könne sicher sein, wenn sie auch Tag und Nacht alle Türen offen ließen, sie würde ohne des Königs Willen nicht einen Schritt hinausgehen, ja, hätte schon viele Male längst hinauskommen können. – Es war auch die Rücksicht auf ihre Kinder und deren berechtigte Ansprüche an das elterliche Vermögen, die sie von einer Flucht abhielten. Wenn sie aushielt und nur ordnungsgemäß das Gefängnis verließ, konnte der König, ja mußte er ihr wenigstens einen Teil ihres Vermögens wiedergeben.

Endlich, im Frühjahr 1685, starb Sophia Amalia, und Leonora Christina brachte sich bald danach durch das Bildnis ihres Vaters auf einem kleinen Kupferstich, den sie einrahmen ließ und «mit Farben illuminierte», bei dem König in Erinnerung. Auf die Rückseite dieses Geschenkes hatte sie geschrieben:

Mein Enkelsohn, so hoch in Ehren!
An Mut und Macht bist du mir gleich:
Tu endlich nun mein Kind erhören
und sei wie ich an Gnade reich!

Damit man die beiden Ereignisse nicht miteinander verknüpfe, ließ der König nach dem Tode seiner Mutter ein Vierteljahr verstreichen, bevor er am Abend vor seiner Reise nach Norwegen einen Befehl an das Gefängnis gehen ließ, daß Gräfin Leonora Christina Ulfeldt am folgenden Tage zu ihr gefälliger Zeit aus der Gefangenschaft zu entlassen sei. Er bestimmte das Klostergut Mariboe zu ihrem Wohnsitz und gab ihr eine reichliche jährliche Pension.

Von ihrer Nichte, die in Kopenhagen wohnte und sie zuerst einmal zu sich nahm, begleitet, verließ Leonora Christina, ihr Antlitz mit schwarzem Schleier verhüllt, am Abend des 19. Mai 1685 den «Blauen Turm».

Sie hatte zu ihrer Befreiung die späte Abendstunde gewählt, um soweit irgend möglich der Neugier der Kopenhagener zu entgehen. Diese stürmten aber das Haus ihrer Nichte in den nächsten Tagen derart, daß sie Kopenhagen nach drei Tagen verließ. Aber mit Freude sah sie, als sie an jenem Abend aus dem Gefängnis ging, auf dem Balkon des Schlosses die grüßende Gestalt der jungen Königin. Dreimal sieben Jahre hatte die Gräfin im Gefängnis verbracht, unschuldig und ungebrochen. Sie stickte für den Altar der Mariboer Kirche eine kostbare Decke und verzeichnete dankbar und freudig in einer Ecke: «Dieses habe ich verfertigt ohne Glas (Brille) in meines Alters fast 63. Jahr. Gott allein sei die Ehre!»

Die Geschichte ihrer letzten und schwersten der drei Gefangenschaften, die ihr Leben ihr brachte, hat Leonora in den mehr als 21 Jahren für ihre Kinder unter dem Titel «Jammersminde» aufgezeichnet. Sie wurde 1870 durch einen ihrer Nachkommen, Johann Graf Waldstein, nachdem er ihre Echtheit und Glaubwürdigkeit sorgfältig hatte prüfen lassen, der Öffentlichkeit übergeben und ist seither in viele Sprachen übersetzt worden. («Denkwürdigkeiten der Gräfin zu Schleswig-Holstein Leonora Christina, vermählten Gräfin Ulfeldt aus ihrer Gefangenschaft», Wien 1871, Verlag v. Carl Gerold's Sohn.)

Am 16. März 1698, im 77. Lebensjahr, starb Leonora Christina in Mariboe und wurde in der dortigen Kirche begraben. Aus den 13 Jahren ihrer Freiheit ist nichts Wesentliches mehr bekannt. Aber auch sie werden wie ihre vorigen Jahrzehnte in dem Geist ihrer eigenen Worte geführt worden sein:

Rebus in adversis, facile est contemnere mortem.
Fortius ille facit, qui miser esse potest.

(Wenn das Schicksal gegen uns ist, ist es leicht, den Tod nicht zu fürchten. Stärker ist jener, der Elend zu tragen vermag.)

A. H. «Bill» Griffin

1920 – 1959

«. . . Ganz gleich, wie schwarz der Tag meinen Jugendlichen und anderen erscheinen mag, ich kann immer noch einen Lichtstrahl sehen, den sie übersahen. Einen solchen gibt es immer, das hat mich mein Leben gelehrt.» Drei Jahre vor seinem unerwarteten Tode faßte Bill Griffin mit diesen Worten das Ergebnis seines scheinbar so grausamen und ihn zugleich so reich beschenkenden Lebens zusammen.

Bill Griffin wuchs in Norfolk/Virginia, einer wichtigen Hafenstadt an der Ostküste der USA auf. Die über 200 000 Einwohner zählende Stadt lebt vom Hafen und einer regen Industrie, die es auch bald dem lebhaften kleinen Bill angetan hatten. Besonders nach dem frühen Tode der Mutter in seinem neunten Lebensjahr fand er einen beliebten Zeitvertreib in der Beobachtung von Maschinen und der Arbeit an ihnen. So wunderte der Vater sich nicht, als Bill nur noch einen heißen Wunsch hatte, Ingenieur zu werden. Im Polytechnischen Institut von Virginia erlebte Bill glückliche Jahre des Jungseins mit anderen und des Eroberns der technischen Bereiche, wenn sich auch hin und wieder ein ehemaliger Klassenkamerad wundern mochte, daß Bill ein Studium gewählt, in dem er Mathematik beherrschen mußte, die ihm in der Schule nicht gerade leicht einzugehen schien.

Aber eines Tages, er war gerade 22 Jahre alt, fiel Bill auf, daß die seltsamen Schmerzen, die er seit einiger Zeit in seinem Fußknöchel spürte, sich nicht besserten, sondern trotz aller Mittel dagegen, die er sich verschaffte, schlimmer wurden und sich allmählich auch in anderen Gelenken einstellten. Vergeblich waren auch die Bemühungen des Arztes; die diagnostizierte Arthritis schritt erschreckend schnell und unheimlich weiter. Schließlich mußte er sein Studium aufgeben. Drei Jahre lang versuchten die Ärzte, mit schmerzhaften Operationen Bills Zukunft zu retten, aber alles war umsonst. Bald war er, von der Krankheit völlig besiegt, verurteilt, sein weiteres Leben platt auf dem Rücken zu liegen, unfähig, auch nur ein einziges Glied zu rühren, ausgenommen den rechten Zeigefinger. Der graue Star auf beiden Augen trat hinzu und ließ ihm von der Farbenpracht und Lichterfülle der Welt nichts als einen leisen Lichtschimmer.

Sein Vater saß, so viel ihm möglich war, am Bett seines gelähmten, blinden Jungen und las ihm vor. Bill konnte hören, sprechen und denken, und zwischen Vater und Sohn wob sich ein inniges Band des gemeinsamen Schicksaltragens. Als aber der Tod Bill auch noch diesen letzten Trost entriß und der Vater starb, verzweifelte der 25jährige. Aber seine Leibesfesseln erlaubten ihm nicht einmal, Hand an sich zu legen und diesem elenden Leben ein Ende zu machen.

Er hatte großes Vertrauen zu seinem Arzt, aber als er ihn um den Tod bat, wies ihn der Arzt fest und entschieden darauf hin, daß er noch einen Reichtum habe, da sein Gehör, die Fähigkeit zu sprechen und sein Denkvermögen noch völlig ungestört seien und ihm dadurch, daß er nichts tun, nur still daliegen könne, eine unschätzbare Möglichkeit gegeben sei – zu denken. Bill warf ihm ein, daß er seit drei Jahren nichts anderes getan als gedacht, seine Lage sich aber um nichts gebessert habe. ‹Du hast nur an dich gedacht, Bill, jetzt denke an andere!› Damit verließ ihn der Arzt und überließ ihn bis auf weiteres seinem Geschick.

Bill war allein, so grauenhaft allein in dem dunklen Gefängnis seines unbeweglichen Leibes: Hier lebte kein Gott, und kein Lichtschein menschlichen Trostes drang bis in diese tiefe Dunkelheit. Wer hätte angesichts des Abgrundes, in den der lebensfrohe, junge Mensch geworfen war, gewagt, ihn trösten zu wollen! Bill hätte keinen Trost annehmen können. Seine Krankheit war hoffnungslos, eine schmerzvolle Verknöcherung, die keine Medizin aufzulösen vermochte.

Und dann kam eines Tages doch der Gottesbote in Gestalt einer jungen Kusine, die, noch Schülerin in den oberen Klassen der höheren Schule, eines Tages plaudernd an seinem Bett saß, um ihn zu betreuen, während Schwägerin und Bruder, bei denen Bill wohnte, außer Hause waren. Nach einiger Zeit fragte sie: «Bill, die anderen haben nie Zeit, mir zuzuhören, darf ich dir sagen, was mich bedrückt?» – «O ja, ich habe Zeit, und zuhören kann ich auch! Wenn du genug Vertrauen zu mir hast, fang an.»

Sie hatte Vertrauen zu ihm und erzählte, daß sie einen Jungen gern möge, und der habe sie nun eingeladen, mit ihm ins Kino zu gehen, und da entstanden allerlei Fragen und Probleme für sie. Es war noch nicht so lange her, daß Bill mit einem Mädchen ins Kino gegangen war, selig selbstvergessen getanzt hatte, mit Freunden von Herzen fröhlich gewesen war, so fand die kleine Kusine bald, niemand könne so guten Rat geben und sie so verstehen wie Bill. Und er war immer da, wenn man zu ihm gehen wollte, immer bereit zuzuhören, zu raten, zu helfen. Sie brachte etwas später eine Schulkameradin, dann andere, und bald war ihr Lotsendienst gar nicht mehr nötig. Es sprach sich schnell unter Norfolks Jugend herum, daß in der 14. Straße des Westens ein Mann jederzeit bereit war, jeden Jugendlichen, der es wollte, freundlich und geduldig anzuhören und ihm mit seinem Rat den Weg zu ebnen.

Hinter dem Garten von Bills Haus war eine der großen Norfolker höheren Schulen. Bald kamen so viele junge Leute die Treppe zu Bill hinauf, daß seine Schwägerin die Geduld verlor. Ja, nach einiger Zeit kamen nicht nur Jugendliche, sondern auch deren Eltern und Lehrer, hin und wieder auch ein anderer Erwachsener, der niemanden wußte, dem er sich anvertrauen mochte, und der von Bill gehört hatte.

Seine «Kunden» und Freunde bauten, da sie die leichte Verärgerung der Schwägerin nur zu gut verstanden, für Bill ein weitläufiges Zimmer zu ebener Erde im Garten. Das Zimmer wurde mit allem Komfort, allen Annehmlichkeiten für Bill eingerichtet: von einer Möglichkeit für ihn, mit seinem eigenen Finger das Licht an- und auszuschalten, eine Klimaanlage in Gang zu setzen, an bis zu dem Großartigsten, einer Telefonanlage, die er mit Hilfe eines besonderen Code, den die Fernsprechstelle für ihn einrichtete, mit seinem einen Finger und mit einem Kopfhörer so benutzen konnte, daß er anrufen konnte, wen er wollte, aber auch von jedem angerufen werden konnte.

Über seine Arbeit schreibt der Norfolker Pfarrer Grizzard: «Seine Beratungen mit den Jugendlichen von Norfolk waren die wirkungsvollsten, die mir je begegnet sind. Sein fröhlicher und christlicher Geist, sein klares Denken und seine optimistische Lebensanschauung wurden von Gott in einer ganz wundervollen Art gebraucht. Trotz der Tatsache, daß er nur einen Finger einer Hand und seinen Unterkiefer bewegen konnte, und obgleich er blind war, beeinflußte er mehr junge Leute und brachte mehr verwirrte Jugend wieder ins Lot als irgend jemand, den ich je

111

gekannt habe.» Und eine Jugendfürsorgerin, die mehr als 30 Jahre unter der Norfolker Jugend gearbeitet hatte, meinte in einem Interview mit «Reader's Digest», Bill sei in seinem Werk erfolgreicher als zehn Fürsorgerinnen zusammen.

Er hatte bald eine riesige Korrespondenz, die seine jungen Klientinnen auf einer Schreibmaschine neben seinem Bett nach seinem Diktat erledigten. Leider kamen dabei auch bisweilen Verwechslungen vor, und so waren einige Kinder der Marburger Waldorfschule sehr erstaunt und enttäuscht, daß sie auf ihren Brief, den sie ihm geschrieben hatten, als sie seine Lebensgeschichte hörten, einen Brief bekamen, der begann: «Lieber Herr Waldorfschule» und ganz offensichtlich an einen jungen Mann gerichtet war. Er ist ein ausgezeichnetes Zeugnis für Bills geniale Art, taktvoll und mit großem Verständnis auf die Eigenart der Jugend einzugehen, vorsichtig und völlig freilassend seinen Rat zu geben und unerbittlich doch den richtigen Weg, auch wenn er schwer zu begehen ist, aufzuzeigen. Allem Anschein nach handelt es sich in dem Briefempfänger um einen jungen Mann, der sich mit seiner Familie überworfen hat, die doch einiges an ihm auszusetzen fand, selber bisher nicht recht in einem Beruf Fuß fassen konnte, nun andere Menschen auf den rechten Weg, wie er ihn sich denkt, führen möchte, obgleich er ihn selbst noch nicht gegangen. So schnell wie möglich möchte er nun auch heiraten. Der Brief wurde wieder an Bill zurückgesandt, damit sein wahrer Adressat ihn auch wirklich bekomme, aber da er seines wertvollen Inhaltes wegen vorher abgeschrieben wurde, soll er als Anhang dieser Biographie beigefügt werden.

Zu aller Erstaunen arbeitete Bills Organismus trotz seiner unnatürlichen Lage und seinem Mangel an Bewegung wie ein ganz gesunder Körper und bereitete nach einiger Zeit auch keine Schmerzen mehr. Bill selbst stellte mit Erstaunen fest, daß er ein geradezu phänomenales Gedächtnis entwickelte und z. B. bald eine Unzahl von Telefonnummern seiner jungen und auch ehemaligen «Kunden» und helfenden Freunde auswendig wußte. Das leistete vielfach die wertvollsten Dienste. Nicht wenige unter seinen Schutzbefohlenen wurden später Krankenschwestern und blieben mit ihm in Kontakt, auch wenn sie sich verheirateten und damit aus dem Dienst ausschieden. So kam es, daß einmal nach einer großen Autokarambolage in der Umgegend von Norfolk ein Krankenhaus verzweiflungsvoll eine Privatschwester suchte. Schließlich rief eine der Schwestern ihren alten beratenden Freund an, und sehr bald war es Bill geglückt, dem Krankenhaus die gewünschte Schwester zu vermitteln.

Bill hatte einen guten Schlaf, ohne daß er Tabletten dafür brauchte, aber er war Tag und Nacht bereit, angerufen zu werden, und seine frohe, zuversichtliche Art half auch dem Scheuesten, sich ihm vertrauensvoll zu öffnen. Besucher hatten den Eindruck, wenn sie ihn so auf seinem Bett liegen und mit den Jugendlichen fröhlich diskutieren sahen, als sei er nur ein gütiger Mensch, der nichts dagegen hatte, wenn junge Menschen ihn in seiner wohlverdienten Siesta störten. Er erweckte nicht den Eindruck eines Kranken und Leidenden. Er sagte auch, er litte nicht. Aber auf seinem Lager erwarb er sich nicht nur einen unerschütterlichen Glauben an das Göttliche, sondern auch die Gewißheit, daß es im Leben immer noch einen weiterführenden Weg gibt, den es nur zu suchen und zu finden gilt.

Die Schüler kamen vielfach mit Schularbeitsnöten, und da entdeckte Bill zu seiner Überraschung, daß er bei einer Mathematikaufgabe, von der er wußte, daß er sie seinerzeit auch nicht verstanden hatte, jetzt plötzlich deutlich die Stimme seines damaligen Lehrers hörte, der die Aufgabe erklärte, eine Erklärung, die er nun gut zu seiner Hilfeleistung verwenden konnte. Er erlebte wieder und wieder an sich, daß dem Gedächtnis nichts verlorengeht, weder das, was man seinerzeit aufgenommen, ohne es zu verstehen, noch das, von dem man überzeugt war, es längst völlig vergessen zu haben. Aber er wurde natürlich auch an Notlagen geführt, bei denen selbst er nicht zu helfen wußte. Solche «Fälle» übergab er an Menschen, die in solchen Lagen Erfahrung hatten. Er wußte zu diesem Zweck die Telefonnummern von Ärzten, Pfarrern, Lehrern, Fürsorgern usw., und er hatte erfahren, daß er bei Tag und bei Nacht von ihnen Hilfe für seine Schützlinge bekam.

Eines Nachts rief ihn eine junge Frau an. Bei einem Autounfall hatte sie Mann und Söhnchen verloren und war gerade im Begriff, eine Überdosis Schlaftabletten zu nehmen, als im Radio, das noch an war, von Bill erzählt wurde und wie man ihn bei Tag und Nacht anrufen dürfe. Sie tat das, und Bill bat sie, gleich zu ihm zu kommen und erzählte ihr, als sie schluchzend an seinem Bett saß, daß er auch einmal hatte sterben wollen, weil ihm sein Leben leer und sinnlos erschienen war. Das Schluchzen der Frau verebbte, denn, berichtete Bill, «zum erstenmal seit Tagen dachte sie nicht an ihren Kummer und an sich, sondern an mich, dem sie jetzt gern geholfen hätte». Da sagte er ihr, daß er überzeugt sei, sie sei an sein Lager geführt worden, um seinen Glauben an das Göttliche und an das Leben zu stärken, den er auf diesem Lager erworben und das ihm einst so sinnlos, so widersinnig erschienen sei. «So einfach, als ich nur vermochte, erzählte ich ihr, daß sie meinen Glauben stärken würde, wenn sie ihn annehmen könnte, und das würde heißen, sie müsse sich mit mir in dem Wunsche treffen, weiterleben zu wollen.» Als er die junge Frau beruhigt hatte, rief Bill eine Bekannte telefonisch herbei, die die Witwe für die nächste Zeit mit sich nach Hause nahm und sie in der Arbeit mit jungen Menschen anleitete, in der sie einen neuen, beglückenden Inhalt für ihr Leben fand. Nach dieser Erzählung fragte Bill den Berichterstatter lächelnd: «Wundern Sie sich noch immer, daß ich ein glücklicher Mensch bin?»

Vom Reader's-Digest-Reporter über seine Art, mit den Jugendlichen zu verkehren, gefragt, erzählte Bill: «Ich versuche, Mary und Käthe und Joe zu helfen, nicht irgendwelcher Jugend. Es glückt mir so weit, daß sie sich für Dinge interessieren, die des Interesses wert sind, statt für Sensationen. Sofern ich überhaupt eine Regel habe, ist es die, lieber zu ihnen zu sagen ‹Tu es› als ‹Laß das› ... und: Lebe heute, wie du einmal gerne haben wirst, daß deine Kinder leben. Du wirst das Vorbild sein, das sie nachahmen werden, so beginne heute schon, um es dann auch sein zu können. Wenn du im Zweifel bist, wie du dich verhalten sollst, frage: ‹Würde ich gerne sehen, wenn mein Kind so handelte?› Du wirst dann nie die falsche Antwort finden.» Und über sein Leben schloß Bill das Interview: «Ich bin ein glücklicher Mensch. Ich kann kaum Licht von Finsternis unterscheiden, dadurch werde ich aber nicht durch Äußerlichkeiten in die Irre geführt; ein geistiges Schauen ermöglicht mir, die wahre Schönheit oder Häßlichkeit hinter einem Gesicht zu sehen. ... Die ganze Welt ist liebevoll zu mir – sie bietet mir ihre Hände, ihre Beine, ihren Kopf, ihr Herz und verlangt für all das von mir keine Gegenleistung.»

Der Bericht in Reader's Digest brachte Bill Beachtung über ganz Amerika hin. So wurde z. B. ein Jugendlicher von seinem Vater, der nicht mehr mit ihm fertig werden konnte, den ganzen weiten Weg von Kalifornien nach Norfolk geschickt, um mit Bill zu sprechen, und Bill brachte ihn wirklich ins rechte Gleis.

In seinem Brief über Bill schreibt Pfarrer Grizzard: «Er wünschte sich, ein Ingenieur zu werden, das wurde ihm versagt, aber er baute Brücken des Verständnisses über die Klüfte des Lebens, die mehr Gutes taten als irgendwelche Brücken, die er über Flüsse hätte errichten können. Wenn ich irgendwann gewünscht hätte, einen Atheisten von der Wirklichkeit Gottes zu überzeugen, würde ich nicht mit ihm diskutiert oder versucht haben, ihn durch meine Dialektik zu überzeugen, sondern ich würde ihn zu Bill Griffin gebracht haben und hätte ihn sich wärmen lassen in den Strahlen der christlichen Zeugenschaft dieses Mannes, und er würde von der Wirklichkeit Gottes überzeugt worden sein. Ich werde nicht zugeben, daß das Andenken an Bill Griffin erlischt. Heute sind über die ganze Welt hin wertvolle Männer und Frauen verstreut, die vor den Irrsalen des Jungseins und Erwachsenwerdens durch das klare und mutige Leben Bill Griffins bewahrt wurden, dessen physische Augen nicht sehen konnten, aber dessen geistige Augen die Tiefen des menschlichen Geistes gewahrten, dessen Mitgefühl und Verständnis alle umhüllte, die mit ihm in Berührung kamen.»

«Ganz gleich, wie schwarz der Tag meinen Jugendlichen und anderen erscheinen mag, ich kann immer noch einen Lichtstrahl sehen, den sie übersahen, einen solchen gibt es immer, das hat mich mein Leben gelehrt.» – Und dann im Juli 1959 versagte ganz plötzlich Bills Körper in allen seinen Funktionen, und er starb in wenigen Stunden.

Übersetzung eines Briefes von Bill Griffin

6. November 1957

Lieber Herr Waldorfschule, es war sehr lieb von Ihnen, mir zu schreiben und mir so viele Geschehnisse aus Ihrem Leben verständlich zu machen. Ich hoffe, daß die folgenden Vorschläge, die ich Ihnen mache, Ihnen in irgendeiner Weise bei der Planung Ihres zukünftigen Lebens eine Hilfe sein mögen.

Zuerst würde ich meinen, daß Sie den Stolz besiegen müssen und sich von Ihrer Familie helfen lassen, wenn sie bereit ist, etwas für Ihre Gesundheit zu tun. Manchmal übersehen wir das kleine bißchen Stolz bei der Gestaltung unseres Lebens und bringen uns dadurch um einige der wertvollsten Erfahrungen, die wir im Leben haben können. Ich weiß, daß Ihre Familie auf Sie und auf das, was Sie zu tun versuchen, stolz sein muß. Selbst wenn es so aussieht, als ob Ihre Familie nicht freundlich zu Ihnen sei, Sie als Christ können das überwinden durch Ihre Freundlichkeit gegen sie. Es schadet nie, zu jedermann freundlich zu sein, und wir müssen unseren Teil dazu tun, selbst wenn es so aussieht, als wollten die anderen ihren Anteil beim Entstehen der Freundschaft nicht beitragen.

Wenn Sie älter werden, werden Sie einsehen, daß es viele Wege gibt, um Ihr Ziel, ein guter, wahrer Christ zu werden und für Gott zu wirken, zu erreichen. Sie müssen bedenken, daß Sie nicht über Nacht die Lebensweise Ihrer Familie ändern können. Es ist sehr wichtig, daß Sie versuchen, das moralischste Leben zu führen, das Sie sich denken können, und indem Sie das tun, ein Vorbild für andere zu sein, daß alle, die Sie sehen und die vielleicht Ihren Spuren folgen möchten, wenigstens versuchen, sich auch zu bessern. Wenn Sie das aber tun, dürfen Sie den andern nie sagen oder auch nur denken, daß Ihre Art zu leben der einzig richtige Weg sei; die andern sind auch Individualitäten und haben ein Recht auf ihre eigenen Gedanken und Meinungen und auf die Art, ihr eigenes Leben zu leben. Versuchen Sie, ein Beispiel zu geben, dem sie folgen können, und ich glaube, daß Sie mehr Erfolg haben werden.

Was Ihre Bildung anbelangt, glaube ich, daß Sie bisher ganz richtig vorgegangen sind, indem Sie sich bemühten, am täglichen Geschehen in der Welt so weit wie möglich teilzunehmen. Lesen ist ganz gewiß ein Weg, seinen Geist zu weiten, so daß Sie sich darüber ebenso bewußt werden, was in anderen Teilen der Welt vor sich geht, wie über das, was in Ihrem Kreis geschieht. Die Idee, die Sie mit sich herumtragen, zu heiraten und eine Frau und eigene Kinder zu haben, ist sehr groß; aber vielleicht ist das doch etwas, auf das Sie noch warten und sich vorher gründlich vorbereiten sollten. Die Rolle eines Ehegatten zu übernehmen, ist eine sehr wichtige Sache und würde viele Bürden auf Ihre Schultern legen. Wenn Sie nicht wissen, wie Sie für sich selbst sorgen sollen, dann wird es eine um so härtere Sorge für Sie sein, auch noch die Verantwortung für eine Frau und eine Familie zu tragen. Bitte, nehmen Sie sich in dieser Hinsicht Zeit, damit Sie Ihre Kräfte nicht überschätzen und dann wichtige Lebensziele aufgeben müssen.

Was Ihre Arbeit betrifft, müßten Sie versuchen, eine Anstellung zu finden, die Ihnen genug Geld bringt, daß Sie davon leben können. Dann können Sie sich weiter für das Leben vorbereiten, indem Sie ein Führer und Helfer für andere Menschen werden und dadurch dann besser selbst herausfinden, was der rechte Lebensweg für Sie sein mag. Wenn Sie sich erst einmal in einen Beruf hineingearbeitet haben, dann glaube ich, daß Ihr wahres Glück dadurch kommen wird, daß Sie eine hilfreiche Hand für andere sind. Sie erzählten mir, daß Sie Hilfe von einigen Amerikanern bekommen hätten. Ich glaube, daß auch Sie selber viel Befriedigung finden werden, wenn Sie einmal anfangen werden, Ihre Gaben jemandem anderen zur Verfügung zu stellen. Dies muß nicht durch Geld geschehen, sondern in Ihrer Fürsorge, entweder, indem Sie anderen vorlesen, ihnen helfen, die Gewohnheiten und Sitten anderer Menschen zu verstehen, oder indem Sie ihnen beim Nähen oder Herrichten von Kleidern oder beim Flicken und Stopfen von Kleidern helfen. Alles, was ihnen eine Hilfe ist, wird wirklich anerkannt werden. Und Sie selbst werden auf diese Art auch viel Glück finden.

Gerne hätte ich, wenn Sie versuchten, eine Sache in Ordnung zu bringen, das ist, etwas von Ihrer Abneigung Ihrer Familie gegenüber zu überwinden und wieder ein Freund der Ihren zu sein. Dann versuchen Sie, sich Möglichkeiten zu verschaffen, anderen zu helfen, so daß Sie das Vorbild für Ihre Familie werden könnten, dem sie nachstreben. Versuchen Sie auch weiterhin, an Ihrer Bildung zu arbeiten und so belesen zu sein wie nur möglich, dann werden Sie möglicherweise in die Lage kommen, in der einen oder anderen Art etwas zu schreiben und Artikel für Illustrierte und Zeitungen zu verfassen. Das würde Ihnen eine gute Hilfe sein, da es Ihnen einigen geldlichen Gewinn einbringen würde. Am allermeisten aber hoffe ich, daß Sie etwas mehr Selbstbewußtsein gewinnen werden und nicht weiter glauben, daß Sie ungebildet seien, denn Sie scheinen in Wahrheit eine wundervolle Art von Bildung zu haben.

Ich danke Ihnen herzlich, daß Sie sich die Zeit genommen haben, mir zu schreiben, und wenn ich Ihnen in Zukunft irgendwie eine Hilfe sein kann, bitte, zögern Sie nicht, wieder zu schreiben.

Mit den besten Wünschen
Bill Griffin

Louise Schroeder

1887 – 1957

An einem lachenden Maientag saß eine kleine, anmutige, außerordentlich schwache Frau in einfachem Jackenkleid mit weißer Bluse müde auf einem Stein. Um sie herum war Niemandsland, jener verwüstete, stacheldrahtdurchzogene Landstrich, den die Russen durch das einstmals so blühende Land zwischen West- und Ostdeutschland gelegt haben. Das not- und sorgegezeichnete Antlitz der weißhaarigen Frau war sinnend geneigt und hob sich nur manchmal, um einen dankbaren, schnellen Blick in die Schönheit des Frühlingstages zu werfen und sich an ihm zu laben. Dem maschinenpistolenbewehrten Grenzposten kam die Alte allmählich nicht geheuer vor. Er ging zu ihr und bohrte ihr fast seinen Zeigefinger ins Gesicht, als er fragte: «Warum du hier sitzen?» – «Wagen kaputt. Warte auf Mechaniker», sagte die Frau. – «Und wer du?» Da sah er in ein Paar gütige blaue Augen, und eine warme, leise Stimme antwortete: «Ich bin die Oberbürgermeisterin von Berlin.» Der Posten stutzte und lachte ironisch: «Du Oberbürgermeisterin!? Und sitzen auf Stein an Landstraße?» Ob dieser unmöglichen Antwort konnte er sich vor Lachen gar nicht fassen, winkte seinem Kameraden und ließ auch ihn an dem Gaudium teilhaben. In seine Erzählung hinein rief er immer wieder in der nachgeahmten Stimme der Frau: «Ich bin die Oberbürgermeisterin von Berlin!»
Als zwei Stunden später ein Auto an dem russischen Schlagbaum hielt, ging der Posten mit seiner Maschinenpistole zum Chauffeur und nahm die Papiere ab, dabei erkannte er die alte Frau, die so kühn behauptete, sie in ihrer Schwachheit und in ihrem Elend sei – die Oberbürgermeisterin von Berlin! Er grinste sie an und konzentrierte sich dann auf die Papiere. Er buchstabierte: «Schroe-der, Lo-u-i-s-e, am-tie-ren-de

O-ber-bür-ger-meisterin von Berlin!» Der Russe ist fassungslos, schiebt seinen dicken Kopf in das Auto, starrt der alten Frau lange ins Gesicht und tritt dann ernst zurück, ehrfurchtsvoll die Hand an den Rand der Mütze . . . Die Richtigkeit dieser Erzählung hat Louise Schroeder später lächelnd bestätigt.

Ja, sie war Oberbürgermeisterin und noch dazu von dem Berlin der Jahre 1947/48, von jenem riesigen Trümmerhaufen, in dem der Hunger grassierte, in dem vier ehemalige feindliche Kommandanturen zu ihrem Teil das Wiedererstehen von Ordnung, Handel und Wandel erschwerten. Ja, Oberbürgermeisterin war sie, einstimmig von allen freundschaftlich gesonnenen und allen gegnerischen Parteien dazu gewählt, als der russische Kommandant den ebenso vorbehaltlos und gemeinsam gewählten Oberbürgermeister, Professor Ernst Reuter, nicht als solchen anerkennen wollte. Sie nahm die ehrende Wahl nur zögernd und ungern an, sie, die sich bisher nie einer Arbeit entzogen hatte, jede mit Geschick und eisernem Fleiß aufgriff und zu Ende führte und auf besorgte Bitten, doch an ihre Gesundheit zu denken, nur die Antwort hatte: «Ich suche die Arbeit nicht, sie kommt auf mich zu und ist Notwendigkeit, die erledigt werden muß!»

Aber diesmal wußte sie, welche ungeheure Last nun auf ihre schwachen Schultern gelegt worden war; und sie war schon sechzig, als man ihr das Wohl und weit mehr Wehe der Millionenstadt anvertraute! Von dem, was Louise Schroeder damals leisten sollte, schrieb ein Zeitgenosse:

Sie «mußte einen Posten übernehmen, der in diesem Augenblick der gefährlichste, heikelste und verantwortungsvollste Posten auf dem gesamten Erdball war. Die Kraft eines mit allen politischen Wassern gewaschenen Mannes hätte nicht ausgereicht, um der Probleme Herr zu werden, die sich in diesem ausgebluteten, hungernden, zerrissenen Berlin der ersten Nachkriegsjahre boten. Die sanfte Louise sah sich plötzlich in einem Hexenkessel wilder Leidenschaften und bösartiger Intrigen.»

An jenem 8. Mai 1947 hoffte sie und war überzeugt davon, daß die Alliierten in kurzem doch der Wahl Reuters zustimmen und sie damit von dieser schweren Bürde befreien würden. Und so nahm sie schließlich unter dem jubelnden Beifall des Stadtparlamentes stellvertretend das Amt des amtierenden Oberbürgermeisters an, um es dann 18 Monate lang innehaben zu müssen!

Sie war Frau und wußte als solche, daß ein Winter schon im Frühsommer vorbereitet werden müsse, besonders nach solch einem unverhältnismäßig harten und grausamen Winter, wie es der Winter 1946/47 gewesen war. So störte sie das Erstaunen des Berliner Magistrats und später der Stadtverordneten nicht, als sie bald nach ihrer Wahl von den Stadtvätern verlangte, ihr in gegebener kurzer Frist Vorschläge zur Behebung der Not, zur Verhütung einer Wiederholung des Elends vom vergangenen Winter vorzulegen. In diesem Winter waren Menschen in Berlin verhungert oder erfroren, viele erkrankt, viele verzweifelt!

Bis Mitte Juli hatte sie die sorgfältig unterbauten und ausgearbeiteten Pläne des Magistrats in Händen, um sie, nachdem sie sie gründlich mit ihm durchgesprochen hatte, am 31. Juli in einer langen, eindringlichen Rede den Stadtverordneten vorzulegen.

Sie hatte stets gewußt, meisterhaft zu reden: knapp, klug, immer das Wesentliche herausgreifend, offen und unbedingt aufrichtig und so stets die Herzen ihrer Zuhörer packend. Es hieß von ihr: «Sie hat das Ohr der Versammlung», und die Angestellten der Stadtverwaltung schlichen sich heimlich in den Saal, wenn sie erfuhren, daß Louise Schroeder sprach.

Diese große Rede vom 31. Juli 1947 vor der Berliner Stadtverordnetenversammlung zeigte, wie genau sie die Nöte der Berliner kannte und wie sie bis ins kleinste hinein alles bedachte. Damals gab es in Berlin kaum Kohlen; Gas und Elektrizität waren knapp und streng rationiert. Die Verkehrsmittel liefen noch sehr spärlich und waren kaum einsatzbereit, weil Reparaturmaterialien an allen Orten fehlten. Aus dem gleichen Grunde mußten viele Berliner noch jetzt, zwei Jahre und drei Winter nach dem Kriege, in von den Bomben zerrissenen Behausungen mit nicht verglasten Fenstern «wohnen». Kein Wunder, daß die Krankenziffer, noch dazu bei der geringen Möglichkeit, Nahrung zu bekommen, rapid und beängstigend anstieg. Berlin war ja ganz von der noch immer feindlich gesonnenen Sowjetzone umgeben, also eine Großstadt ohne landwirtschaftliches Hinterland! Nur ein paar erlaubte Zufahrtswege aus Westdeutschland, das selber noch hungerte, ermöglichten unter großen Schwierigkeiten, die allernotwendigste Nahrung herbeizuschaffen.

«Niemand von uns allen hat wohl das furchtbare Wort des letzten Winters verwunden und vergessen: Menschen erfrieren! Menschen verhungern!» Mit diesen Worten wies sie auf die Not hin und fuhr dann fort: «Das war uns nicht nur ein Satz, das waren uns nicht nur Worte, das waren uns *Menschenschicksale*, die wir bestimmt niemals mehr vergessen werden. Schon deshalb allein dürfen Sie überzeugt sein, daß alle Abteilungsleiter und alle Bürgermeister des Magistrats ihr Letztes daransetzen werden, um dieses Wort im kommenden Winter nicht wieder zur Tatsache werden zu lassen.»

Aber sie mußte auch bei allen ihren Reden bedenken, daß die Verbindungsoffiziere der Sieger zu ihren Füßen saßen und nicht nur jedes ihrer Worte auf die Goldwaage legten, sondern auch zu Mitleid geführt werden konnten, und so sagte sie weiter:

«Wenn wir deshalb an den Willen und die Möglichkeiten der alliierten Mächte und auch des neutralen Auslands appellieren, Berlin und Deutschland in die Lage zu versetzen, daß es nicht im Inneren Europas ein Kern der Krankheit, der Verelendung und damit der Unmoral wird, so bin ich mir bewußt, daß die Möglichkeiten dieser Länder begrenzt sind, und doch möchte ich von Herzen die Bitte an alle richten, die dazu in der Lage sind, uns in der Erfüllung der Aufgaben zu helfen, die wir uns für den kommenden Winter gestellt haben.»

Sie hielt sich auch nicht nur im allgemeinen auf; die Tatsachen der Not sind grauenhaft genug, und so fuhr sie weiter fort: «Wir haben wohl alle vor einigen Tagen in den Zeitungen von dem Straßenbahnfahrer gelesen, der im Dienst durch Übermüdung und unzureichende Ernährung zusammengebrochen ist, und davon gehört, daß nur durch das schnelle Eingreifen von Fahrgästen ein größeres Unglück verhindert wurde. – Ich möchte sagen, diese Tatsache ist ein Menetekel für uns, und ich möchte deshalb in bezug auf die Ernährung unserer Berufstätigen, die in verantwortlicher Stellung sind, schon jetzt vorwegnehmen, daß hier unbedingt etwas getan werden muß, damit uns nicht die letzte Arbeitskraft zusammenbricht.»

Und an anderer Stelle etwas später: «Dabei ist die Beschaffung von Textilien und Schuhwerk für die arbeitende Bevölkerung besonders notwendig. Es muß an die Schaffung von Arbeitsschutzkleidung für Heizer und Säurearbeiter und für sonstige in gesundheitsschädlichen Betrieben Arbeitende, sowie von Schuhwerk und wasserdichter Arbeitskleidung für Bauarbeiter, namentlich auch die zahlreichen weiblichen Bauarbeiter, die wir in Berlin haben, gedacht werden.»

Aber das größte Problem, «das heute eigentlich das A und O unseres Lebens ist, nämlich die unzureichende und einseitige Ernährung ... führt auch – das sehen wir jeden Tag aufs neue, und das beweist uns nichts stärker als der sogenannte schwarze Markt – nicht nur zu einer großen seelischen Depression, sondern auch zu einem moralischen Niedergang, die beide im Interesse des Aufbaues Deutschlands unbedingt vermieden und überwunden werden müssen».

«Wenn... in diesem Jahr rund 6000 Wohnungen bewohnbar gemacht und 8000 Wohnungen instand gesetzt wurden, so ist der Rückgang gegenüber dem Vorjahr zum Teil eine Folge des langen Winters, zum Teil ist er auf die Tatsache zurückzuführen, daß es sich jetzt naturgemäß vorwiegend um schwerer beschädigte Wohnungen handelt, die repariert werden sollen, da die leichtbeschädigten Wohnungen ja bereits im ersten Jahr instand gesetzt worden sind. Daß es notwendig ist, unsere Anstrengungen auf weitere Verglasung der Wohnungen, Reparatur von Dachschäden, Schließen von Maueröffnungen zu richten, ist selbstverständlich... Zur Erhöhung der Fabrikation von Dachpappe werden Altpapier und Lumpen gesammelt.»

Sie bemühte sich darum, Krankenhäuser, Kinder- und Altersheime und unbedingt notwendige Dienst- und Wohnräume für den Winter instand zu setzen. Sie dachte an die Vorbeuge gegen etwaige Seuchen, an Notbetten, Schutzimpfungen und Warmküchen. Aber die Militärregierungen verlangten die Rückführung von 29 als Krankenhäuser ausgebauten Schulen an die Schulverwaltung, und es waren doch auch mit diesen 29 Hilfskrankenhäusern schon viel zuwenig Krankenanstalten! Auch die notwendige Zahl von Ärzten war in dem Berlin des Juli 1947 kaum zu erreichen. Aber man mußte sehen, den Mangel an Arzneimitteln, Verbandstoff, Bettwäsche usw. zu beheben. Sie sorgte in diesem Zusammenhang um die Bereitstellung von genügend Heizmaterial für praktizierende Ärzte und Apotheken und natürlich für Krankenhäuser.

Die fürchterlichen Bombenangriffe, oft mehrere an einem einzigen Tag, hatten viele der Alters- und Kinderheime zerstört. Von September 1946 bis Mai 1947 gelang es zwar, die Zahl der Altersheime von 125 auf 141 zu erhöhen, aber sie berichtete, daß es an Decken, an Bettwäsche, Bettgestellen, Hausrat und ganz besonders an Geschirr fehle.

Dankbar gedachte sie der Hilfe der Militärverwaltungen und des Auslandes und schloß die Rede mit den Worten: «Der heutige Bericht ist in keiner Weise endgültig. Ich möchte sagen, er ist ein Anfang. Aber gerade weil wir nicht selbst Herr unseres Geschickes sind, weil wir nicht nur dem Wettergott nicht befehlen können, sondern weil wir auch den übrigen Mächten gegenüber nicht die Stellung eines freien Partners haben, müssen wir täglich mit der Änderung unserer Lage rechnen. Das haben uns, glaube ich, die verflossenen Wochen und Monate auf das deutlichste gezeigt... Ich darf Ihnen sagen, daß der Magistrat ebenso wie jede Abteilung des Magistrats jederzeit bereit ist, der Stadtverordnetenversammlung und damit der Berliner Bevölkerung Rechenschaft über ihre Arbeit und über das Erreichte zu geben.»

Und ein knappes Jahr später trat die «Änderung unserer Lage», von der sie gesprochen, in der furchtbarsten Weise ein. Die Zweieinhalb-Millionen-Stadt Westberlin wurde von den Russen blockiert: Keine Nahrungsmittel, keine Kleidung, keine Kohlen, kein Reparatur- und anderes Material, keine Milch für Kranke und Kinder, gar nichts konnte mehr nach Westberlin eingeführt werden. Und an der Spitze dieser Stadt, in mitfühlendem Herzen all die Not tragend, voll und ganz die Verantwortung empfindend, die sie trug, stand eine kleine, zarte, nur noch 84 Pfund wiegende, sechzigjährige Frau!

Aber in ihr lebte ein unbeugsamer Wille, sich mit der Stadt gegen alle Gefahren durchzusetzen, sich nicht mit Ostberlin zu einer Stadt verschmelzen zu lassen. *Ein* Geist beseelte sie und die Bürger, für deren Wohl sie verantwortlich war, von denen sie geliebt wurde. Sie verließen sich darauf, daß ihre «Tante Louise», wie sie genannt wurde, alles nur Mögliche tat, um die verzweifelte Lage, in die sie durch ihre unbedingte Liebe zur Freiheit diesmal geraten waren, zu beheben. War sie doch in Denken und Tun so ganz eine der Ihren, die noch immer als Untermieterin in einem kleinen, «möblierten» Zimmer wohnte, in der Regel nicht mit einem der wenigen, das knappe Benzin verbrauchenden Autos, sondern mit der Elektrischen fuhr und einmal zu spät zur Sitzung kam, weil die Elektrische so voll gewesen, daß sie die Bahn bei allem guten Willen nicht an der richtigen Haltestelle hatte verlassen können. Sie erinnerten sich auch noch gut, wie sie gleich nach dem Ende des Krieges mit anderen, von den Militärregierungen dazu kommandierten Berlinerinnen mit eigenen Händen als «Trümmerfrau» versucht hatte, in die Trümmerwüste Ordnung zu bringen. Und sie jubelten, als Louise einen Tag vor der Blockade mutig mit energischem: «Verlassen Sie den Saal!» einer Schar aufgehetzter, randalierender Jugendlicher aus dem Osten der Stadt entgegentrat und durch den Lautsprecher so zu ihnen sprach, daß sie sich betroffen aus dem Plenarsaal verzogen.

123

Bis zu diesem Tage war es ihr bereits gelungen, durch ihre Würde, ihre maßvolle, feste, versöhnende Art, die doch auch kraftvoll Widerstand zu leisten wußte, in der ganzen Welt Achtung zu gewinnen, daß man mit Bewunderung auf die viergeteilte Stadt schaute, die selber Hand anlegte, um ihr Schicksal zu meistern. Und so griffen die westlichen Mächte hilfreich ein. Monatelang brachten englische und amerikanische Flugzeuge, die «Rosinenbomber», wie der unverwüstliche Berliner Humor sie nannte, täglich 6298 t Güter aller Art in 927 Flugzeugen nach Westberlin!

Als endlich Ende 1948 Louise Schroeder die Geschäfte und Verantwortungen des Oberbürgermeisters wieder an Ernst Reuter abgeben durfte, schämte sie sich der großen Erleichterung nicht, die sie dabei empfand. Sie hatte die Prüfung bestanden, aber sie war sich bewußt, daß ein langes, hartes Schicksal sie dazu vorbereitet und befähigt hatte. Sie schrieb daher vor allem ihrer Herkunft, die so Zeichen setzend am Anfang ihres Schicksals stand, das Gelingen zu:

Wenn man als achtes Kind eines lungenleidenden, ungelernten Bauarbeiters an einem neblig-kalten Apriltag 1887, noch dazu in der Kellerwohnung des Elendsviertels von Altona-Ottensen, das Licht der Welt erblickte, dann war man hilflos wie jeder Säugling, aber zugleich einer Not ausgeliefert, die der vom Berlin 1947, das unter der Obhut der Oberbürgermeisterin stand, nicht allzuviel nachgab.

Die Mutter war an jenem Tage bereits 45 Jahre alt und hatte, als sie noch unverheiratet und Tochter eines Kleinbauern im Hannoverschen war, bessere, weit bessere Tage gesehen als jetzt, wo es täglich galt, das große Problem zu lösen, wie sie mit dem Wochenlohn ihres Mannes, im günstigsten Falle noch nicht einmal ganze 24 Mark, eine zehnköpfige Familie satt bekommen und außerdem davon noch die Wohnung, Heizung und Kleidung bezahlen konnte. In dem Familienkreis der kleinen Louise war schon Not genug, und sie sollte nur zu bald lernen, daß wieder und wieder die Liebe der Eltern, wie sie später selbst erzählte, das Mittagessen ersetzen mußte.

Vater Schroeder war zwar ein anspruchsloser, ordentlicher und fleißiger Mann, der nicht nur seine Frau und die Kinder herzlich liebte, sondern auch das Seine tat, um ihnen das Leben ein wenig lichter zu gestalten. Er war nach seiner Hochzeit in jungen Jahren nach Hamburg gezogen, wo ein ungelernter Bauarbeiter es im Tagelohn auf 4 Mark bringen konnte, während in anderen deutschen Städten 3,50 Mark schon für eine einem ungelernten Bauarbeiter durchaus angemessene Entlohnung angesehen wurde. Seine schwache Lunge aber verbot ihm, seine Kräfte so einzusetzen, daß durch Nebenverdienst oder extra bezahlte Schwerarbeit der Wochenlohn etwas höher war. Hätte er doch wenigstens eine gute Schulbildung haben können! Klug und begabt genug war er gewiß; aber bereits seine Eltern waren viel zu arm gewesen, um ihm die zukommen lassen zu können; ihre Mittel reichten nicht einmal für eine Berufsausbildung. Mit diesen Tatsachen konnte er sich sein Lebtag nicht abfinden und litt sehr darunter. Es war ein Segen, daß das heitere, offene Wesen seiner Frau, ihr Verständnis und tapferes, zielbewußtes Zupacken ihm so wohltuend halfen, seinen Verzicht immer wieder aufs neue zu tragen!

Sie bezahlte an den Hauswirt für ihre Küche und zwei Kammern im Keller einer der schrecklichen Mietskasernen der damaligen deutschen Großstädte wöchentlich 6,– Mark. Das Mittagessen für ihre große Familie konnte kaum je für alle zusammen für weniger als 1,25 Mark hergestellt werden, und das gab schon wöchentlich für das Mittagessen 8,75 Mark. Für die übrigen Mahlzeiten zusammen rechnete sie in der Regel das gleiche, um immer wieder mit Entsetzen festzustellen, daß allein für Essen und Wohnen rund 23,– Mark von dem abgingen, was ihr Mann heimbrachte. Für die ganze Woche heimbrachte! Wovon Kleidung und Heizung beschaffen? Aber sie kam ja aus einer Bauernfamilie. Und so richtete sie einen kleinen Gemüseverkauf ein; das half doch wenigstens etwas, den großen Graben zu überbrücken.

Und in diesem Gemüseladen erlebte Louise nun, was an bitterer Not die Eltern vor den Kindern verbargen. Dort in dem Gemüsekeller spielte die blonde, zierliche Kleine um die Mutter herum. Einige Jahre später saß sie irgendwo in der Ecke am Tisch und machte ihre Schularbeiten, Augen und Ohren mehr bei den Gesprächen der Kundinnen mit ihrer Mutter. Und was sie so hörte und sah, füllte ihr weiches Kinderherz randvoll mit brennendem Mitleid. Wieder und wieder flehten die Arbeiterfrauen die Mutter an, den Schuldenbetrag heute noch nicht zu fordern, ihn noch etwas anstehen zu lassen. In wie vielen Fällen hörte sie entsetzt, daß der Mann krank sei und in der Familie gar kein Geld wäre. Wie oft vernahm sie da die harten Worte «entlassen» und «arbeitslos» und lernte allmählich, daß das auch soviel bedeute wie gar kein Geld haben.

Damals gab es noch keine Arbeitslosenversicherung, die kam erst 1927, als Louise im Reichstag war. Aus irgendeinem Grunde nicht arbeiten zu können, hieß daher zugleich, für sich und seine Familie kein Geld zum Leben zu haben. Und von dem Wochenlohn, wenn der Mann solchen heimbrachte, mußten ja noch Beiträge zur Krankenkasse, Arbeitsversäumnisse oder Strafen für Verspätungen oder andere Verstöße gegen die berüchtigten «Betriebsordnungen» bezahlt werden. Durch Heimarbeiten und sonstige Nebenverdienstmöglichkeiten versuchten die Frauen, die Lücken in ihren geringen Haushaltungskassen zu füllen. Wehe, wenn der Mann nicht so ordentlich wie Vater Schroeder war, wenn er zum Beispiel trank! Schlimm genug, wenn man in die engen, meist sowieso schon zu kleinen Räume der Arbeiterwohnung im Keller oder hoch oben im Haus, vielleicht gar unterm Dach, noch ein Bett aufstellen mußte, in dem nachts ein Fremder schlief, der am Tage arbeitete, und tagsüber ein anderer, der Nachtschicht hatte. Aber es brachte eben doch etwas Geld!
Obgleich sie wie ihr Vater und viele der Arbeiterkinder einen brennenden geistigen Hunger hatte und leidenschaftlich gern las, war Louise eine schlechte, von den Lehrern oft gescholtene Schülerin. «Ich bekam das Lineal auf die Finger zu spüren, und der Lehrer schlug mir oft genug das Heft um die Ohren», berichtete die Frau Oberbürgermeisterin von sich, und im Gedanken daran, daß ihr Vater Mitglied der Sozialdemokratischen Partei war, fügte sie hinzu :«Ich war den Lehrern unbequem. Ich sagte wahrscheinlich oft, was ich vom Vater gehört hatte. In der Geschichtsstunde durfte ich mich schließlich nicht mehr melden. Man war froh, als ich die Schule verließ.» Zu ihrer großen Freude ermöglichten es ihr die Eltern, vom 14. bis 16. Jahr die Handelsschule zu besuchen. Die älteren Geschwister waren jetzt zumeist nicht mehr zu Hause.
Danach wurde sie an Hamburgs Binnenalster in einer großen Versicherungsanstalt als Bürohilfe angestellt und mußte täglich zehn und mehr Stunden lang Akten schleppen, Staub wischen, Marken kleben, Bleistifte spitzen oder «Aktenschwänze» – jene lappigen, aus dem Aktenbündel heraushängenden Papierstreifen, auf denen kurz der in den betreffenden Akten behandelte Vorgang vermerkt wurde – annähen.
Louises stilles, bescheidenes Wesen aber, das sie bis an ihr Lebensende auszeichnete und ihr in allen Kreisen und Ländern Freunde schuf, gewann ihr auch in dieser Zeit des Lernens die Liebe ihrer Arbeitskameraden und auch die der bewunderten Chefsekretärinnen. Diese kamen

meist nicht nur aus der «höheren Töchterschule», sondern waren selber «höhere Töchter», stammten aus gebildeten, wie Louises Vater es nannte, «Kapitalisten»-Familien. Ihnen sah das unermüdlich lernbegierige «Kellerkind», die als sehr hübsch geschilderte blonde Louise, alle jene feineren und im Lebenskampf doch so wichtigen Umgangsformen ab, über die sie später selbstverständlich verfügen mußte. Bewegte sie sich doch mit der gleichen leichten Unbekümmertheit im Arbeitszimmer des englischen Premierministers Clemens Attlee oder beim Tee, den der Außenminister Anthony Eden ihr zu Ehren in London gab, wie – als einzige Frau und seine Präsidentin – unter den Herren des Deutschen Städtetages und bei vielen ähnlichen Gelegenheiten, zu denen die Politikerin erscheinen mußte.

Dann aber führte ihr Schicksal sie auf die wahre Hochschule für die an ihr später gerühmte «natürliche diplomatische Begabung» (Reichstagspräsident Paul Löbe): Sie wurde, eine Folge ihres eisernen Fleißes und ihrer klugen Persönlichkeit, selber Chefsekretärin. Worauf kommt es bei einer guten Chefsekretärin vor allem an? Sie muß die Gedankengänge ihres Chefs nicht nur mitdenken, sie muß sie schon, kaum begonnen, vorahnen und innerlich mitarbeiten. Sie muß unter Umständen sein Denken und Entschließen ergänzen und, wenn möglich, ohne daß er es bemerkt, zum Vorteil des Geschäftes lenken können. Sie muß vor allem in der Lage sein, schlechte Laune und ungerechte Vorwürfe ihres Vorgesetzten mit gelassenem Gleichmut, aber ohne servile Ergebenheit und ohne sich dadurch in ihren Zielen beirren zu lassen, hinnehmen zu können. Das aber sind Fähigkeiten, die auch vom guten Diplomaten erwartet werden.

Die Politikerin Louise Schroeder besaß sie und eignete sie sich in den 16 Jahren an, in denen sie bei der Hamburger Versicherungsgesellschaft, in der sie arbeitete, von Chef zu Chef vererbt wurde. Und wenn man ferner an ihr lobte, daß sie «immer von einer Atmosphäre von Ruhe und Herzlichkeit umgeben» gewesen sei, so sind auch das Eigenschaften, die von einer guten Chefsekretärin erübt und erworben werden können.

Im Jahre 1910 trat sie in die Sozialdemokratische Partei ein, getrieben von dem Wunsch und der festen Überzeugung, dadurch am wirksamsten dem von ihr so intensiv erlebten Elend der arbeitenden Bevölkerung abhelfen zu können. Dabei war sie jedoch immer froh und lebensbejahend, immer weiblich, anmutig, kein «Blaustrumpf». Sie liebte die Maifeiern, die sie schon als Kind an der Hand des Vaters mitmachte, als noch Strafen und auch die so gefürchtete Entlassung, mit der entsetzlichen Arbeitslosigkeit als Folge, auf der Teilnahme an diesen Feiern standen. Sie liebte die Ausflüge an der Elbe entlang in Gesellschaft anderer junger Menschen und die harmlosen Volksfeste, welche die Partei veranstaltete. Aber einen großen Teil ihrer Freizeit opferte sie von Anfang an der sozialen Fürsorge, welche die Partei ausübte.

1918 hielt sie als Vorsitzende der Ortsgruppe Altona-Ottensen ihrer Partei ihre erste öffentliche Versammlung. Auf den Frauenabenden im Parteilokal hatte sie sich zwar mit gewohntem Eifer in der Kunst der Rede geübt, aber sie erzählte später vergnügt, wie an diesem ersten öffentlichen Abend eine alte Parteigenossin, als sie hörte, Louise Schroeder werde heute reden, skeptisch gemeint habe: «Na – wenn dat man wat ward!» Aber es «ward wat», und die begeisterten Gesinnungsfreunde faßten an jenem Abend den Entschluß, sie als ihre Vertreterin in die Verfassunggebende Deutsche Nationalversammlung zu entsenden.

So kam Louise Schroeder an einem klirrenden Wintertag 1919 nach Weimar. Mit einem kleinen Schlitten am Bahnhof abgeholt und ins Quartier gebracht, traf sie in dem mit Frühlingsblumen geschmückten Theatersaal, der als Plenarsaal dienen mußte, die neue Regierung: «Bescheidene Vertreter einer Arbeiterpartei zogen in Weimar ein, die in schwerster Zeit eingesprungen waren, als das Kaiserreich zusammengebrochen war», erinnerte sie sich nach Jahren und meinte, die 37 Frauen aus allen Parteien, die damals zum erstenmal in der deutschen Geschichte als deutsche Parlamentarier in den Plenarsaal einziehen durften und zu denen auch sie klopfenden Herzens gehörte, hätten mehr mit jugendlichem Enthusiasmus als mit Wissen und Können ihre neuen Rechte ergriffen. Daneben wurde sie in die Altonaer Stadtverordneten-Versammlung gewählt, wo ihr die Fürsorge für die Schutzlosen und Armen der Stadt als besondere Aufgabe zugewiesen wurde.

Nun war an eine weitere Tätigkeit in der Versicherungsanstalt nicht mehr zu denken. Die Zweiunddreißigjährige schied nicht leichten Herzens aus der altbekannten Arbeit, in der sie 17 Jahre gestanden.

1920 wurde sie Mitglied des Reichstags und kam so zum erstenmal dienstlich nach Berlin. Welch eine Arbeit, welch ein Kampf begannen jetzt, um all die Verbesserungen einzuführen, von denen sie in Hamburg geträumt, auf die sie von Kindheit an gehofft hatte! 13 Jahre war sie im Reichstag tätig. Ihre Gebiete waren die Gesetzgebung für Mutterschutz, Säuglingsfürsorge, Schutz der weiblichen Arbeiter und Angestellten, Jugendgerichtsbarkeit, Kinderschutz und Gesundheitspflege. Ungemein befriedigte sie das unermüdliche Eintretenmüssen für Notleidende und Schwache, ihre Fürsorgetätigkeit überhaupt.

Damals schon gehörte sie bald zu den erfolgreichsten Rednern. Wenn sie auch immer bemüht war, zu vermitteln und zu versöhnen, so wußte man doch auch, daß sie unerbittlich sein konnte, wo es ihr notwendig erschien, und eifrig, wo es galt, für ihre Überzeugung einzutreten. Ihre Mitarbeiter berichten immer wieder von ihren «gütig-blitzenden Augen», wenn sie im sachlichen, von ihr stets fair geführten Kampf stand. Und als einmal, nachdem sie mit Hilfe anderer weiblicher Parlamentsmitglieder lang und erbittert für den verfassungsmäßigen Schutz der unehelichen Mutter eingetreten war, ein männliches Oppositionsmitglied schamvoll meinte: «So etwas kann man doch nicht in die Verfassung hineinschreiben!», konnte Louise sich nicht enthalten zu erwidern: «Meine Herren, wer sich in dieser Hinsicht ohne Fehl glaubt, der werfe den ersten Stein auf die uneheliche Mutter!»

Und dann kam Hitler an die Macht, und Deutschland erlebte damit nach vier Jahren Krieg, nach jahrelangem Hunger, nach Inflation und unerhört harten Reparationszahlungen, nach dem ganzen Elend des «Versailler Vertrages» und der dem «Schwarzen Freitag» an der Börse in New York folgenden ungeheuren Arbeitslosigkeit die finsterste Zeit seiner Geschichte.

1933, als die Nationalsozialisten die Regierung an sich rissen, war Louise Schroeder als Mitglied des Reichstages, als Vorstandsmitglied der SPD und Vorsitzende der «Arbeiterwohlfahrt» in Schleswig-Holstein sowie als Dozentin an der Arbeiterwohlfahrt-Schule tätig. Das waren schon Gründe genug, sie verdächtig zu machen; aber als sie in der Reichstagssitzung vom 23. März 1933 dem Ermächtigungsgesetz ihre Zustimmung verweigerte, besiegelte sie damit für die Zeit des «tausendjährigen Reiches» das Ende ihres politischen Wirkens.

Sie wurde unter Polizeiaufsicht gestellt und «gnädig» dazu verurteilt, sich täglich zweimal auf dem Revier zu melden, während viele ihrer Parteifreunde in die Konzentrationslager eingesperrt oder hingerichtet wurden. Aber sie empfand es doch ungemein hart, daß sie nicht wieder in

129

einen sozialpflegerischen oder einen ähnlichen Beruf zurückkehren durfte. Sie war jetzt arbeitslos und bekam als «Volksverräterin» keine Arbeitslosenunterstützung.

So richtete sie sich von ihren letzten Spargroschen in Hamburg einen Brot- und Brötchenladen ein. Aber auf das «Heil Hitler», mit dem die Kunden ihren Laden betraten, antwortete sie konsequent nur mit «Guten Tag», behandelte alle, die zu ihr kamen, ob sie nun Parteimitglieder oder Juden oder sonst wer waren, ohne jeglichen Unterschied mit freundlichem Lächeln und immer gleicher Geduld und hißte trotz mehrfacher Aufforderung an «nationalen Feiertagen» die Hakenkreuzflagge nicht, die sie wahrscheinlich auch gar nicht besaß. Kein Wunder, daß bei solchen Herausforderungen an die Macht die Hamburger Genossen nicht zu ihr kamen, weil sie mit Recht befürchteten, daß ihr Laden unter Beobachtung stehe. Aber als Folge war es wieder einmal äußerst karges Brot, das sie ernähren sollte und es trotz all ihrer Bescheidenheit kaum vermochte.

Schließlich mußte sie dem Ratschlag ihrer Freunde folgen und in Berlin, wo sie bei der Polizei noch nicht so bekannt war, Zuflucht nehmen. Aber hier war es zuerst einmal noch schlimmer als in Hamburg. Sie wohnte in einem «möblierten Zimmer» in einer der schrecklichen Mietskasernen des Berliner Nordens mit ihren düsteren, lichtlosen Hinterhöfen, den blassen Kindern und unzähligen, viel zu vielen Menschen. Tagein, tagaus lief sie ohne Erfolg die Straßen nach einer Beschäftigung ab und wußte schließlich gar nicht mehr, womit sie ihr Leben fristen sollte. Endlich, in höchster Not, erhielt sie Arbeit in einer Textilfabrik, aber nur, um schon nach kurzem mit anderen zusammen – welch eine Enttäuschung! – entlassen zu werden, weil der Betrieb eingeschränkt wurde. Als der zweite Weltkrieg ausbrach, war sie wieder «Tippmamsell», diesmal bei der Baufirma Gottlieb Tesch & Co., die Aufträge am Westwall und ähnlichen staatlichen Bauten hatte. Sie war zufrieden, wenigstens das Notwendigste zum Leben zu verdienen. Aber eines Tages hieß es: «Fräulein, Sie möchten zum Chef kommen!» Louise erschrak. Was drohte ihr nun? Der Chef saß gedankenvoll an seinem Schreibtisch, und schließlich sagte er zu Louises Entsetzen: «Sie sind die ehemalige Reichstagsabgeordnete Louise Schroeder.» Nach einem Augenblick des Schweigens sagte sie mit leiser, aber fester Stimme: «Ja. – Um meine Entlassung brauche ich nun wohl gar nicht erst zu bitten.» Aber jetzt kam der Chef zu ihr vor den Schreibtisch und versicherte, obgleich der Betrieb

von Staatsaufträgen existierte: «Im Gegenteil. Ich möchte Ihren Arbeits-
kreis Ihren Fähigkeiten entsprechend erweitern. Natürlich mit Erhöhung
Ihres Gehalts. Schreiben Sie in Zukunft meine Briefe und arbeiten Sie
die Reden aus, die ich bei den Betriebsappellen halten muß. Reden können Sie besser als ich!»

Und so mußte sie künftig eine Arbeit tun, die sie geradezu beseligte,
wenn sie auch unter den gegebenen Umständen sehr anstrengend war:
Sie mußte den eingezogenen Arbeitern und Angestellten des Unterneh-
mens Liebespäckchen schicken, den Briefverkehr der Firma mit ihnen
und den zwischen ihnen und ihren Familien besorgen, den Fremdarbei-
tern Lebensmittelkarten verschaffen und sich in jeder Beziehung um die
soziale Betreuung der Arbeiter und Angestellten im Betrieb kümmern.
«Helfen, immer wieder helfen, das war die Triebfeder in ihrer Brust
auch in den Jahren, in denen ihr selbst so viel fehlte, was zum normalen
Leben gehört», schrieb Paul Löbe über diese Zeit in ihrem Leben.

In den Bombennächten wurde ihr möbliertes Zimmer zerstört mit allem,
was sie besaß, ausgenommen ein kleines Köfferchen, das sie mit dem
Allernotwendigsten bei sich im Luftschutzkeller hatte. In der Familie
Paul Löbes und in seiner Wohnung fand sie nun zwar ein Heim; aber
nur für einige Zeit, dann wurde auch diese Wohnung völlig ausgebombt.
Eine Freundin bot ihr diesmal in ihrem Zimmer eine Zuflucht. Hier lebte
ein kleiner freifliegender Kanarienvogel, der bald Louises Freund und
ganze Freude war. Wie frei und beglückt er auch umherflog, er kehrte
immer wieder zwischen seinem Freiheitsglück zu Louise zurück, auf ihre
Schultern, ihr Haar, ihre Hände, sie schnäbelnd und allen anderen vor-
ziehend. «Wie doch so ein kleines Geschöpf den besten Menschen in einer
großen Gesellschaft herausfindet! Louise Schroeder war der beste Mensch
unter uns – die Güte selber!» schreibt ein Freund, der sie des öfteren
dort besuchte.

Als eine Bombe auch das Zuhause der Freundin zerstörte, flüchtete
Louise zu einem Freund aus Ottensen, Alfred Faust, der in Berlin
wohnte. Aber eine der letzten auf Berlin fallenden Bomben vernichtete
auch diese Wohnung und alles, was sie sich inzwischen am Notwendig-
sten wieder erworben hatte. Man fand Louise Schroeder verschüttet
unter den Trümmern des Hauses. An diesem Abend sagte sie ihren Le-
bensrettern: «Nun habe ich alles verloren, nur den Glauben an die Menschen nicht!»

Als der Krieg beendet war, lag Louise krank; doch schon im Juli 1945 erbaten die Parteifreunde wieder ihre Hilfe, und sie schleppte sich in den Norden Berlins, um bald wieder wie eh und je ohne Rücksicht auf sich selbst für noch Bedürftigere, als sie selbst es war, zu arbeiten. Als sie 1946 von den Mitgliedern aller Parteien, selbst den Kommunisten der SED, zu einem der drei sozialdemokratischen Bürgermeister Berlins gewählt wurde, nahm sie die Wahl mit Freuden an, um nun all ihre Erfahrungen zur Behebung der Not zur Verfügung stellen zu können. Aber als die Frage entstand, ob man sich mit der SED zu einer Partei zusammenschließen sollte, schied sie von den kommunistischen Sozialisten mit einem entschiedenen: «Nein! Das kann unser Weg nicht sein! Ich bleibe der alten SPD treu!»

Bald darauf wurde der russische Sektor Berlins von den anderen Sektoren getrennt, und so kam es, daß sie Oberbürgermeisterin von West-Berlin wurde und die Blockade meistern mußte.

Ihre Fähigkeit, vermittelnd und versöhnlich zu wirken, bewährte sich besonders eindrucksvoll bei den beiden Konferenzen deutscher Bürgermeister in München, wo es ihrem Geschick und fraulichen Charme sogar gelang, die Bayern mit den «Saupreußen» zu versöhnen. Diese Konferenzerfahrungen führten 1949 zu ihrer Wahl zum Präsidenten des Deutschen Städtetages. Im gleichen Jahr wurde sie Mitglied des Bundestages.

Berlins Bürgermeister war sie nun nicht mehr, aber ihr Name war in der ganzen Welt bekannt und sie selbst unvergessen. Berichterstatter kamen, Ehrungen, Ämter, Ordensverleihungen und Einladungen. Aus unzähligen Briefen, die die Post ihr täglich neben den amtlichen Papieren bringen mußte, sprach die dankbare und verehrende Liebe, die ihr aus aller Welt entgegenschlug, ebenso wie aus den mannigfaltigen kleinen Geschenken oder aus den Chansons der Berliner Kabarettisten: «Gib's Pfötchen, Berliner Bär, der Tante Louise! Wir bleiben bei ihr, denn keine ist wie diese.»

Und zu ihrem 70. Geburtstag wurde sie zur Ehrenbürgerin von Berlin ernannt mit einem Riesenstrauß von 17 Rosen und 70 Nelken, weil sie zwischen 17 und 70 nichts anderes getan habe, als anderen Menschen Freude zu machen. Sie aber zog das Fazit ihres Lebens in Berlin in der öffentlichen Geburtstagsfeier an jenem Tage mit den Worten: «Die schweren Jahre, die ich in dieser Stadt durchmachen mußte, waren im Grunde schöne Jahre.»

Schon einige Zeit vor diesem Festtage hatte sie ihre kleine Zweizimmer-
wohnung mit dem Krankenhaus vertauschen müssen, weil qualvolle
Magenleiden und Herzanfälle sie dazu zwangen. Dorthin kehrte sie
auch nach ihrem 70. Geburtstag zurück und starb wenige Wochen später
am 4. Juni 1957.

Fast 40 Jahre lang hatte sie der Welt bewiesen, daß es selbst in der
Politik möglich ist, sich als Politiker nicht nur zu behaupten, sondern
auch erfolgreich zu sein, wenn man den Willen hat, immer den Menschen in sich selbst wirken zu lassen und in den anderen zu schützen
und zu ehren, nichts anderes zu wollen, als ihm zu dienen.

Jean-François Champollion

1790 – 1832

Als zu Beginn des 15. Jahrhunderts die Menschheit die Schwelle zur
Neuzeit, zur Entwicklung wachen Selbstbewußtseins und naturwissen-
schaftlichen Denkens überschritt, erwachte zugleich mit ungewöhnlicher
Kraft ein lebhaftes Interesse an allem Vergangenen, am «Altertum», so
stark, daß die ersten beiden Jahrhunderte der neuen Zeit den Namen
«Renaissance», Wiedergeburt, in diesem Falle des Altertums, tragen.
Und gleichzeitig entsteht die Archäologie, das Mühen von Menschen
aller Stände der westlichen Völker, aller damals führenden Völker, an
Hand der sichtbaren Überbleibsel in das Sein und Denken der Vorwelt
einzudringen.
Aber wenn man die Geschichte der Archäologie verfolgt, so wird doch
sehr deutlich, wieviel Unerklärliches, das unser Erstaunen erregt und mit
unserem Verstand nicht zu fassen und zu erklären ist, das sich aber deutlich vor aller Augen abspielt, in ihr mitwirkt. Ob man z. B. von der
eigentümlichen Wette hört, die Georg Friedrich Grotefend schloß, ein
nüchterner, sehr solider junger Gymnasiallehrer in Göttingen, der sich
eines Abends doch zum Umtrunk verleiten ließ und dann in angeheiter-
tem Zustand wettete, daß er innerhalb von zwei Jahren die Keilschrift
von Persepolis entziffern werde, von der man damals noch nicht einmal
wußte, ob sie Schrift oder gar nur Ornament sei, was ihm dann wohl zu
seinem eigenen Erstaunen und trotz sehr geringer Fachkenntnisse auch
gelang. Oder ob man das seltsame, schicksalgeprägte Leben Heinrich
Schliemanns an seinem inneren Auge vorüberziehen läßt, oder ob man
auf das glückgezeichnete Leben Austen Henry Layards sieht, immer zeigt
sich das Mitwirken höherer Kräfte. In ganz eigenartiger Weise gilt dies
für den Entzifferer der Hieroglyphen, Jean-François Champollion.

Das Kind

Schon vor seiner Geburt begann das Ungewöhnliche eine entscheidende Rolle zu spielen. Sein Vater, ein geistig regsamer, damals noch begüterter Buchhändler, sah sich nämlich nach einer verbürgten Überlieferung im Januar 1790 genötigt, seine Zuflucht zu einem «Zauberer», einem gewissen Jacquou, zu nehmen, da kein Arzt seiner geliebten Frau, die schwer erkrankt zu Bett lag und schließlich völlig gelähmt war, mehr zu helfen wußte. Der «Zauberer» bereitete einen heißen Kräuterwein zum Trinken und Einreiben, legte die gelähmte Frau auf heiße Kräuter, deren heilende Wirkung nur ihm bekannt war, und versprach völlige Heilung in Kürze. Zugleich verhieß er dem Ehepaar die Geburt eines Sohnes, der «ein Licht der kommenden Jahrhunderte sein werde». Nach drei Tagen war die Frau wirklich geheilt.

Jetzt hoffte die ganze Stadt mit den Eltern auf die Geburt des Sohnes. Am 23. Dezember 1790, morgens um zwei Uhr, wurde der Knabe geboren, der so gesund und kräftig war, daß er noch am gleichen Tage zur Kirche getragen und nach seiner Mutter, die Jeanne-Françoise hieß, getauft wurde. Damit erhielt er die beiden Vornamen des heiligen Franziskus von Assisi. Über die Taufe hielt ihn sein zwölfjähriger Bruder Jacques-Joseph. Durch das ganze Leben hat dieser schützend und helfend über den jüngeren Bruder gewacht, ihm die Wege geebnet, ihn gegen seine vielen Feinde und Neider verteidigt und ihn schließlich in großem Schmerz über seinen frühen Hingang überlebt.

Aber wohl ebenso erstaunlich wie die Geschichte seiner Geburt war der kleine Knabe selbst. Er wurde von rein südfranzösischen Eltern in Figeac, einem kleinen, alten Städtchen in den Vorbergen der Auvergne, geboren. Dennoch fielen an dem Kinde die dunkle Färbung der Haut und die großen, sehr dunklen Augen auf, deren Hornhaut nicht wie bei den sonstigen Europäern weißlich, sondern wie die der Orientalen gelblich gefärbt war. Später erregte an dem Kinde vor allem die üppig mit dunklen Locken umrahmte Stirn, von der es hieß, daß «sie nicht die eines Kindes zu sein schien», wie der nachdenkliche Blick der leuchtenden Augen die Aufmerksamkeit, auch seine melodische Stimme. Schon in dem Kinde zeigten sich die großen Eigenschaften, die ihn später befähigten, der Entzifferer der Hieroglyphen zu werden: ein unbeirrbarer Drang nach Wahrheit, trotz eines aufbrausenden Temperamentes eine

schier endlose Geduld und Vorsicht, wenn es galt, ein schwieriges selbst
gestecktes Ziel zu erreichen, ein reger Unternehmungsgeist, eine lebhafte
Phantasie und ein großes Organisationstalent, das ihn zum Führer seiner meist älteren Spielkameraden machte.

Einmal suchte man bei einem starken Gewitter das zweieinhalbjährige
Kind, den Liebling des ganzen Hauses, und fand ihn nirgends. Endlich
sah man ihn zu aller Entsetzen unter dem Dach des Hauses in einer Fen-
sterhöhlung, «einer Mauerschwalbe gleich» mit vorgebeugtem Köpfchen
und weit ausgestreckten Ärmchen, in gefährlichster Stellung kauern. Der
erschreckt hinzueilenden Mutter erklärte er, er wolle etwas von dem
«Feuer des Himmels» für sich auffangen. Eine sehnsüchtige Liebe verband ihn mit dem Sonnenlicht und dem sternbesäten Himmel, den er
stundenlang beobachten konnte, «um die Sprache der Sterne zu erlernen», wie er sagte. Unendliche Freude empfand er, wenn die Mutter mit
ihm abends am Fenster saß und er den Mond beobachten konnte. Früh
schon wurde ihm bewußt, daß seine Umgebung von ihm Besonderes
erwartete, was sie, eingedenk der Verheißung Jacquous, ja auch tat.
Seine Liebenswürdigkeit, seine originellen und schlagfertigen Antworten, sein Ideenreichtum und sein warmes Herz, die Wohnstätte eines
grenzenlosen Mitgefühles, machten jedem die große Liebe der Familie
zu diesem Kinde verständlich.

Als er, ungefähr fünf Jahre alt, einmal mit seiner Mutter an einem
Hause vorbeiging, von dessen Schwelle ein blinder Bettler seinen Hut
bittend den Vorübergehenden entgegenstreckte, war er glücklich, als
er ein Geldstück hineinwerfen durfte. Die ausgestreckten Beine des Blinden hatte der Kleine sorgfältig umgangen. Aber jetzt kam stolz ein
Revolutionsführer – Champollion war ja in die Französische Revolution
hineingeboren –, der dem Blinden nicht ausweichen wollte, sondern dem
Armen mit seinem Rohrstock einen Schlag auf die Beine gab. Jean-
François drang zornflammend auf den Gewalthaber ein und schlug
nach dem Spazierstock: «Schurkischer Stock!» rief er, «gehorchst du diesem bösen Menschen, den du besser tüchtig prügeln solltest?» – «Bürgerin, beschneid' sie doch ihrem Nestling hier recht gründlich Schnabel und
Krallen, damit nicht andere es besorgen müssen», riet der Jakobiner der
fassungslos erschrockenen Mutter. Champollion pflegte später in Erinnerung an diese Szene, wenn seine neiderfüllten Gegner ihn bedrängten,
zu sagen: «Zum Glück sind mir Schnabel und Krallen gewachsen!»

Einmal übte Champollion vor der Kirchtür mit seinen kleinen Spielgefährten ein Stück ein, das er nach einer Geschichte über Hirten, Wölfe und bissige Hunde aus dem Stegreif dramatisierte. Drei fremde Pariser Studenten sahen belustigt zu mit herzlichem Gefallen an dem erfindungsreichen, so orientalisch aussehenden Knaben. Als aber einer von ihnen begann «Wie kommst du kleiner Araber denn nach Figeac?» und versuchte, ihn zu eigener Unterhaltung aus der Schar seiner Kameraden auszusondern, antwortete François: «Bleibt ihr drei doch lieber und spielt mit! Uns fehlen gerade noch ein paar bissige Hunde!» Diese Antwort gewann ihm die lebenslange treue Freundschaft des Studenten. Er war Biot, der später ein berühmter Mathematiker wurde und mit dem zusammen es Champollion im Jahre 1830 gelang, eines der großen Rätsel der menschlichen Geschichte zu lösen.

Weil «lion» die letzte Silbe seines Familiennamens war, aber vor allem, weil er sich für die königlichen Eigenschaften des Löwen hell begeisterte, nannte er sich gern Lion. Einmal trat er so in liebenswertem, kindlichem Selbstbewußtsein unter das große Wappenbild der altadligen Familie, der in früheren Jahrhunderten sein Vaterhaus gehörte und das über dem geliebten, ihn, den immer Frierenden, so wohlig wärmenden Kamin angebracht war und rief: «Hier ist ein Löwe mehr im Felde der Löwen!»

Sein ganzes Leben lang beschattete die Französische Revolution sein Schicksal. Als Kind verhängte sie wegen der Gefährlichkeit der Straße über den kleinen Jean-François einen jahrelangen Hausarrest, so daß er kaum vom Grundstück seiner Eltern fortkam. Diese verbargen Flüchtlinge, besonders Geistliche, in ihrem bei Freund und Feind hochangesehenen Hause, während ganz in dessen Nähe der «Freiheitsbaum» aufgepflanzt war, um den die lauten, wilden Revolutionsfeste stattfanden. Auf so kleinen Raum verbannt, begann François etwa fünfjährig in der Buchhandlung seines Vaters herumzustöbern, was er ungestört tun durfte. Dabei entdeckte er ein Exemplar eines Buches, das ihm wohl vertraut war. Die fromme Mutter hatte ihn nämlich ganze Abschnitte ihres Meßbuches auswendig lernen lassen. So war er glücklich, als er es in den Gewölben seines Vaters entdeckte. Die Mutter zeigte ihm auf seine Bitten, ohne zu ahnen, was er vorhabe, in ihrem Meßbuch die Seiten, deren Inhalt ihm bekannt war, ebenso auch bestimmte Stichwörter, um die er sie bat. Es wird überliefert, daß er nun in seinem Versteck zuerst jedem der gedruckten Buchstaben eine phantastische Bedeutung zulegte, um sie voneinander unterscheiden zu können. Dann verglich er die Wörter miteinander, in denen er den einen oder anderen der Buchstaben wiedererkannte. Nach einiger Zeit war er mit Hilfe einiger verstohlener Fragen an die Erwachsenen so weit, jedes Wort, jede Silbe des ihm bekannten Textes nachweisen zu können. Dann ging er mit der so gewonnenen Kenntnis der Buchstaben und ihrer Lautwerte an die ihm noch unbekannten Teile des Textes und überraschte seine erstaunten Eltern eines Tages mit der Fähigkeit des Lesens. Es gibt auch heute noch manche Kinder, meist jüngere Geschwister, die sich selbst das Lesen lehren. Was an dem Lesenlernen des kleinen Champollion erstaunlich ist, ist die Methode, die seiner Arbeitsmethode bei seinem Lebenswerk ganz ähnlich ist.

Sein erster sehr verehrter und geliebter Lehrer war sein Bruder Jacques-Joseph. Als ihm dieser ungewöhnlich begabte und durch sein eigentümliches Schicksal, auf das einzugehen hier leider nicht Raum ist, wie für das weitere Leben Jean-François' vorbereitete Lehrer dadurch genommen wurde, daß ihn sein Lebensweg nach Grenoble führte, mußte der jüngere Champollion auf die Schule in Figeac, die bis dahin der Revolution wegen geschlossen war. Er fand aber diese Schule so langweilig, daß er sich am Unterricht in keiner Weise beteiligte, schon nach der ersten Klasse sitzenblieb und als «hoffnungsloser Fall» von den Lehrern der Schule verwiesen wurde. Da griff einer der in seinem Elternhaus verborgen gehaltenen Geistlichen rettend ein. Dom Calmet gelang es, François' lebhaftes Interesse zu wecken, merkte aber bald, daß er wohl kaum lange dem Wissensdrang seines ungewöhnlichen Schülers würde genügen können.

Champollion war gerade neun Jahre alt und Jacques-Joseph längst in Grenoble, als durch einen «Zufall», für letzteren bestimmt, in sein Vaterhaus in Figeac gerade *die* Nummer des «Courrier d'Egypte» gesandt wurde, in der die Auffindung des seltsamen Steines von Rosette mitgeteilt war, der eine so wesentliche Rolle in dem Entzifferungswerk Champollions spielen sollte. Diese Zeitschrift wurde damals von der Expedition herausgegeben, die Napoleon bei seinem ägyptischen Feldzug zu wissenschaftlichen Forschungen begleitete und der Jacques-Joseph so gerne angehört hätte. Dieser Wunsch ging nicht in Erfüllung, aber François hörte bei dieser Gelegenheit zum erstenmal den Namen des geheimnisumwobenen Landes Ägypten und wurde, zumal es so tief das

Gemütsleben seines geliebten Bruders erregte, von ihm für immer faszieniert. So las er den Artikel mit Begierde. Dom Calmet ließ, als die Zeiten ruhiger wurden, den Unterricht auf weiten Spaziergängen in der Umgebung des alten, schon von den Römern bewohnten Figeac stattfinden. So ergab es sich von selbst, daß Geschichte und Naturwissenschaften darin besondere Berücksichtigung fanden, die denn auch Francois' rege Liebe weckten. Zwei große Steine auf einem Hügel, das Wahrzeichen der Stadt, die Dom Calmet «Obelisken» nannte, erregten natürlich des kleinen Schülers besondere Aufmerksamkeit.

Champollion gehörte wie Lessing «zu den Pferden, die doppeltes Futter brauchen». Er begann, sich mehr und mehr zu langweilen. So lernte er für sich lange Partien aus Homer und Vergil auswendig und labte sich am Wohlklang dieser Verse. Dann, am geliebten, wärmenden Kamin unter seinen Löwen sitzend, erzählte er in glühenden Farben seiner Familie und deren Freunden am Abend aus seinen Klassikern. Aber er war all seinen Spielgefährten innerlich weit entwachsen und, obgleich er immer noch nicht richtig rechnen, orthographisch schreiben und geläufig vorlesen konnte, war doch niemand mehr in Figeac, der den furchtbaren Hunger seines Geistes zu stillen vermochte. So entschlossen sich seine Eltern denn schweren Herzens, ihn zu weiterer Bildung zu seinem Bruder nach Grenoble zu schicken. Dieser erbat sich zu dieser Aufgabe völlig freie Hand, was ihm gern gewährt wurde. Jacques-Joseph erkannte bald, daß sein ungewöhnlich begabter und eifriger Bruder den Namen Champollion einst zu hohen Ehren bringen würde; so nannte er sich in Zukunft zumeist Figeac, nach dem Geburtsort der beiden Brüder. (Im folgenden möchten wir es auch tun und mit Champollion nur noch Jean-François meinen.)

Figeac war als Mitglied der sehr selbstbewußten und kühn strebenden Académie Delphinale in Grenoble aufgenommen worden. In dieser fanden sich gelehrte, und unerschrockene Männer zusammen. Im März 1801, zehnjährig, kam Champollion nach Grenoble nach schwerem Abschied von daheim, besonders von seiner Mutter. Sie ahnte, daß sie ihn nie mehr wiedersehen würde und siechte aus Sehnsucht nach ihm dahin.

Seit einiger Zeit hatte sich in Champollion immer stärker der Wunsch geregt, die Geschichte der alten orientalischen Völker zu studieren und gleichzeitig die Überzeugung, daß er das am besten könne, wenn er das Alte Testament auf Hebräisch lesen könne. So hatte er schon in Figeac angefangen, das Hebräische im Selbstunterricht zu lernen, und war selig, als ihm sein Bruder nun erlaubte, sobald er richtig rechnen, schreiben, lesen könne, bei einem Abbé regelrechten hebräischen Unterricht zu nehmen. Da waren die Lücken in den Elementarfächern denn schnell geschlossen.

Das Schicksal wollte es, daß wenige Wochen nach Champollions Eintreffen in Grenoble Napoleon den berühmten Physiker und weltbekannten Leiter der napoleonischen wissenschaftlichen Ägypten-Expedition, Fourier, als Präfekten (Inhaber der höchsten Staatsgewalt) nach Grenoble schickte. Dieser war ein außerordentlich gerecht denkender, bescheidener, hochgebildeter und warmherziger Mann, der bald mit den Brüdern Champollion bekannt wurde und beide lieb gewann. So trat Champollion mit elf Jahren zum erstenmal und an der Hand des erfahrenen Ägyptenforschers vor originale Papyrusfragmente und all die erlesenen ägyptischen Altertümer, die dieser aus Ägypten mitgebracht hatte. Voller Spannung lauschte er Fouriers liebevollem Bericht und hat später des öfteren erzählt, daß während dieses ersten Besuches bei Fourier in ihm der übermächtige Wunsch wach wurde, die Hieroglyphen entziffern zu können, und gleichzeitig auch die unerschütterliche Gewißheit, daß ihm das gelingen würde.

In seinem Schulhaus in Grenoble war vor hundert Jahren im Treppenhaus eine bildliche astronomische Uhr angefertigt worden, und Champollion hatte eifrig ihre das ganze Universum umfassenden, übersichtlichen Angaben, Berechnungen und mehrsprachigen Inschriften studiert und bewundert. Jetzt zeigte ihm Fourier eine Kopie des Tierkreises im Tempel von Dendera, über dessen mögliches Alter damals in allen Gelehrtenkreisen lebhafte und erregte Diskussionen geführt wurden, ein Rätsel, dessen Lösung ebenfalls Jean-François vorbehalten sein sollte. Seine Grenobler Mitschüler haben erzählt, daß von dem Besuch bei Fourier an Champollion in all seine Schulbücher und auf die Ränder der Hefte seltsame Zeichen gemalt habe, die er Hieroglyphen nannte. Seine Freundschaft mit Fourier, die bis zu dessen Tod zwei Jahre vor dem Champollions' dauerte, war für ihn außerordentlich förderlich und brachte ihm die Bekanntschaft mit gelehrten Männern der ganzen Welt, die den berühmten Gelehrten besuchten, bei dem der «kleine Ägypter», wie Champollion bald bei ihnen hieß, ein und aus ging.

Von seinem fünften Jahr an hatte Champollion die Angewohnheit, jedes

Stückchen Papier, das ihm in die Hände fiel, mit Zeichnungen zu bekritzeln. Jetzt im ersten Grenobler Jahr las er mit glühendem Eifer Plutarchs Biographien griechischer und römischer Helden und zeichnete aus der Phantasie deren Porträts. Diese intensiven Zeichenübungen und die an ihnen erworbene Sicherheit und Geschicklichkeit kamen ihm beim Kopieren der alten Hieroglyphentexte später sehr zustatten. Längere Zeit mühte er sich in diesem Jahr auch um die Abfassung einer «Geschichte berühmter Hunde», die er aber sofort vernichtete, als er fand, daß ein solches Buch schon vor ihm geschrieben worden war. Statt dessen wagte er sich selbstbewußt an eine «Chronologie von Adam bis auf Champollion den Jüngeren». Aus den alten Klassikern, die er in der Bibliothek seines Bruders fand und studierte, machte er gleichzeitig Auszüge aller der Stellen, die über das alte Ägypten handelten. Diese Arbeit wurde ebenfalls ein unschätzbares Fundament seines Lebenswerkes. Mit dreizehn Jahren hatte er eine beachtliche Kenntnis des Lateinischen, Griechischen, Hebräischen, Arabischen, Chaldäischen und Syrischen. Er verglich sie alle mit dem Hebräischen und unter sich, um so allmählich zu einem Verständnis der Sprache und Schrift Ägyptens zu kommen, von der er damals fest glaubte, daß sie aus diesen Sprachen herausgewachsen sein müsse. Gleichzeitig verschaffte er sich von Fourier Kopien ägyptischer Inschriften, um sie immer mit den Schriften der anderen Sprachen zu vergleichen. Ja, er sah und kaufte – dreizehnjährig! – ein chinesisches Wörterbuch, vertiefte sich auch in diese Sprache und verglich ihre Schriftzeichen mit den ägyptischen Hieroglyphen, überzeugt davon, daß auch sie eine Abart der ägyptischen seien.

Champollion wurde vierzehn, als Napoleon für begabte Schüler Internatsschulen mit strenger militärischer Disziplin einrichtete. Für solch ein sogenanntes Lyzeum war Champollion ein volles Regierungsstipendium angeboten worden; da er arm war und sich Privatunterricht nicht leisten konnte, blieb ihm nichts anderes übrig, als nun das Grenobler Lyzeum zu besuchen. Auf Befehl Napoleons wurden hier Geschichte, Geographie, Literatur und Altertumskunde kaum beachtet. Von letzterer hieß es: «Man kann auch ohne sie Schlachten gewinnen und gut dem Landesherren dienen.» Mathematik, Logik, Latein und Physik waren hoch angesehen. Morgens um 5.30 Uhr wurde mit Trommelwirbel geweckt, und Trommelwirbel begleitete den ganzen Tag. Exerzieren und Waffenübungen unter Aufsicht eines Offiziers gehörten ebenso zum Leben der Schüler. Selbst in den Erholungspausen herrschte eiserne Disziplin, und scharfe Kontrolle bewachte die Knaben bei Tag und bei Nacht.

Aber ehe Champollion in diese Schule mußte, die er «Gefängnis» nannte, schrieb er seine erste wissenschaftliche Arbeit, die vor allem Fourier hell begeisterte, der sie durchaus veröffentlichen wollte, «Bemerkungen über die Sage von den Riesen.» Champollion hielt schon sehr früh Mythologien nicht für «dummen Aberglauben», sondern für den Ausfluß tiefer, inspirierter Weisheit, eine Überzeugung, der er bis an sein Lebensende treu blieb. Und so durchforschte er die Mythologien mit großer Hingabe und Ehrfurcht. Dabei fiel ihm auf, daß er bei allen Völkern Sagen über Riesen fand, und er ging in dieser Arbeit diesem Phänomen nach. In ihr wandte er abermals bereits eine Methode an, die er auch bei der Entzifferung der Hieroglyphen erfolgreich bis zuletzt gebrauchte, daß er nämlich von Namensuntersuchungen ausging. Er war schon jetzt davon überzeugt, daß Namen in den alten Zeiten eine ihren Träger charakterisierende Bedeutung hatten. Auch seine spätere Eigentümlichkeit, da wo trotz intensivster gründlicher Kenntnis der Fakten ein Weiterkommen nicht möglich war, sich seinem sicheren Instinkt zu überlassen und mit ihm zu arbeiten, zeigt diese Erstlingsarbeit bereits.

Auch begann er schon vor dem Eintritt in das Lyzeum mit dem gründlichen Studium des Koptischen, jener alten, von den christlichen Bewohnern des oberen Ägypten bis kurz vor Champollions Geburt noch gesprochenen Sprache, von der er bald fest überzeugt war, daß sie die weiterentwickelte Sprache des alten Ägypten sei.

«Der ganz besondere Charme seiner starken Persönlichkeit», wie es von ihm in alten Briefen heißt, machte ihn im Lyzeum zum Liebling von Lehrern und Mitschülern. Er wurde schon bald wegen seiner guten Arbeiten zum «Primus» der Klasse und seiner geistigen Unabhängigkeit und Regsamkeit und seines warmen Herzens wegen der Führer seiner Kameraden. Aber die in Figeac mit so viel Erfolg gehandhabte «Methode», bei trockenem und geisttötendem Unterricht völlig abzuschalten, übte er auch hier und machte damit zwei seiner Lehrer, die seine Überlegenheit neiderfüllt spürten, zu lebenslangen erbitterten Feinden, die, als sie später an der Universität mit ihm zugleich Professoren waren, versuchten, ihm durch viele Jahre das Leben zur Hölle zu machen.

Ein privates Studium war im Lyzeum verboten, und doch konnte Champollion, der sich nun auch eingehend mit allen möglichen arabischen

142

Dialekten beschäftigte, nicht darauf verzichten. So verbarg er seine Buch-
schätze während des Tages unter seinem Kopfkissen. «Zufällig» hing aus
Bewachungsgründen dicht neben seinem Bett eine die ganze Nacht durch
brennende Laterne. Sobald die Wächter den Saal verlassen hatten und
die anderen Knaben eingeschlafen waren, holte Champollion seine Bücher und studierte selbstvergessen noch viele Stunden bei dem schlechten
Licht. Er schädigte seine Augen dadurch außerordentlich und schwächte
seine bis dahin unerschütterlich robuste Gesundheit. Fieberanfälle und
bis zur Ohnmacht sich steigernde Schwächezustände überfielen ihn wieder und wieder. Schließlich erreichten seine Freunde unter den Gelehrten der Académie Delphinale, daß ihm die oberste Schulbehörde das
Privatstudium in seiner Freizeit am Tage erlaubte. Ein ehemaliger
koptischer Mönch half ihm zu Lehrbüchern und Grammatiken für seine
Sprachstudien, riet ihm dringend, die äthiopische Sprache zu studieren
und vermittelte eine Bekanntschaft mit dem Sanskrit. Er schickte ihm
aber auch einige Zend-Awesta-, Pelevi- und Parsi-Texte, und Champollion geriet so in den Bann Zarathustras, daß er vorübergehend schwank-
te, ob er nicht das Studium dieses Menschheitsführers der Erforschung
Ägyptens vorziehen sollte; aber bald war der junge Ägypter wieder
ganz seiner alten Liebe treu.

Um alles, was über Ägypten je geschrieben wurde, im Original zu
lesen, studierte er gleichzeitig italienische, deutsche und englische Grammatiken, doch wird berichtet, daß er schon damals geäußert habe, daß
ihm die germanischen Sprachen wohl niemals ganz geläufig werden würden.

Das militärisch-harte, geistlose Leben im Lyzeum war Champollion
schier unerträglich. Wieder und wieder flehte er den Bruder an, ihn
fortzunehmen, aber das verbot die Armut der beiden Brüder. Als aber
die Mitschüler ihre Zuflucht zu Revolten nahmen, was zur Folge hatte,
daß allabendlich im Schlafsaal Soldaten mit aufgepflanztem Bajonett
postiert wurden, die den Befehl hatten, beim geringsten Widerstand
gegen die Schüler zum Angriff vorzugehen, und Champollion mit seinem ganz besonders stark ausgeprägten Freiheits- und Ehrgefühl unter
diesem Zustand unsagbar litt, richtete ihm der Bruder in seiner eigenen
Wohnung ein Zimmerchen ein, während er den Unterricht weiter als
Externer besuchen konnte. Und als sich dann im August 1807 hinter dem
Sechzehnjährigen die Tore des verhaßten Lyzeums für immer schlossen,

war seine Freude so überwältigend, daß er ohnmächtig in die Arme seines Freundes sank.

Kurze Zeit später hielt er eine Vorlesung in der Académie Delphinale über die «Geschichte Ägyptens unter den Pharaonen», über die er damals ein Buch schrieb. Für dieses hatte er eine Karte des alten Ägypten mit Hilfe klassischer Autoren und arabischer Geographen angefertigt, die noch heute die Bewunderung der Ägyptologen erregt. Seine Vorlesung fand großen Beifall. Der Leiter der Akademie sagte in seiner Ansprache: «Indem die Akademie Sie trotz Ihrer Jugend zu ihrem Mitglied ernennt, hat sie das, was Sie getan haben, im Auge; aber mehr noch zählt sie auf das, was Sie noch zu tun vermögen!»

Der Student

Im Winter bezog Champollion, noch nicht ganz 17 Jahre alt, die Pariser Universität, wo damals weltberühmte Gelehrte der orientalischen Sprachen und des orientalischen Altertums lehrten, unter ihnen der unansehnlich kleine, aber bedeutende Professor de Sacy, vor dem selbst die wilde Revolution ehrfürchtig haltgemacht hatte. Aber gerade er wurde bald, ohne es den Studenten Champollion je merken zu lassen, dessen erbitterter Gegner, als er wahrnahm, daß Champollion sich selbst ihm gegenüber seine geistige Freiheit wahrte. Champollion glaubte nämlich schon damals, was ihm später in seiner Entzifferung so sehr half, daß der thebanische Dialekt des Koptischen, der im Schriftlichen alle medialen Vokale unterdrückt, der geeignetste für die Einführung in das altägyptische Schriftsystem sei. Denn er war fest davon überzeugt, daß auch die altägyptischen Schriftarten die medialen Vokale unterdrückten. Mit dieser Erkenntnis, die Sacy bekämpfte, überflügelte Champollion aber schon damals alle übrigen, die die Entzifferung der Hieroglyphen erstrebten, und deren gab es viele. Erst zwanzig Jahre später gab Sacy seine Gegnerschaft auf und wurde Champollions treuer Förderer. Diese unerbittliche Wahrung seiner geistigen Unabhängigkeit, gestützt auf die gründliche Kenntnis der alten Sprachen und Schriftsysteme, besonders des Koptischen, in dem er wie in seiner Muttersprache dachte und sprach, schafften ihm aber auch unter den anderen Pariser Professoren, von denen sich verschiedene auch um die Entzifferung der Hieroglyphen bemühten, einige unversöhnliche Feinde. Unter ihnen war der Betreuer aller ägyptischen Altertümer der napoleonischen Kommission, Jomard, der Verderblichste, weil er Champollion nicht an die Originale ließ, wichtige neue Stücke ihm völlig verschwieg oder ihm nur absichtlich schlecht gearbeitete Kopien zukommen ließ.

Aber in Paris lebten auch viele Ägypten- und Orientreisende und viele Orientalen, denen Champollion in diesen Jahren vorgestellt wurde und die fast ausnahmslos großen Gefallen an ihm fanden. Bei ihnen gewöhnte er sich in ganz kurzer Zeit so sehr die orientalische Art und Umgangsformen an, daß er selbst von Orientalen für einen der Ihren gehalten wurde. So erzählt er in einem Brief: «Das Arabische hat mir gänzlich die Stimme verändert; es hat sie mir gedämpft und in Kehllaute umgewandelt. Ich spreche beinahe ohne die Lippen zu bewegen, und das muß wohl mein von Natur schon so orientalisches Aussehen noch erhöhen, denn Ibn Saoua – hielt mich gestern für einen Araber und begann, mir seinen Salāmât (arabische Begrüßungs-Zeremonie) zu machen, was ich entsprechend beantwortete, worauf er mich mit endlosen Höflichkeiten überschütten wollte . . .» Auch mit vielen europäischen Gelehrten hohen Ranges, hohen Beamten und Würdenträgern sowie fürstlichen Gästen Napoleons, die bei Champollions Gönnern verkehrten, wurde dieser bekannt oder auch befreundet.

In der ganzen Pariser Zeit aber litt er sehr an Geldmangel, oft großer Armut. Diese wurde allerdings auch vielfach durch sein grenzenloses Mitleid verursacht. So lieh er sich einmal zwanzig Franken, um einem armen Kopisten im Handschriftensaal der Bibliothek damit zu helfen, den man seit drei Monaten nicht bezahlt hatte. Er selbst konnte oft die wichtigsten Besuche nicht machen, weil er keine ordentliche Kleidung hatte. Auch war er immer wieder zu Hausarrest verurteilt, weil die Pariser Straßen in damaliger Zeit noch sehr schmutzig und bei Regen nur mit festem Schuhzeug zu passieren waren; das aber konnte er sich nicht leisten. Seine Wirtin mußte ihn, nachdem sie ihm wieder und wieder die Miete gestundet und monatelang geduldig auf die Zahlung gewartet hatte, eines Tages vor die Tür setzen. Er fand in einem Brief: «Das war nur billig.»

Ein andermal mußte er seufzen: «. . . So ist denn die wissenschaftliche Laufbahn sehr dornenvoll und führt eigentlich im Augenblick zu nichts. Krieg und immer Krieg!» Mehrfach sollte er zur Front geschickt werden

– es ist das Frankreich der napoleonischen Kriege –, und es gelang nur
der Fürsprache seiner hohen Gönner, ihn jedesmal noch wieder frei
zu bekommen, so daß er seinen geliebten und mit unendlichem Eifer
verfolgten Studien nachgehen konnte. Aber oft lagen zwischen dem Ge-
stellungsbefehl und der Freigabe sehr sorgenvolle, lange Zeiten großer
Spannung. Und in all den Jahren seines weiteren Lebens hatte er immer
das Gefühl, keine Zeit zu haben, einmal viel zu früh zu sterben, ohne
sein Ziel erreicht zu haben. Dennoch war er weder durch seine Freunde
noch durch seinen erfahrenen Bruder dazu zu bewegen, irgend etwas
von seinen vielen Arbeiten und Entdeckungen zu veröffentlichen, ehe er
nicht bis ins kleinste hinein sicher war, daß alles hieb- und stichfest sei.
So lag z. B. sein Buch «L'Egypte sous les Pharaons» sieben Jahre fertig
in seinem Schreibtisch, ehe er es drucken ließ.

Figeac fürchtete auch, daß einem anderen, als seinem Bruder die Entzifferung der Hieroglyphen gelingen könnte, zumal dieser keinen Argwohn hatte, jedem interessierten Freunde, ja auch jedem Fremden, der
es wünschte, seine Forschungsergebnisse weiterzugeben. Und tatsächlich
gab immer wieder einmal ein anderer vor, die Hieroglyphen entziffert
zu haben. Wenn ihn auch das Gefühl, der vom Schicksal erkorene Entzifferer der Hieroglyphen zu sein, nie völlig verließ, so waren solche
Veröffentlichungen für den armen Champollion doch jedesmal ein
Schock. Sie erwiesen sich aber samt und sonders als Irrtümer. – Sein gefährlichster Rivale war der englische Physiker Young, dessen Liebhaberei
die Entzifferung war. Während es ihm unschwer gelang, von Champollion alles zu erfahren, was er von ihm brauchte, hörte er selbst auf Sacy,
der Champollions Arbeit Scharlatanerie nannte, und vor allem auf Jomard und versagte Champollion sogar eine richtige, fehlerlose Kopie der
Rosettana, jenes Steines, von dem Champollion, als er neun Jahre alt
war, auf so seltsame Weise erfahren hatte und der im Britischen Museum
in London lag und liegt.

Auf dem Stein von Rosette, den die französische Armee während ihres
Ägyptenfeldzuges ausgegraben hatte, findet sich ein griechischer Text
aus der Ptolemäerzeit, ein Text in Hieroglyphen und einer in einer anderen fremden Schriftart, von der man aber schon zu Champollions Zeit
annahm – und Champollions Forschungen bestätigten es dann –, daß es
eine Art Stenographie der Hieroglyphen sei. Diese dritte Schrift, die
man das Demotische (Volksmäßige) nannte, wurde in den jüngeren

Perioden der ägyptischen Geschichte zu Schriften des täglichen Lebens gebraucht, während die Hieroglyphen, wie Champollion sehr bald annahm und auch nachweisen konnte, eine Schrift der Priester und Pharaonen, eine heilige Schrift, war. Er konnte in seiner Pariser Studienzeit das Demotische noch nicht lesen, aber er zerlegte es in einzelne «Buchstaben» und benutzte diese auch übungshalber zu seinen privaten schriftlichen Arbeiten. Eine dieser Abhandlungen wurde etwa vierzig Jahre später, als Champollion schon lange tot war, von einem Demotiker irrtümlich als ein ägyptischer Text veröffentlicht und scharfsinnig kommentiert. Aber bald gelang es Champollion, ein demotisches Alphabet aufzustellen.

Der Professor und Bürger

Im Oktober 1809 verließ er Paris, um in Grenoble sieben Jahre lang als Geschichtsprofessor zu wirken. In Vertretung seines Bruders ist er dabei immer wieder Leiter der städtischen Bibliothek, die damals 80 000 Bände umfaßte. Figeac war an der Grenobler Universität Professor für griechische Sprache und Literatur. Champollion war 18, sein Bruder 30 Jahre alt, zum Ärger mancher Neider ein sehr junges Professorenpaar, das noch durch große Geistesgaben, gute Verbindungen und weites Wissen der Mehrzahl seiner Kollegen weit überlegen war. So berichteten die beiden ehemaligen Lyzeumslehrer, die einen Teil der Universitätsverwaltung in den Händen hatten, an Napoleon: «Es ist lächerlich, junge Leute grauen Bärten vorzuziehen, die unter dem Käppchen gealtert sind!» Napoleon antwortete, man müsse doch nicht die, welche lehren, mit denen verwechseln, welche nur verwalten, «denn die ersteren sind meine Kinder, die anderen sind meine Diener.»
Aber die ständigen Intrigen führten doch schließlich dazu, daß für kurze Zeit selbst Fourier, der vor einiger Zeit nach Paris übergesiedelt war, an den Brüdern irre wurde, als man sie nämlich des Jakobinismus anklagte und aus Grenoble nach Figeac verbannte. Champollion sympathisierte mit den freiheitlichen Bestrebungen der Revolution, wenn er sich auch bemühte, die Schranken des Erlaubten öffentlich nicht zu durchbrechen. Aber Grenoble, das eine starke Festung war, wurde in die

Unruhe der ausgehenden napoleonischen Ära besonders hineingerissen, die Gemüter waren leidenschaftlich erregt und überhitzt. Und die Brüder Champollion gerieten des öfteren in ernste Gefahr, weil sie den Menschen, deren menschliche Größe, ganz gleich welcher Partei sie angehören mochten, sie einmal hatten ehren müssen, auch die Treue hielten, wenn diese durch den stetigen Wechsel der Verhältnisse verfemt waren. Champollion aber fand sein seelisches Gleichgewicht immer wieder so weit, daß er mitten in den Unruhen Satiren und Lustspiele schrieb, die eifrig aufgeführt wurden und selbst den feindlichen österreichischen Offizieren großes Vergnügen bereiteten. Selbst aus der Verbannung in Figeac sandte er von ihm gedichtete Lieder nach Grenoble, die ein Freund in Musik setzte und die von der Bevölkerung mit Begeisterung gesungen wurden.

In Figeac sorgten die beiden Brüder vor allem für die Errichtung einer kostenlos zu besuchenden Volksschule, in der nach englischem Vorbilde die besseren Schüler die jüngeren oder weniger begabten unterrichten mußten. Außerdem trieb Champollion, soweit ihm das möglich war, auch hier eifrig seine ägyptischen Studien weiter. Nach anderthalbjähriger Verbannung, aber erst, nachdem sie restlos rehabilitiert waren, kehrten die Brüder nach Grenoble zurück.

Bei seiner Flucht von Elba machte Napoleon Figeac, an dessen vornehmer Erscheinung, Intelligenz, Schlagfertigkeit und angenehmem Wesen er großen Gefallen fand, zu seinem Sekretär. Auch Champollion wurde Napoleon vorgestellt, der sich eingehend nach seinen ägyptischen Studien erkundigte, ohne des «Ägypters» Neigung gewinnen zu können, da Champollion in ihm, im Gegensatz zu seinem Bruder, den Napoleons Persönlichkeit bezauberte, in erster Linie den Selbstherrscher sah. Als aber die gegen Napoleon verbündeten europäischen Armeen gegen Frankreich zogen, sah Champollion in ihnen nur die Feinde seines Vaterlandes und kämpfte in flammenden Reden und Aufsätzen für den Einsatz auch der letzten Kräfte.

Die nun folgenden Jahre in Grenoble waren für Champollion eine Zeit schier unfaßbarer Arbeitsüberlastung: Er war Professor in der Universität sowohl wie im Lyzeum und außerdem mit dem Aufbau des Volksschulwesens betraut. Er hatte eine große Liebe zu Kindern, liebte es, mit ihnen zu spielen, Geschichten zu erzählen, ihnen lustige Bildchen zu malen, sie mit Rätseln und Wortspielen zu unterhalten. Das war später, als er bei seinem zweiten Aufenthalt in Paris seine und seines Bruders Familie um sich hatte, seine liebste Erholung.

In Grenoble kam zu seinen amtlichen Verpflichtungen hinzu, daß er eine eigene Internatsschule gegründet hatte, die ihn in engere Verbindung mit Pestalozzi brachte und bald weit berühmt war. In ihr war den Lehrern vor allem daran gelegen, den Kindern nicht nur Wissen zu vermitteln, sondern in ihnen alle menschlichen Kräfte und Möglichkeiten zu wecken und zu stärken und ein Vertrauensverhältnis zwischen Lehrern und Schülern zu erreichen. Champollion war nicht nur an dieser Schule Lehrer und Leiter, sondern unterrichtete auch noch täglich bis zu vier Stunden lang die vier Kinder seines in Paris weilenden Bruders, für den er auch wieder neben der Sorge um die in Grenoble gelassene Familie die Verantwortung und Leitung der großen Grenobler Bibliothek übernahm. Daneben war er noch mit allen möglichen Ehrenämtern belastet und mühte sich, dennoch so viel Kräfte und Zeit als möglich für seine ägyptischen Arbeiten zu gewinnen. Immer wieder versuchten die republikanische, die napoleonische, die königliche und die liberale Partei, deren heftige Auseinandersetzungen eigentlich nur durch die fortdauernde Revolutionsstimmung zu verstehen sind, Champollion auf ihre Seite zu ziehen. Er aber mühte sich redlich, sich aus allem politischen Kampf herauszuhalten.

In diese schwere Zeit fiel ein sehr ehrenvolles Angebot einer Professur für Geschichte und alte Sprachen in Turin, das er wegen seiner Liebe zu den Kindern seiner Schule und seiner schulischen Reformarbeit ablehnte. Aus dem gleichen Grunde schlug er sogar, wenn auch blutenden Herzens, eine Möglichkeit aus, Ägypten, sein «gelobtes Land», zu besuchen. Im Dezember 1818, 28 Jahre alt, heiratete er eine Kusine seiner Schwägerin, obgleich Figeac ihn gewarnt hatte, da seine Braut ihm geistig in keiner Weise gewachsen sei. Der Bruder sollte recht behalten, und so war die Ehe bald nichts als ein freundliches und achtungsvolles Nebeneinanderleben, auf das eine von Champollion innig geliebte kleine Tochter ein helles Licht warf. Trotz der ungeheuren Arbeitslast wurde er immer schlecht bezahlt und litt nach wie vor immer wieder regelrechte Not. «Ich allein habe keinen Anteil an den Nebeneinkünften der anderen (Lyzeums-)Lehrer! Mit mir macht man eben alles nur halb . . . Mehr Mühe als die anderen und schlechter bezahlt! Allen ist das Gehalt erhöht, nur mir nicht!» klagte er.

Aber seine Kräfte waren dieser Überbürdung auf die Dauer nicht mehr gewachsen, und er stöhnte: «Ich möchte mich süßem Nichtstun und Nichtsdenken überlassen, aber es geht nicht . . . So müssen wir denn bis in den Tod uns weiter quälen.» Vor allem aber zehrten an seinen Kräften die heute in ihrer Gehässigkeit kaum noch vorstellbaren wissenschaftlichen oder politischen Anfeindungen, denen er sich offensichtlich gar nicht entziehen konnte. Sie schienen sein von ihm untrennbares Schicksal zu sein.

Bei einer Empörung der Stadt Grenoble gegen die rücksichtslosen Gewalttaten des alten Adels, soweit er in der Partei der Ultra-Royalisten nach seiner alten Macht strebte, und gegen die königliche Armee waren eines Tages die Stadttore geschlossen, die Glocken geläutet worden. Champollion, von seinen Freunden in der Sache der Freiheit zu Hilfe gerufen, hatte die Kühnheit, von der hoch über der Isère gelegenen Burg von Grenoble mit eigener Hand das verhaßte Lilienbanner der Bourbonen herabzuholen und statt dessen die Trikolore der Republik zu hissen, nachdem die kleine Schar seiner Freunde unter seiner Leitung die ahnungslosen Wachen überrumpelt, die dort stationierte Kompanie für ihre Sache gewonnen hatte. Der Streich war gelungen, ehe die herbeigerufene Armee in der Stadt sein konnte. Mit lautem Jubel begrüßte die Bevölkerung unten in den Straßen die windbewegte Trikolore. Champollion betrachtete die Revolte als die Verzweiflungstat einer vergewaltigten Bevölkerung, deren Vorstellungen und Bitten, gegen die Übergriffe der Royalisten und des neuen gewalttätigen Präfekten geschützt zu werden, in Paris nur tauben Ohren begegnet waren. Aber er wurde verhaftet und sollte als Hochverräter vor ein Kriegsgericht gestellt werden. Wochenlang schwebte er in höchster Gefahr.

Da aber griff das Schicksal ein: Der vom König mit der Untersuchung des Grenobler Aufstandes Beauftragte war «zufällig» früher im Regiment eines Grenobler Gönners und treuen Freundes der beiden Brüder gewesen und hing mit Dankbarkeit und Liebe an diesem seinem alten Kommandanten. So begab er sich sogleich nach seiner Ankunft zu ihm, und als er erfuhr, daß die «revolutionäre Gesinnung des Hochverräters» nur in dessen Verlangen nach Gesetzlichkeit und Rechtlichkeit beruhe, er im übrigen aber ein stiller Gelehrter von großen Verdiensten um das Wohl der Stadt und seit langem von Neidern schwer verleumdet sei, und da auch mehrere seiner Gönner aus dem Hochadel sich mit Entschie-

denheit für Champollion verwandten, wurde der Hochverratsprozeß
nicht nur niedergeschlagen und er auf freien Fuß gesetzt, sondern auch
seine Ehre restlos wiederhergestellt.

Aber nun waren auch Champollions Kräfte am Ende. «Ich möchte lieber
in Sibirien erfrieren, als noch zwei Monate hintereinander in dieser
unglückseligen Stadt bleiben», schrieb er damals. Schwindel, Ohnmachts-
anfälle, ein Magenleiden und Schlaflosigkeit ließen das Schlimmste be-
fürchten, und er glaubte verzweifelt: «Das unerbittliche Geschick wird
mich (an meinen Forschungen) hindern – falls ich überhaupt weiterleben
werde!» Er zog nach Paris, wo sein Bruder schon seit einiger Zeit wohnte.
Dort lebten außer Fourier einflußreiche Männer, die sich für die Erforschung Ägyptens interessierten und denen auch »der Ägypter» durch
seine Arbeiten schon bekannt war. Champollion kam, nach einer 70stün-
digen Reise, anscheinend nicht mehr lebensfähig in Paris an. Figeac
mußte alle seine Beredsamkeit und seinen Scharfsinn aufwenden, um
die völlig im Erlöschen befindlichen Lebensgeister seines Bruders wieder
zu entfachen: «Du mußt und du wirst weiterleben!» So machte sich nach
einiger Zeit Champollion wieder ans Werk, mit eisernem Willen seinen
erschöpften Körper überwindend und ihm mit dem Feuer der Begeisterung neue Kräfte zuführend.

Die Entzifferung

Im Gegensatz zu den meisten seiner Zeitgenossen, soweit sie sich für die
Hieroglyphen interessierten, war Champollion schon als Kind der Meinung gewesen, daß es sich in den Hieroglyphen nicht, wie man meinte,
um heidnisch-religiöse «Symbole» handle, sondern um lesbare Schriftzeichen, die er würde entziffern können, um dann mit ihrer Hilfe in die
Geschichte und den Glauben eines alten, geheimnisvollen Volkes einzudringen. Wenn auch immer wieder einmal Zweifel an dieser Annahme
in ihm entstanden, so kehrte er doch jedesmal wieder zu ihr zurück. Es
gehörte zu seiner Genialität, daß er von Anfang an sich gar nicht so sehr
an die Bedeutung der einzelnen Zeichen klammerte, sondern sich in-
stinktsicher – aber was heißt Genialität? Was ist, was wirkt «instinkt-
sicher»? – an das Erlernen der Sprache der mit den Ägyptern gleichzeitig und in ihrer Nachbarschaft lebenden Völker machte. Das Kop-
tische, das im christianisierten, und das Arabische, das im modernen

Ägypten gesprochen wurde, schienen ihm immer wieder dafür besonders wichtig, und darin hatte er sich nicht getäuscht.

Man wußte, daß das Ägyptische drei Schriftarten kannte: die Hieroglyphen, das sogenannte Hieratische und das Demotische. Aber man wußte nicht, wie diese drei Schriftarten zueinander standen, ob sie miteinander wesensverwandt und überhaupt Schriftarten seien. Durch ständiges Vergleichen mit dem Koptischen, mit dem Persischen, ja sogar mit dem Chinesischen hatte sich Champollion davon überzeugt, daß alle drei Schriftarten richtige, lesbare, alphabetische Schriftarten seien. Und als er dann sicher war, daß das auch für die Hieroglyphen zuträfe, fand er nach langwierigen Arbeiten, daß sie die älteste Form der ägyptischen Schrift seien.

Er konnte nachweisen, daß sich aus ihnen das Hieratische durch Abschleifungen und Verkürzungen entwickelte, sich später noch weiter abschliff und zum Demotischen wurde, während es selbst mehr die Schrift der Priester blieb.

Wegen seiner großen Mittellosigkeit war es ihm nicht möglich, zu den Originalen der ägyptischen Kunst zu reisen und sie zu studieren. Weil der Neid und die Mißgunst der vielen anderen, die sich damals – meist nur so nebenher als Liebhaberei, aber darum nicht weniger ruhmbegierig – mit der Entzifferung der Hieroglyphen beschäftigten, ihm keine guten Kopien zukommen ließen, mußte er oft jahrelang sich ganz erheblich mühen und seine nun sehr geringen Kräfte nutzlos verzehren. So hatte er, um ein gewisses klares Bild von den Beschriftungen der Rosettana zu bekommen, immer wieder versucht, die eigentliche Inschrift aus all den falschen und immer verschiedenen Kopien auf Grund seiner Entdeckungen neu zu schaffen. Dabei gelang ihm ein Exemplar, das dem Original so ähnlich war, daß es selbst Young, als er es später in Paris sah, zur Bewunderung hinriß.

Champollion war 21 Jahre, als er fest davon überzeugt war, daß die Hieroglyphen alphabetische Buchstaben seien. Auf der Rosettana sind bestimmte Hieroglyphen mit ovalen Ringen umrandet, die sogenannten Kartuschen, von denen der Schwede Åkerblad gefunden hatte, daß sie eventuell den Königsnamen Ptolemäus wiedergäben, der in dem griechischen Teil des Textes vorkam. Unter unendlicher Mühe machte sich Champollion an die Entzifferung dieser Kartuschen, dieser Königsnamen, überzeugt, daß sie phonetisch-alphabetisch geschrieben seien, was allgemein für unwahrscheinlich galt. Als er in den Kartuschen, die Ptolemäus oder Kleopatra bedeuten sollten, die Löwenhieroglyphe sah, mußte er an die Wappentiere des als Kind von ihm so geliebten heimatlichen Kamins denken und rief voll Siegesgewißheit: «Die Löwen werden dem Löwen zum Siege verhelfen!»

Sehr schwierig war ein Entziffern dadurch, daß das Ägyptische Hieroglyphen hat, von denen mehrere – Champollion nannte sie Homophene – wohl den gleichen Laut bezeichneten, aber je nachdem die Texte private, religiöse oder behördliche Dinge ausdrückten, verschieden verwendet wurden. So bezeichneten sowohl die Hieroglyphe $\int$ als auch das Bild eines Adlers einen Laut, der dem A ähnelt. Als Champollion diese Entdeckung machte, war er dem Ziel ein gutes Stück näher gekommen. Inzwischen hatten Sacy, Åkerblad und Young den Versuch, eine Übereinstimmung zwischen dem griechischen und ägyptischen Text der Rosettana herausfinden zu können, als hoffnungslos aufgegeben. Champollion aber war 1821 so weit, daß er jedem hieratischen Zeichen seine ihm entsprechende Hieroglyphe gegenüberstellen konnte.

Als es ihm gelungen war, die einzelnen Hieroglyphen der Kartuschen der Rosettana mit den entsprechenden Zeichen des Koptischen, Hieratischen und Demotischen gleichzusetzen, erwartete er nur noch sehnsüchtig eine ägyptische Originalschreibung des Namens Kleopatra, der in dem Hieroglyphentext der Rosettana abgebrochen war. In der Obhut Jomards, der sie aber eifrig vor Champollion verschwieg und verborgen hielt, befand sich seit 1815 eine Originalinschrift von einem Obelisken der Insel Philae, auf der der Name Kleopatra in Hieroglyphen geschrieben stand! Unzählige Male hatte «der Ägypter» versucht, diesen Namen mit seinem Alphabet so zu schreiben, wie er wohl von den Ägyptern geschrieben worden war. Da endlich im Januar 1822 bekam er von einem auswärtigen Freunde eine Kopie dieser Inschrift, und siehe da, hier fand er zu seiner großen Beglückung den Namen in genau der gleichen Art geschrieben, die er so mühsam auf Grund der von ihm gefundenen Gesetze ausprobiert und wieder und wieder aufgeschrieben hatte.

Am Morgen des 14. September 1822 beschäftigte sich Champollion «zufällig» mit einer alten griechischen Übersetzung von altägyptischen Ehrentiteln der Pharaonen, einem Titel wie «der von Ammon Geliebte» und ähnlichem. Er hatte versucht, sie in Hieroglyphen zurückzuübersetzen. Da bekam er von einem Freunde sehr gute Kopien von ägyptischen Basreliefs zugeschickt. Auf ihnen findet er einen ihm bis dahin völlig fremden Königsnamen. Wie groß ist sein Entzücken, als er mit Hilfe des von ihm aufgestellten Alphabets der Hieroglyphen «Ramses» liest, ein Pharao, der ihm von seinem elften Jahre an besonders lieb war. Und immer wieder findet er auf den Reliefs diesen Namen in allen nur möglichen Abwandlungen, die er im Laufe der Jahre kennengelernt hatte. Und auch den noch am Morgen in Hieroglyphen zusammengestellten Ehrentitel «der von Ammon Geliebte» findet er bei den Namen des Ramses in gleicher Art geschrieben. Jetzt wußte sich Champollion am Ziel! Er konnte mit Hilfe seines Alphabets richtig in Hieroglyphen schreiben, er konnte sie richtig lesen, auch wenn ihm der Text fremd war. Der Name des Königs, für den er immer eine besondere Vorliebe gehabt hatte, gab ihm diese Gewißheit. – Sofort eilte er in das Institut Français, das in der gleichen Straße lag und wo sein Bruder seine Arbeitsstätte hatte. Freudig erregt kann er noch eben ausrufen: «Je tiens l'affaire!», dann bricht er, noch ehe er seinem Bruder alles zu erklären vermochte, in einer tiefen Bewußtlosigkeit zusammen, aus der er erst nach fünf Tagen wieder erwachte.

In einer Sitzung gab er noch im gleichen Monat in Gegenwart vieler der berühmtesten Gelehrten Europas – auch Young aus London und Alexander von Humboldt waren dazu gekommen – die von ihm gefundenen Erkenntnisse und Gesetze bekannt. Es war ein eigenartiger Zufall, daß gerade während Champollion seine Vorlesung hielt, wie grüßend vor den Fenstern das Schiff langsam vorbeiglitt, das die Teile des Obelisken vom Felsengrabe Sethos I. im Totental von Theben zum Wiederaufbau in Paris nach Frankreich brachte. Champollion war am Ziel!

Er war der nun unumstrittene Entzifferer der Hieroglyphen, aber noch war viel zu tun übrig, und sein Körper versagte mehr und mehr. Dennoch konnte er 1824 dem König sein Buch: «Précis du système hieroglyph» überreichen. Zu den mancherlei Freuden und Ehrungen, die ihm sein Sieg einbrachte, gehörte auch, daß sein ehemaliger und von ihm stets verehrter Lehrer Sacy sich öffentlich und mit großem Lobe zu ihm bekannte und ihn auch in Zukunft immer unterstützte. Die Ernennung zum Konservator des neuerrichteten Ägyptischen Museums freute ihn sehr. Schließlich konnte Champollion die ägyptischen Schriften mit einer solchen Leichtigkeit lesen und erfaßte ihren Geist so sicher, als handle es sich in Wahrheit, wie er mehrfach scherzend sagte, um «eine Erinnerung an ihm von alters her Bekanntgewesenes». Ein unbekannter Zeitgenosse berichtete über Champollions Verhältnis zu ägyptischen Altertümern: «Die Sachen schienen zu ihm zu reden und ihm selber ihre verversteckteste Eigenart zu offenbaren, da wo andere nichts oder doch nur Unwichtiges sahen.» Seine Freunde am königlichen Hofe erreichten, daß der König Champollion zwei Studienreisen zu den vielen ägyptischen Originalen in Italien bezahlte. Von dem gleichen Gelde reiste er aber zuerst einmal mit seinem Bruder kurz nach London, um die hilfreiche Rosettana im Original zu sehen.

Bei seinem Italienbesuch lud ihn der Papst nicht nur zu einer längeren Audienz, sondern ernannte ihn zum Kardinal wegen des großen Dienstes, den er durch die Festsetzung des Alters des Tierkreises vom Tempel in Dendera der Kirche geleistet habe, eine Ehre, die «der Ägypter» aber dankend ablehnte: «Zwei Damen» – er dachte an seine Frau und seine kleine Tochter – «würden damit nicht zufrieden sein.»

In Ägypten

Endlich, am 31. Juli 1828 erfüllte sich Champollions große Hoffnung. Auf einem ihm zur Verfügung gestellten französischen Kriegsschiff und mit einer Expedition von sieben Franzosen und sieben Toskanern, deren Führer er war, stach er in See, um von Kairo aus den Nil aufwärts das alte Ägypten bis Nubien hinein zu erforschen. Allerdings ahnte er nicht, als er so froh und zuversichtlich seinem «gelobten Lande» entgegenfuhr, daß der französische Generalkonsul Drovetti über diese Expedition sehr ungehalten war. Er hatte bisher zusammen mit dem arabischen Vizekönig Mehemed Ali auf Kosten des völlig wehrlosen, unterdrückten und unvorstellbar armen ägyptischen Volkes kommerzielle Geschäfte machen können und fürchtete nun deren Störung oder gar Unterbindung. Deshalb hatte er an Figeac einen Brief geschrieben des Inhalts, daß der Vizekönig beim Sultan zur Zeit derart verleumdet und von seinen Feinden allseitig umgarnt sei, daß die von ihm begünstigte französische Expedition unter allen Umständen fürs erste aufgeschoben werden müsse. Figeac, der bei dem schwachen Gesundheitszustand seines Bruders ernstlich fürchtete, daß eine Verzögerung der Reise auf unbestimmte Zeit dessen Leben gefährden könne, hielt den Brief solange zurück, bis er annehmen durfte, daß das Schiff Champollions nicht mehr von Frankreich aus zu erreichen wäre. Ein Sturm, der plötzlich und unerwartet einsetzte, trieb denn auch das Schiff so schnell nach Osten, daß die Verfolger unverrichtetersache nach Frankreich zurückkehren mußten. Champollion, der sich, wie er seiner Familie schrieb, «dem Schutz der Götter Ägyptens» anvertraut hatte, dachte bei diesem Sturm an einen ähnlichen, der auch auf einer seiner Italienreisen sein Schiff dem Untergang zu weihen schien und dann, wie sich später herausstellte, dazu gedient hatte, es vor gefährlichen Seeräubern zu behüten, die gerade in dieser Nacht und in dieser Gegend mehrere andere Schiffe gekapert hatten. Auch diesmal begegneten sie einem flaggenlosen, mysteriösen Schiff, das ihnen entgegenkam, aber abstrich, als es erkannte, daß sein Gegenüber ein bewaffnetes Kriegsschiff war. Eine Kollision mit einem schwedischen Schiff konnte in der letzten Sekunde noch vermieden werden, und auch der Sturm legte sich. Am 18. August 1828, abends um 6 Uhr, küßte der von Freude übermannte «Ägypter» die ägyptische Erde.

Zuerst einmal galt es, aus einem Heer sich zu ihnen drängender, schreiender Eselstreiber die geeigneten auszusuchen und gute Dragomanen, die sie beaufsichtigen und betreuen sollten, zu finden. Aber schließlich war die «lange Karawane von Eseln und Gelehrten», wie Champollion sie scherzhaft nannte, zusammengestellt. Auf der Rückreise von Nubien gehörten auch noch eine gezähmte Gazelle und eine Kordofankatze dazu. Ein geistvolles Mitglied der Expedition schilderte die Dragomanen wie folgt:

«Der normale Dragomane als Gattung aufgefaßt wird etwa so definiert: Menschliches Geschöpf mit Taschen! Erstaunlicher mnemotechnischer Instinkt – Diebstahl als Ausgangspunkt seiner Idee über die Welt; beständige Beziehungen zu Leuten jeder Nation und jeder Gewissensart, durchtränkt mit allen Ränken und Gebräuchen. Großer Künstler im Rechnen, erhebt sich dieses Geschöpf nicht über die vier Grundregeln, doch ist mindestens für die Subtraktion entschieden Genie vorhanden. Das Seelenheil ist ihm durch ein silbernes Kruzifix zugesichert. Mit diesem Talisman ausgerüstet, kann er alles tun, ausgenommen das Gute, alles riskieren, ausgenommen das Leben, an dem er sehr hängt. Er ist im Orient ein notwendiger Luxus, nimmt es auf sich, einen zu bedienen und in der Umgegend in üblen Ruf zu bringen, indem er so viel wie möglich von dem in die Tasche steckt, was an Wertsachen und Geld für die Reichen, die uns bewirten, oder für die Armen, die uns bedienen, bestimmt ist! ... Dieser gute Apostel ist zugleich Küchen- und Kellermeister!»

Champollions Gesundheit besserte sich in den ersten Wochen in Ägypten in auffälliger Weise. Die große Hitze fand er herrlich und die Sitten und Gebräuche außerordentlich angenehm. «Die Araber halten mich überall für einen Eingeborenen. Binnen kurzem wird sich die Illusion der Sprache der des Gewandes beifügen lassen.» Die Gewandung beschrieb er als einen «umfangreichen Turban auf kahl rasiertem Haupte, gelbgestickte Tuchjacke über einer Weste von gestreifter Seide, Gürtelschärpe aus gleichem Stoff, weite Tuchbeinkleider, gelbe Schuhe oder rote Saffianpantoffeln und einen Türkensäbel an der Seite». In diesem Aufzug benahm sich die Expedition so würdig, und besonders Champollion schien nie eine andere Kleidung getragen zu haben und bewegte sich in ihr so natürlich, daß die Araber nicht in die Versuchung kamen, ihn und seine Gesellschaft zu behandeln wie kurz zuvor eine Gruppe englischer Reisender, die sie übel zugerichtet hatten, weil sie in gleicher Tracht sich so dumm gebärdeten, daß die Araber von ihnen dachten, sie machten sich über sie lustig. Bald waren Champollions Freigebigkeit und Leutseligkeit unter den Beduinen des Nils allgemein bekannt.

Der «Ägypter», wie die Expeditionsteilnehmer Champollion nannten, war begeistert, als er die Fellachen noch mit genau den gleichen Werkzeugen arbeiten sah, wie er sie in den Hieroglyphen übermittelt gefunden hatte. Er sah auch Ochsenkrippen, die aus Nilschlamm geformt waren, genau wie die Votivkrippen auf den Altären der heiligen Stiere. Und bald berichtete er frohen Herzens nach Hause: «Viele Sachen, die ich aufs Ungewisse hin argwöhnte, haben hier einen Körper und unleugbare Gewißheit angenommen.»

Zwischen der Chefrenpyramide und der großen Sphinx verbrachte er vier herrliche Mondscheinnächte im Freien. Solche draußen verlebten Nächte wurden bald seine Leidenschaft, schädigten aber ganz entschieden seine Gesundheit. Noch in den Todesstunden dachte er mit Entzücken an diese großartigen und ihm so viel offenbarenden Nächte unter dem ägyptischen Sternenhimmel.

Ein ungeheures Erlebnis war für Champollion Theben. Wie überall verfielen auch hier die Behörden seinem Zauber. Während er, ohne sich von ihnen stören zu lassen, etwa alle zehn Minuten die an ihn gerichteten Fragen seiner ägyptischen Gäste freundlich und scherzend beantwortete, gab er sich zugleich eifrig schreibend, kopierend und studierend alt-ägyptischen Texten hin, die er hier reichlich fand. Sein Dragomane mußte indessen die Ägypter mit Pfeifen und Kaffee bewirten und unter-halten. Champollion machte es sich zum Gesetz, nicht eher mit dem Kopieren der ägyptischen Originale aufzuhören, als bis er alles genau aufgezeichnet hatte. Nichts vollendete er hinterher aus dem Gedächtnis, denn er hatte während seiner Studien wieder und wieder erfahren müssen, daß den Kopisten viele Fehler gerade durch das Vervollstän-digen aus dem Gedächtnis unterlaufen waren.

Diese Gewissenhaftigkeit verführte Champollion, sich und seine Mit-arbeiter statt, wie sie ursprünglich vorhatten, nur für 14 Tage, für elf Wochen in einem Königsgrab «lebendig zu begraben», wie er es selbst nannte. Die Wände der drei ersten Säle dieses Grabes, wo sie nun für fast ein Vierteljahr Quartier nahmen, waren zwar gut fünf Meter hoch und ebenso wie die Decken mit Gemälden in leuchtenden Farben und Hieroglyphen bedeckt, aber hatten natürlich keine Fenster. Keine frische Luft konnte herein, nur vom fernen Tempeleingang war ein matter Lichtschimmer zu sehen. Je tiefer man mit der Arbeit in das Grab ein-drang, um so dunkler und einsamer wurde es. Im Totental draußen vor den Toren gab es kein lebendes Wesen außer Hyänen und Schakalen. Nicht einmal Gras wuchs hier. Gleich in der ersten Nacht wurde einer ihrer Esel von Hyänen aufgefressen. Im letzten der Säle, in dem sie schliefen, hatten vor der eigentlichen Grabkammer die Kordofankatze rechts und die Gazelle links ihr Lager. An den Wänden war die Welt dargestellt, die der Tote nach dem Tode durchwandern muß, das Toten-gericht, die Strafe oder Belohnung für seine irdischen Taten. Die Arbeit, die im Kopieren der Gemälde sowohl wie der Hieroglyphen bestand, wurde bei Kerzenlicht und in tiefem Schweigen vorgenommen. Jeder Laut hallte in den weiten Räumen in eigentümlicher Weise wider. Es war so, daß ein Teilnehmer berichtete: «Alles dies wirft tiefes Entsetzen in die Seele und hat mich tausend unbeschreibliche Eindrücke empfinden lassen.»

Champollions tiefschürfende religiöse Natur aber, seine Menschenliebe und sein heiteres, immer zu Scherz und Frohsinn aufgelegtes Naturell halfen ihm, wenn auch tief ergriffen, doch mit Gelassenheit all die gro-

ßen Eindrücke des vor ihm wiedererwachenden ägyptischen Altertums zu erleben. So genoß er unzählige humorvolle Szenen mit den Beduinen und Fellachen, von denen hier eine für viele stehen mag: Als er eines Abends bei seinem einsamen Nachtspaziergang sich am Fuß einer Palme niederließ, traten drei Derwische in weiten weißen Gewändern mit geflochtenem Haar und quer über die Schulter gelegten großen Stäben zu ihm, setzten sich lautlos rings um ihn her und verharrten in tiefem Schweigen, bis ihnen Champollion schließlich Dattelbranntwein anbot. Dann entwickelte sich ein lebhaftes Gespräch, in dem sie ihm erzählten, daß die Tempel dort 300 000 Jahre vor dem Islam von Engländern, Franzosen oder Russen erbaut worden seien. Diese Art «Geschichtsschreibung» belustigte den ehemaligen Grenobler Geschichtsprofessor außerordentlich. Ein anderes Mal beschreibt er die hungrigen Araber, die täglich ihr «Schloß», das Königsgrab, umlagerten und danach trachteten, «aufzuheben, was noch nicht hingefallen war».
Champollion, der schon als junger Mensch fand, daß das «scheinbar abgöttische Ägypten eine zumindest ebenso reine, übrigens im Prinzip der Dreieinigkeit wurzelnde Erkenntnis der Gottheit besaß, wie das Christentum selber» und der hier in Ägypten überall sein Hauptaugenmerk auf das religiöse Leben der Alten richtete, war bald überzeugt, daß ihre Religion durch die Jahrtausende ihrer Geschichte unverändert geblieben sei und auch die späteren Fremdherrschaften der Griechen und Römer nichts an ihr geändert hätten. Befriedigt stellte er immer wieder fest, daß sein «gelobtes Land» die Lehrmeisterin aller übrigen Völker gewesen sei. So schrieb er: «Die ägyptische Kunst verdankt nur sich selbst, was sie Großes, Reines und Schönes hervorgebracht hat . . . Das alte Ägypten lehrte Griechenland seine Kunst. Dieses gab ihr die erhebende Entwicklung; aber ohne Ägypten würde Griechenland wahrscheinlich niemals die klassische Stätte der schönen Künste geworden sein.»
Auf einer Widmung an Ramses II. fand er mit Genugtuung, daß die Frau eines nubischen Verwalters im Dienst des Königs hinter ihrem Gatten, aber vor den folgenden Beamten den Herrscher begrüßend dargestellt wird. Dazu bemerkte er: «Das beweist ebensogut wie tausend Tatsachen ähnlicher Art, wie wesentlich sich die ägyptische Kultur von der des übrigen Orients unterschied und sich der unseren näherte, denn man kann den Grad der Zivilisation der Völker an der mehr oder weni-

ger erträglichen Stellung der Frau in der sozialen Organisation abschätzen.»

Er arbeitete fieberhaft und ohne Rücksicht auf seine Gesundheit. Bald warfen ihn immer wieder schmerzhafte «Gicht»-Anfälle aufs Lager, aber von Schmerzen gequält kopierte und übersetzte er dennoch liegend weiter. Einmal fand ihn ein Expeditionsmitglied ohnmächtig in höchst bedenklichem Zustand inmitten seiner Papiere in einem der Königsgräber liegend. Die schlechte Luft in diesen Gräbern bei Tag und Nacht, die ungeheure Konzentration und Anstrengung des Kopierens bei ungenügender Beleuchtung und nicht selten in den schwierigsten Körperstellungen, oft ohne alle Bewegung in freier Luft, und daneben das aufreibende Konzipieren und Verarbeiten seiner Ideen waren eigentlich zu viel für ihn.

Er war ein ungewöhnlich begabter Gelehrter, aber auch ein ebenso ungewöhnlicher Praktiker, der stets gute Auswege wußte, was besonders in Ägypten ihm und seiner Expedition sehr zustatten kam. Er scheute auch nicht vor technischen Lösungen zurück. So hatte ihm Mehemed Ali für Paris einen von zwei großen Obelisken in Luxor geschenkt. Champollion aber wollte sie beide haben. Leider aber hatte der Pascha den anderen schon der englischen Regierung versprochen. Nun rechnete ein englischer Ingenieur aus, daß allein zu dem Transport des Obelisken von Alexandrien aus zum neuen Hafen der Bau einer Chaussee für 300 000 Franken nötig sei. Daraufhin verzichtete zu Champollions großer Freude die englische Regierung auf das teure Geschenk. Champollion schlug den Bau eines geeigneten Floßes vor, auf dem man den Obelisken von Luxor auf dem Nil mit Hilfe der Überschwemmung ans Meer und von dort zu Schiff nach Frankreich transportieren könne und so für den ganzen Transport von Luxor nach Paris nicht mehr als 300 000 Franken gebrauchen würde. Später hat er dann, als dieser Transport wirklich nach seinen Vorschlägen bewerkstelligt wurde, in bewunderswert praktischer Weise dazu nötige Einzelheiten angegeben.

Der Abschied von Ägypten wurde ihm sehr schwer. In den letzten Tagen des Jahres 1829 traf die Expedition wieder in Frankreich ein. Aber die Heimat lohnte ihnen ihre Mühe nicht. Weder Champollion noch seine Mitarbeiter erhielten auch nur die geringste Auszeichnung, man verlangte nicht einmal Auskunft über die Ergebnisse ihrer Reise, dankte Champollion auch nicht für die Altertümer, die er durch Grabungen erworben und dem Louvre überwiesen hatte. Auf den «Ägypter» warteten nun in den mitgebrachten Altertümern noch viele Rätsel und eine große Arbeit.

Das Ende

Im Frühjahr 1831 wies er zusammen mit seinem Freunde, dem damals berühmten Mathematiker Biot, mit Hilfe von dessen Berechnungen und des von ihm selbst erarbeiteten altägyptischen Zahlensystems vor der Académie Française nach, daß die ägyptischen Monatsbezeichnungen bis zum Jahre 3285 zurückgingen. Weil die Katholische Kirche auf Grund biblischer Daten ängstlich Wache darüber hielt, daß der Beginn der menschlichen Geschichte nicht vor das zweite Jahrtausend v. Chr. gelegt wurde und bisher jeder Gelehrte verfolgt und verfemt worden war, der dennoch gewagt hatte, die Richtigkeit dieser Annahme zu bezweifeln, war das Unternehmen der beiden Freunde ein gefährliches Wagnis. Aber sie hatten – und wie hätte das bei einem Champollion anders sein können – alles so unerschütterlich astronomisch und historisch unterbaut, daß die anwesenden Gelehrten, selbst der reservierte Sacy ihnen jubelnd zustimmten. Der Unterrichtsminister ernannte ihn nun zum Professor der Ägyptologie, für die in Paris ein Lehrstuhl eingerichtet wurde. Aber wegen der ihn nun immer mehr überwältigenden Krankheit mußte er schon in den ersten Dezembertagen 1831 eine Vorlesung wegen eintretender Atemnot und Ohnmachtsanfällen abbrechen. Es war das letzte Mal, daß er auf dem Katheder stand. Als ihn der entscheidende Schlaganfall traf, war er gerade an der Reinschrift einer Grammatik der ägyptischen Sprache, die er mit einem Satz aus dem ägyptischen Totenbuche geschlossen hatte. Bis in den März hinein wehrte er sich gegen den Tod, dem er verzweifelt entgegenrief: «Mein Gott ... nur noch zwei Jahre ... Warum denn nicht!»
Es ist bezeichnend für sein Schicksal, daß, während er mit dem Tod rang, der ihn zu früh seinen Forschungen und Ideen entreißen wollte, im Nebenzimmer ein Student, den er seit längerem zu seinem vertrauten Mitarbeiter gemacht hatte, seine Bibliothek durchsuchte und den größten Teil seiner noch nicht veröffentlichten Arbeiten stahl. Das meiste davon ist verlorengegangen.

Am 4. März 1832, um 2 Uhr morgens, ist Jean-François Champollion gestorben, noch nicht 42 Jahre alt, völlig erschöpft, von Ehrgeiz, Mißgunst und Habgier seiner Neider gehetzt und ihnen schließlich äußerlich erlegen. Es ist, rückblickend auf sein Leben, als hätten böse Gewalten sich verbündet und alles zu tun versucht, um zu verhindern, daß Champollion die Entzifferung der Hieroglyphen und die Bekanntgabe der tiefen Weistümer Ägyptens gelang. Ja, es scheint, als hätten sie schon vor seiner Geburt den Tod seiner Mutter herbeiführen wollen, um sein Wirken zu verhindern.

Wenn man ahnen will, was Champollion für die Menschheit bedeutete, dann muß man sich etwas in seinem Todesjahr umsehen. 18 Tage nach ihm starb Goethe, der in so vielen Gestalten seiner Dichtung ein Menschenbild aufzurichten versucht hatte, an dem das Ewige erstarken konnte.

Goethe starb. Aber in den gleichen Dezembertagen, als Champollion zusammenbrach, bestieg der einundzwanzigjährige Charles Darwin das Schiff zu seiner Weltumseglung und wurde im Todesjahr Champollions zu jenen Beobachtungen, Forschungen und Ideen angeregt, die ihn zu seiner Theorie von der natürlichen Zuchtwahl führten. Er forschte in der Vergangenheit und sah die Weiterentwicklung im «Kampf ums Dasein» mit seiner grauenhaften Auswirkung. Champollion forschte auch in der Vergangenheit, er ging Jahrtausende zurück, aber nichts brachte er der gegenwärtigen Menschheit, das Anlaß geben könnte, wie Darwin den Menschen zum höchsten der Tiere zu machen. Die Schätze, zu denen er der Menschheit einen Schlüssel gereicht, sprechen vom Ursprung dessen, was den Menschen erst zum Menschen macht und was den tierverwandten Leib nur zu seinem Werkzeug braucht, was schon vor Jahrtausenden Gedanken und Werke schuf, vor denen der Mensch noch heute tief ergriffen steht, und was ihn einzig und allein weiterentwickeln kann. Das ist das Licht, das der weise «Zauberer» seiner Heimatstadt seinem Kommen voranleuchten sah.

Sonja Kowalewska

1850 – 1891

«Liebe Anna Charlotte! Heute morgen erwachte ich mit dem besten
Vorsatz, mich zu amüsieren. Plötzlich fand sich mein Großvater mütter-
licherseits, der deutsche Pedant – d. h. der Astronom – bei mir ein; er
holte alle die gelehrten Abhandlungen hervor, die ich in den Osterferien
hatte studieren wollen, und machte mir die ernsthaftesten Vorwürfe, daß
ich meine Zeit auf so unwürdige Weise vergeuden wolle. Seine strengen
Worte schlugen meine arme Großmutter, die Zigeunerin, in die Flucht.
Jetzt sitze ich in Morgenrock und Pantoffeln am Schreibtisch, tief ver-
sunken in mathematische Grübeleien und verspüre nicht die geringste
Lust, an Eurem Ausflug teilzunehmen. Ihr seid so viele, daß Ihr Euch
wohl ohne mich amüsieren könntet. Deswegen hoffe ich, daß Ihr mir
diesen rücksichtslosen Abfall verzeihen werdet.

Deine treue Sonja»

Dieser Brief des ersten weiblichen Universitätsprofessors, der russischen
Mathematikerin Sonja Kowalewska, gibt ihr kapriziöses, geistvolles und
einfallsreiches Wesen wie in einer Sammellinse wieder. Als sie ihn
schrieb, weil plötzlich die Schaffenslust, der Schaffens*zwang*, wie sie
selbst häufig empfand, über sie gekommen war – hier maskiert als der
längst verstorbene deutsche Großvater –, war sie bereits wohlbestallter
Mathematikprofessor an der Universität Stockholm, in der ganzen europäischen und amerikanischen Welt berühmt als die Frau, die auch die
höchste Hürde, die sich zwischen die Frauen und die Wissenschaft stellen
konnte, siegreich genommen und allen Frauen den Weg zur Universität
geöffnet hatte. Denn wer konnte noch länger mit reinem Gewissen und
wohlbegründet den Frauen den Zugang zur Universität verwehren,

163

wenn eine von ihnen sogar Professor einer Universität und noch dazu auf dem angeblich unweiblichsten, männlichsten Gebiet, der Mathematik, war! Und diese Professorin schlug gleichzeitig mit der reizendsten weiblichen Anmut auch die anderen männlichen Argumente gegen das Frauenstudium, daß die studierende Frau all ihren weiblichen Charme, ihre echt weiblichen Eigenschaften verlieren und ein Mannweib werden müsse, lachend aus dem Felde. Sie war so launenhaft, so schutz- und anlehnungsbedürftig, so unberechenbar und bezaubernd, wie nur irgendein Mann sich eine «richtige» Frau träumen konnte, und dennoch gelang es ihr drei Jahre vor ihrem frühen Tode, den Prix Bordin der Französischen Akademie der Wissenschaften, der für jeden männlichen Mathematiker die höchstmögliche Auszeichnung war, aber nur sehr selten verliehen wurde, durch ihre glänzende Arbeit «Über die Rotation eines festen Körpers um einen festen Punkt» zu erwerben. Sie war in der Tat wie vom Himmel geschickt, um den Frauen, nun es «an der Zeit war», den Weg zur Gleichberechtigung zu öffnen.

Echt russisch ist das Bild, das im späteren Leben der Mathematikerin immer als erstes kommt, wenn sie an ihre Kindheit denken will: Sie hört Glockengeläut, atmet Weihrauch und sieht um sich die gläubige Volksmenge aus der Kirche gehen, während die «Nanja», ihre Kinderfrau, die Leute bittet: «Stoßt das Kindchen nicht!» Zur Nanja tritt ein Mann in langem Rock, reicht ihr das Abendmahl und sagt: «Wohl bekomm's, meine Gnädige!» Da sie selbst die Frage, wie sie heiße, noch nicht beantworten kann, belehrt die Nanja sie darüber, und sie hüpft und tanzt den ganzen Weg heim, indem sie jubelnd wiederholt: «Ich heiße Sonjitschka, und mein Papachen ist der General Krukowski!» Zwar weiß sie noch nicht, was ein General ist, und auch nicht, daß ihres Vaters Familie, die Korwin-Krukowski, einen König unter ihre Vorfahren rechnen. Sie weiß auch nicht, daß es mit dem Beruf ihres Vaters zusammenhängt, daß sie nicht lange in Moskau blieben, wo sie am 15. Februar 1850 geboren wurde, sondern während ihrer ersten sieben Lebensjahre kreuz und quer durch das europäische Rußland ziehen mußten.

In ihrem siebten Jahr übernahm der Vater das Familiengut Palibino im Gouvernement Witebsk, hart an der Grenze nach Litauen. Die vom Zaren betriebene, vom Adel befürchtete Bauernbefreiung, die sich immer mehr am politischen Horizont abzeichnete, veranlaßte den Vater, seinen Beruf aufzugeben und sich ganz der Verwaltung des Gutes zu widmen. So wurde für die nächsten sieben Jahre die weltabgeschiedene Einsamkeit eines russischen Landgutes in der gärenden Zeit des ausgehenden Zarentums die Umgebung, in der sich die Gefühlswelt des jungen Menschen entwickelte. Um von Palibino nach Petersburg zu kommen, fuhren die Krukowskis in einem großen Wagen, der mit sechs eigenen Pferden bespannt war, 90 km, darauf 300 km mit Postpferden und dann noch 24 Stunden mit der Eisenbahn!

Eng war Sonja gerade mit dem einfachen russischen Volk verbunden, wenn auch die Erlebnisse mit der bisher ungewohnten, nun immer mehr durchbrechenden Aufsässigkeit der unterdrückten Leibeigenen die Aristokratin in ihr weckten. Hatte sie doch keinen Menschen, von dem sie mehr geliebt wurde als von ihrer Nanja, der einfachen Landarbeitersfrau, die wie Sonjas sechs Jahre ältere Schwester Anjuta und ihr drei Jahre jüngerer Bruder Fedja mit ihr im gleichen Zimmer schlief und als einzigen Unterschied zwischen Tag und Nacht abends das Kleid ablegte und ihr Kopftuch gegen ein anderes vertauschte, ehe sie in den Berg der hohen Federkissen ihres Bettes kletterte. Am Ofen des gleichen Zimmers aber schlief, zusammengerollt auf ein Stück grauen Filzes, den sie abends auf den Fußboden breitete, die sechzehnjährige Fekluscha, von der die Nanja bedient wurde. Und das Kind erlebte eines Tages tief erschrocken, wie Fekluscha, als Leibeigene völlig rechtlos, durchgepeitscht wurde, weil ihr niemand glaubte, daß sie die in letzter Zeit immer häufiger und reichlicher gestohlenen Dinge nicht genommen habe. Später stellte sich dann zwar heraus, daß Fekluscha doch unschuldig war, man konnte aber der eigentlichen Diebin nicht viel anhaben, da diese nicht leibeigen, sondern eine Freigelassene war. Ein Heer von Dienstboten bevölkerte außer der herrschaftlichen Familie das Schloß, denn wie in Rußland üblich, hatte jeder der wichtigeren Bediensteten auch wieder einen, der ihn selbst bediente. Solchen großen sozialen Ungerechtigkeiten von Kindheit an gegenübergestellt, war es ihr nicht möglich, sich später ernsthaft für eine Besserung der Verhältnisse einzusetzen.

Morgens brachte die Nanja den Kindern das Frühstück ans Bett, fuhr hernach jedem mit einem feuchten Handtuch übers Gesicht und die Hände, ging ein- bis zweimal mit einem Kamm durch ihre zerwühlten Haare, zog ihnen die Stiefelchen und Kleidchen an, an denen oft genug einige Knöpfe fehlten, und erklärte die Morgentoilette für beendigt. Es war ein unbeschreiblicher Geruch von Weihrauch, Leinöl, Balsam und

Talgkerzen im Kinderzimmer. Jeden Morgen, wenn die französische Gouvernante kam, um die Kinder zum Unterricht zu holen, führte sie sofort das Taschentuch verzweifelt an die Nase und rief in gebrochenem Russisch flehentlich: «Aber öffnen Sie doch das kleine Fensterchen, Nanja!», worauf jeden Morgen in reinem Russisch empört geantwortet wurde: «Da sieh mal, was die Ungläubige ausgeheckt hat! Ich werde gewiß das Fensterchen öffnen, damit sich die herrschaftlichen Kinderchen verkühlen!» Die schöne, junge Mutter der «Kinderchen», die Tochter des deutsch-russischen Astronomen von Schubert und seiner Frau, der «Zigeunerin», kam sehr selten und immer nur ganz kurz ins Kinderzimmer, und oft erzählte die Nanja unbekümmert um die Gegenwart des kleinen Mädchens, daß die Mama Sonja nicht liebe. Das machte sie scheu und verschlossen.

Die Französin wurde nach einigen Jahren von einer typischen englischen Miß abgelöst, unter deren englischer Steifheit und Unerbittlichkeit Sonja um so mehr zu leiden hatte, als die ältere Anjuta so resolut und unüberwindlich sich gegen den fremden Geist empörte, daß sie schließlich zur weiteren Ausbildung während der Winterzeit nach Petersburg geschickt wurde. Fedja aber bekam einen eigenen Hofmeister. Die Miß, die absolut kein Verständnis für Kinder gehabt zu haben scheint und ihr pädagogisches Ideal darin sah, aus den wild aufgewachsenen, Weite gewöhnten russischen Mädchen «echte englische Ladies» zu machen, gab Sonja, mit einer Unterbrechung von zwei Stunden nach dem Essen, täglich bis zum Abendbrot Unterricht. Körperliche Strafen wandte sie nicht an, auch nicht, wenn sie, durch ihr Leberleiden gequält, am Morgen böser Laune war, was oft genug vorkam. Aber sie hatte Strafen, die für Sonja weit schlimmer waren. Das schöne Verhältnis, das zwischen Sonjas Eltern bestanden hatte, änderte sich nämlich in einigen Jahren zu einem kühlen, konventionellen Nebeneinander-Leben. In dem großen Schloßgebäude bewohnten jetzt die Mutter und Anjuta den ersten Stock, im Erdgeschoß lebte Sonja mit der Miß, in einem Flügel des Schlosses wohnte Fedja mit seinem Hofmeister, und im unteren Stockwerk des Schloßturmes hauste der Vater einsam zwischen seinen Büchern. Nur beim Mittagsmahl und zum Tee traf sich die Familie. Da pflegte nun die Miß, wenn Sonja ihren Unmut irgendwie erregt hatte, ihr ein Plakat auf den Rücken zu heften, auf dem mit großen Buchstaben ihre Verfehlung stand, und sie so ins Eßzimmer zu schicken; so mußten ihre Schande nicht nur jedes Familienmitglied, sondern auch die Mädchen auf den Gängen und Treppen des Schlosses und der servierende Diener lesen.

Der Vater war, wenn seine Kinder krank waren, gegen sie von ungewöhnlicher Zartheit und Weichheit; aber waren sie gesund, so lebte er nach dem Grundsatz: «Der Mann muß immer streng sein.» In sein Arbeitszimmer, wo er den größten Teil seiner Zeit verbrachte, wagten die Kinder sich nur auf eine Aufforderung hin, und auch die Mutter betrat es nur nach vorherigem Anklopfen. Die Miß aber schickte Sonja, wenn irgend etwas an ihr ihre Reizbarkeit erregt hatte, mit dem Befehl in dies Heiligtum: «Geh zum Vater, gesteh ihm, wie du dich aufgeführt hast!», eine Strafe, die für Sonja, zumal der Vater ihr Abgott war, eine wahre Höllenpein war. Aber die Miß war unerbittlich und ließ sich durch kein Flehen erweichen. Diese Strafe wurde noch unerträglicher, weil im Vorzimmer der gelangweilte Kammerdiener des Vaters sich mit einem zynischen «Wie es scheint, haben Fräulein wieder etwas begangen!» ein besonderes Vergnügen bereitete. So wurde die Miß, besonders da Sonja der Engländerin gegenüber ganz allein stand und ihr völlig ausgeliefert war, zum Schrecken ihrer Kindheit.

Sie fühlte sich in all diesen Jahren grenzenlos einsam und verlassen, hatte keine Spielkameraden und auch ihre Nanja verloren. So grub sich ein Bild aus dieser Zeit mit schmerzlicher Deutlichkeit in ihr Herz: Abends pflegte die Mutter, die sehr musikalisch war, stundenlang auf dem Flügel im Salon über Sonjas Zimmer auswendig zu spielen oder zu improvisieren. An einem solchen Abend wurde Sonja von der Sehnsucht nach Liebe und Wärme so überwältigt, daß sie ihre Scheu überwand und zur Mutter in den Salon eilte. Aber als sie in die Tür trat, blieb sie wie gebannt stehen. Ihr gegenüber auf dem Sofa des Salons saß die Mutter, hielt in dem einen Arm Anjuta, in dem anderen Fedja. Sie lachten und scherzten und schienen mit keinem leisen Gedanken an die einsame Sonja zu denken, die sie nach einer ganzen Weile noch immer nicht bemerkten. Still und bitter zog sie sich wieder in ihr Schulzimmer zurück; sie war überflüssig und unerwünscht.

Aber einen Trost gab es auch in dieser Zeit für Sonja: Als die Familie nach Palibino gezogen war, wurden alle Zimmer des weitläufigen Schlosses tapeziert. Als man nur noch das Kinderzimmer mit neuen Tapeten zu versehen hatte, waren alle mitgebrachten Tapeten verbraucht. Wegen der großen Entfernung zur nächsten Stadt lohnte es dem Vater

nicht, neue Tapeten von dort für das Kinderzimmer zu besorgen; er gab einen umfangreichen mathematischen Wälzer, den er in seiner Ausbildungszeit zum Artillerie-Offizier gebraucht hatte, aus der Bibliothek und befahl, mit seinen Seiten das Kinderzimmer zu tapezieren, bis sich Gelegenheit fände, die fehlenden Rollen Tapete zu holen. Diese Gelegenheit «fand» sich nie, und es war eine liebe und trostreiche Beschäftigung für Sonja, vor den geheimnisvollen mathematischen Zeichen zu stehen, diesen regelmäßigen Zeichnungen, und die seltsamen Texte zu lesen, von denen sie nichts verstand. So «studierte» sie vor allem die Seiten über Differential- und Integralrechnungen. Sie versuchte oft stundenlang, sich aus ihnen ein Bild zu machen, die Ordnung herauszufinden, in denen sich die Seiten hätten eigentlich folgen müssen, und wenigstens einige Sätze zu verstehen. Aber alles blieb dunkel und geheimnisvoll. Als sie jedoch mit 14 bis 15 Jahren in Petersburg anfing, Mathematik zu lernen, stellte sie fest, daß sich viele der Formeln und auch vieles vom Text unbewußt ihrem Gedächtnis so eingeprägt hatte, daß sie es wie innerlich ablesen konnte, so daß auch der Professor sich wunderte, wie schnell und sicher die Differentialrechnung von ihr erfaßt wurde; wie er bewundernd erzählte: «Gerade, als habe sie sie vorausgewußt.» Später wird das Hauptthema ihrer Doktorarbeit «Zur Theorie der partiellen Differentialgleichungen» heißen. Im übrigen begegnete sie in ihrem Elternhaus nirgends der Mathematik. Nur als anstelle der «Nanja» der älteste Bruder ihres Vaters, wenn er zu Besuch war, ihr Vertrauter wurde, erzählte er ihr manchmal auch von seiner geliebten Mathematik, fügte aber sogleich bedauernd hinzu, daß er allerdings nicht viel von ihr wisse.
In der großen Bibliothek des Hauses, in die Sonja sich immer wieder stahl, sobald es ihr glückte, der Miß zu entwischen, lernte sie die Literatur schätzen und bald glühend zu lieben. Schon sehr früh versuchte sie sich in eigenen literarischen Schöpfungen, besonders in Gedichten. Die ihr liebsten ihrer «Werke» waren die Gedichte: «Wie der Beduine mit seinem Pferde spricht» und «Die Empfindungen des Tauchers beim Perlensuchen». Im späteren Leben hat sie immer wieder geschwankt, ob sie ihre Kräfte mehr der Mathematik oder doch lieber der Literatur widmen sollte. So wurde sie auch eine glänzende, bekannte Schriftstellerin. Ihr einziger Roman wurde in viele Sprachen übersetzt und viel gelesen.
Anjuta, der Stolz der Eltern und verwöhnte Liebling der Mutter, hatte

kein anderes Lebensziel kennengelernt – wie alle Töchter der gehobenen Stände –, als die Königin aller Feste, deren begehrter Mittelpunkt zu sein und einmal eine günstige Ehe zu schließen. Im Überschwang ihrer jungen, völlig ungenützten Kräfte und unter dem Druck grenzenloser Langeweile auf dem einsamen Gute betätigte sie sich ohne Wissen ihrer Eltern als Schriftstellerin. Durch sie lernte die dreizehnjährige Sonja Dostojewski kennen. Er wurde ihre erste große, heiße Liebe, und es tat dieser sehnsüchtigen Liebe auch keinen Abbruch, daß Sonja bald herausfand, daß auch Dostojewski, wie sie es gewohnt war, seine Liebe Anjuta schenkte und Sonja kaum beachtete. Dieser ihrer ersten, so sehr verehrenden Liebe ist Sonja bis an ihr Ende treu geblieben.

Anjuta, der selbst ein Dostojewski nicht gut genug war, schloß sich, abermals hinter dem Rücken ihrer Eltern, den revolutionären Jugendgruppen des Petersburger Adels an und erstrebte ein Universitätsstudium. Durch sie wurde Sonja mit den mancherlei politischen und sozialen Problemen dieser Jugend, mit den neuen naturwissenschaftlichen und philosophischen Ideen und der ganzen ihr so fremden Problematik ihrer Zeit bekannt. Heimlich regte sich auch in ihr der Wunsch nach einem Studium. Das war aber im Rußland der zweiten Hälfte des 19. Jahrhunderts eine Unmöglichkeit, zumal wenn man dem russischen Adel angehörte. Die Frauen hatten zur Universität keinen Zugang, und viele gingen zum Studium ins Ausland, um dann allerdings in ihrer Heimat als verlorene Töchter, angeblich allen «Lastern» verfallen, angesehen zu werden oder sich mit dem fast noch schlimmeren Schicksal abfinden zu müssen, eine «Nihilistin» zu heißen. Sonja, von Anjuta befeuert, glühte bald selbst für alles, was die Emanzipation der Frauen betraf. Aber die russische Jugend hatte einen Ausweg gefunden: Die studienfreudigen Mädchen gingen mit einem Mann, meist einem Studenten, der ins Ausland ging, eine Scheinehe ein – mit oder auch wohl ohne Erlaubnis ihrer Eltern. Dann war scheinbar alles in Ordnung.

Anjuta war von ihrem Vater fast verprügelt worden, als er durch einen üblen Zufall erfuhr, daß sie sich nicht gescheut habe, eine der «würdelosen» Schriftstellerinnen zu werden und von einem Manne (dem Redakteur Dostojewski!) für ihre Arbeit Geld anzunehmen. So beschloß sie, um zu studieren, den Weg einer solchen Scheinehe einzugehen. Ein junger Universitätsprofessor, dem sie einen solchen Vorschlag gemacht hatte, lehnte verständnisvoll, aber doch entschieden ab. Danach ging sie mit einer Freundin und Sonja – als unwesentlicher Begleitung –, um ihn um die Ehe zu bitten, zu einem hochbegabten, dem niederen Adel angehörenden Studenten der Naturwissenschaften, von dem sie erfahren hatte, daß er in Heidelberg seine Studien fortsetzen wollte. Der junge Mann, der während ihrer Rede unnützerweise kein Auge von Sonja ließ, war gar nicht abgeneigt, bemerkte aber zu aller drei grenzenlosem Erstaunen, daß, wenn er schon heiraten solle und würde, er es nur täte, wenn Fräulein Sonja dazu bereit wäre, ihn zu heiraten. Sonja griff das Anerbieten des unbekannten Studenten sofort auf, ganz der Meinung, es handle sich auch bei ihm nur um den Plan einer Scheinehe. Als aber dann der Student ganz offiziell bei dem Vater um die Hand der jüngeren seiner beiden Töchter anhielt, lehnte dieser mit der Begründung ab, daß es nicht üblich und ihm nicht möglich sei, die jüngere Tochter vor der älteren zu verheiraten, bemerkte seinen Töchtern gegenüber auch noch, daß die Familie des jungen Herrn der ihren keinesfalls ebenbürtig sei. Dem Wort des Vaters galt es zu gehorchen, die beiden Korwin-Krukowski-Mädchen kannten das gar nicht anders. Aber wie war der Vater erstaunt und erbost, als man bei einem Diner, das er bald danach in seinem Hause gab, die achtzehnjährige Sonja vermißte und er erfuhr, sie sei bei jenem Studenten! Er ließ sofort anspannen und erschien zornbebend vor seiner sonst immer so schüchternen und gefügigen Tochter. Zum erstenmal zeigte Sonja, wie später wieder und wieder, daß, wenn sie ein Ziel vor sich sah und ihm zustrebte, es keine Gewalt auf Erden gab, die sie davon abbringen konnte. Fest und ruhig erklärte sie jetzt dem Vater, sie werde ihren Entschluß, den Studenten zu heiraten, niemals ändern und freiwillig nur dann mit dem Vater nach Hause zurückkehren, wenn es in Begleitung des jungen Mannes geschehen dürfe und ihre Verlobung mit ihm noch heute abend an der Tafel bekanntgegeben werde. So geschah es denn auch und bald darauf fand die Hochzeit in Palibino statt, und Wladimir und Sonja Kowalewski fuhren im Frühjahr 1869 mit dem Segen ihrer Eltern nach Heidelberg, wo sie bei Helmholtz Mathematik studieren wollte.

Die zierliche kleine Frau mit der brünetten Haut, dem reichen dunklen Lockenhaar erregte in Heidelberg bald eine gewisse Aufmerksamkeit. Vor allem aber taten es den Heidelbergern, nicht nur den Studenten und Professoren, ihre bräunlich-grünlich schimmernden, ungewöhnlich ausdrucksvollen Augen an, die einen außerordentlichen Glanz hatten. Einmal kam sie freudig erregt in ihre Wohnung, die sie für sich, ihren Mann und eine Freundin, die als ihre «Reisebegleiterin» hatte mitkommen können, gemietet hatte. Strahlend erzählte sie, daß auf der Straße eine Mutter hinter ihr, aber so, daß sie es deutlich hören konnte, ihrem kleinen Kinde gesagt habe: «Sieh! Sieh! Das ist das Mädchen, das so fleißig in die Schule geht!»

Sonja stürzte sich sofort derart in die Arbeit, alles um sich her vergessend, daß nur die treue Fürsorge ihres Mannes, in dem sie neben seiner bewunderten wissenschaftlichen Begabung nur einen treuergebenen Freund und Diener sah, und die ihrer Freundin sie am Leben hielten. Essen, Trinken, Kleidung, Wohnung, die Meinung der anderen Menschen über sie, alles war ihr gleichgültig. Jede äußere Ordnung und Regel existierte und galt für sie nicht. Von klein auf gewohnt, von unzähligen Bediensteten umhegt zu werden, war sie nicht einmal imstande, zu Bett zu gehen, wenn ihr nicht irgend jemand das Bett zurechtmachte. Ihr ungeheurer Fleiß, vor allem aber ihre einzigartige mathematische Begabung machten schnell die Professoren auf sie aufmerksam.

Aber es war doch nicht ihr akademischer Ruf, durch den sie den eingefleischten Junggesellen und Frauenfeind Bunsen besiegte. Sondern ihr ganzer unbewußter, unwiderstehlicher Charme und vor allen Dingen ihre bezaubernden Augen, von denen es hieß, niemand habe sich, wenn Sonja es so wollte, ihrem Zauber entziehen können, zwangen den großen Physiker, sich ihrem Willen zu beugen. Und das kam so: Sonjas Freundin wollte gern bei Bunsen studieren, aber er hatte nur barsch geantwortet, was er geschworen habe, hielte er, keine Frau dürfe sein Labor betreten, «schon gar nicht eine Russin!». Als Sonja von dieser Abweisung hörte, machte sie sich sofort auf und besuchte Bunsen, der sie bis dahin nicht kannte. Aber nach diesem Besuch durfte die Freundin bei Bunsen arbeiten, wenn auch später der Professor Sonjas berühmten Berliner Lehrer Weierstraß dringend vor ihr warnte, da sie «ein gefährliches Frauenzimmer» sei, und in grollender Wut hinzufügte: «Und wegen dieses Frauenzimmers mußte ich meine eigenen Worte zurücknehmen!»

Schon nach einem Jahr erklärten sich die Heidelberger Professoren außerstande, Sonja noch weiter fördern zu können, und rieten ihr, nach Berlin zu Professor Weierstraß, dem «berühmtesten Mathematiklehrer Europas», zu gehen. Das sei die einzige Möglichkeit, wo sie noch weiterkommen könnte.

Sonja war, als sie zu Weierstraß kam, im 21. Jahr. Wladimir Kowalewski ging nicht mit nach Berlin, sondern vollendete sein Studium an anderen deutschen Universitäten. Doch die treue Freundin zog mit Sonja, wenn sie auch stöhnte, daß Sonja in ihrem ungemein großen Zärtlichkeits- und Anlehnungsbedürfnis, in ihrer übergroßen Forderung nach menschlichem Nahesein und Besitzenwollen, das Zusammenleben mit ihr dem von ihr geliebten Wesen schier unerträglich mache. Sonja war eine starke Persönlichkeit, eine unruhige Natur und hochbegabt, hatte aber nie gelernt, auf die Individualität des anderen genügend Rücksicht zu nehmen.

Als sie dem weit berühmten Professor ihren ersten Besuch machte, um ihn zu bitten, sie unter seine Schüler aufzunehmen, kaufte sie sich einen riesigen Hut, um hinter seinem Schutz sich und ihre sie fast erdrückende Schüchternheit zu verbergen, einen Hut, «wie der Hut einer alten Jungfer», erzählte Weierstraß später. So war ihr Eindruck auf ihn äußerst ungünstig, und er gab ihr kurzangebunden ein paar ganz schwere Aufgaben, wie er sie seinen fortgeschrittenen Schülern zu geben pflegte, mit der Weisung, ihm in acht Tagen die Lösungen vorzulegen. Damit hoffte er sie ein für allemal losgeworden zu sein. Als sie aber eine Woche später mit den richtigen Lösungen zu ihm kam, wurde er außerordentlich zornig und zynisch, da er annahm, irgendein Mathematiker habe dem jungen, hübschen Ding, als das sie sich nun ohne Hut entpuppte, die Lösungen hilfsbereit geliefert. Aber sein Erstaunen wuchs zur Begeisterung und Bewunderung, als ihm Sonja mit ruhiger Stimme und völlig sicher nicht nur den Gang der Lösungen erklärte, sondern zugleich auch andere, ihr aber nicht so günstig erscheinende Möglichkeiten aufzeigte. Der erfahrene Pädagoge, zu dem ihn sein Schicksal erzogen hatte, das ihn gezwungen, sieben Jahre als Gymnasiallehrer zu fronen, erkannte sofort in Sonja das Genie. Aber trotz seines eifrigen Einsatzes weigerte sich die Berliner Universität unerbittlich, Frauen, selbst wenn sie ein Genie seien, den Zugang zu ihren Hallen zu öffnen. So bat Weierstraß Sonja jeden Sonntagnachmittag zu einem mehrstündigen Privatunterricht zu sich und ging wöchentlich einmal zu gleichem Zweck zu ihr. Er wurde für Sonja ein treuer, sie immer fördernder und fürsorglicher Freund bis zu ihrem frühen Tode. Sie war bald bei ihm und den Seinen verwöhntes Kind des Hauses.

Mit 24 Jahren machte sie mit drei Dissertationen mit einem «summa cum laude», im übrigen aber «in absentia» ihren mathematischen Doktor an der Universität Göttingen.

Aber auch in Berlin hatte Sonja ohne alle Rücksicht auf ihren Körper, ohne irgendein anderes Interesse aufs angestrengteste gearbeitet. Die Arbeitswut kam über sie wie ein Rausch. Stunden um Stunden arbeitete sie ohne die geringste Unterbrechung. Wenn sie dann abends die Papiere zusammenlegen mußte, konnte sie noch nicht ruhen, sondern lief noch lange, ganz gefangen in ihren «mathematischen Grübeleien» im Zimmer auf und ab, sprach laut mit sich selbst, hüpfte und lachte, der Wirklichkeit noch lange völlig entrückt. Jedoch als sie dann ihren Doktor gemacht, ihrem Ehrgeiz genügt hatte, war sie völlig erschöpft, fuhr nach Petersburg zu ihrem Gatten und – entdeckte das Glück des Hausfrauseins.

Sie sammelte in ihrem Hause Schriftsteller, Journalisten und Künstler aller Art um sich und schriftstellerte selber viel. Nur die Mathematik schien nicht mehr für sie zu existieren, und Weierstraß' liebevolle, aber immer mit mathematischen Fragen und Problemen gefüllten Briefe und Bitten um Antwort ließ sie jahrelang unbeachtet. Als der Mathematiker Mittag-Leffler von der Universität Stockholm sie auf den Rat von Weierstraß an seine Universität berief, weigerte sich ihr Gatte, sich wieder von ihr zu trennen, und riet ihr von der Annahme des Rufes ab. Ohne das geringste Zögern folgte Sonja seinem Rat und lehnte ab. Sie stürzte sich in einen Taumel der Geselligkeit und Lebenslust. 1878 wurde ihr einziges Kind, eine Tochter, geboren. Die junge Mutter war auf dem Höhepunkt menschlichen Glücks: zufrieden mit ihren Verhältnissen, von ihrem Gatten innig geliebt und restlos bewunderter Mittelpunkt der Petersburger Gesellschaft.

Doch da griff das Schicksal ein: Ihr Vater hatte bei seinem Tode ihre Mutter zur Universalerbin seines Vermögens gemacht. Für das teure Leben aber, das Sonja jetzt liebte, reichten das Professorengehalt ihres Mannes und sein Vermögen nicht aus. Er litt darunter, ihr nicht bieten zu können, was er als ihr zukommend empfand. So überredete sie ihn leicht, sich in den damals auch in Rußland günstig scheinenden Industriespekulationen der «Gründerjahre» zu versuchen. Obwohl Kowalewski in wirtschaftlichen Dingen kaum mehr bewandert war als Sonja, hatte er Glück, und die Kowalewskis rechneten bald zu den wohlhabendsten Petersburgern, ihre Tochter galt als eine der reichsten Erbinnen. Das Ehepaar stellte große Summen für soziale Einrichtungen zur Verfügung.

Doch in der Nacht vor der Einweihung eines von ihnen gestifteten Waisenhauses hatte Sonja einen ihrer Wahrträume, in dem sie die Einweihung sah, wie sie später tatsächlich stattfand, und aus dem Boden sich erhebend ein Ungeheuer, das einen furchtbaren Kampf mit ihrem Gatten begann, dem dieser schließlich erlag.

Die Spekulationen, die ihr Mann bald darauf mit einem Spekulanten, der Sonja äußerst unsympathisch war, zusammen betrieb, waren bald nicht mehr erfolgreich. Kowalewski, ein jetzt hochangesehener Wissenschaftler von europäischem Ruf, war für viele kleinere Besitzende wie ein Garant für die Sicherheit ihrer Geldanlagen. Er wußte das, und als seine Spekulationen immer unglücklicher verliefen, sein ganzes Vermögen verlorenging, drückten ihn nicht nur Sonjas jetzige Armut, sondern auch seine Verantwortung für all die kleinen Spekulanten, die sich nach ihm richteten, ohne zu ahnen, daß er keine wirtschaftliche Erfahrung besaß. Sonja, die bei dem ersten Fehlschlag alle ihre Verbindungen hatte spielen lassen und mit größter Selbstverleugnung und Aufopferung die demütigendsten Wege gegangen war und so die entstandenen Verpflichtungen wirklich hatte decken können, konnte auf die Dauer nicht gegen die Gerissenheit des mit Kowalewski arbeitenden Spekulanten ankommen, aber auch ihren Mann nicht aus dessen Umklammerung lösen. Kowalewski hoffte von jedem neuen Unternehmen die Erlösung aus der immer unerträglicher werdenden Lage.

So entschloß sich Sonja 1880, nach Berlin zu gehen und ihr Heil wieder in der Mathematik zu suchen. Um gewisse mathematische Probleme lösen zu können, reiste sie von dort nach Paris, und hier ereilte sie 1883 die Nachricht vom Freitod ihres Gatten. Sie war zutiefst erschüttert. Vier Tage lang schloß sie sich ein und verweigerte jede Nahrung, dann fiel sie in eine tiefe Ohnmacht, aus der sie erst am sechsten Tage erwachte, sich Papier geben ließ und, noch halb abwesend, Seite um Seite mit mathematischen Formeln beschrieb.

Jetzt nahm sie den erneuten Ruf Mittag-Lefflers an die Stockholmer Universität an und siedelte im November, dreiunddreißigjährig, nach Schweden über. Zuerst durfte sie nur außerhalb der Universität regelmäßig Vorlesungen über Mathematik halten, und zwar auch nur für Frauen. Diese waren aber bald so begeistert, daß sie ihre Söhne und wohl auch den einen oder anderen der Ehemänner veranlaßten, die interessante Dozentin sich wenigstens einmal anzuhören. So gelang es

denn auch Mittag-Leffler, den unbegründeten Widerstand gegen einen weiblichen Mathematikprofessor so weit zu überwinden, daß Sonja im Frühjahr 1884 in das Stockholmer Professorenkollegium aufgenommen wurde. Zwar empörte sich Strindberg in einem Artikel, wie «scheußlich, unnütz und unangenehm eine solche Monstrosität von einem weiblichen Professor» sei, doch Sonja bemerkte dazu gelassen, daß er ja eigentlich recht habe, «das einzige, wogegen ich protestiere, ist, daß es in Schweden eine so große Anzahl männlicher Mathematiker geben soll, die mir überlegen sind, und daß man mich nur aus Galanterie berufen habe». Sie konnte außerordentlich sarkastisch sein, aber sie war es gegenüber ihr geistig nicht Ebenbürtigen nur, wenn sie ihr durch und durch unsympathisch waren. Bei ihr geistig Ebenbürtigen dagegen ließ sie ihre Fähigkeit zum Sarkasmus gern spielen.
Von ihren persönlichen Sympathien und Antipathien, die sehr stark waren, war sie überhaupt ungemein abhängig. Sie galt in Schweden für äußerst schlicht und «so einfach und anspruchslos wie ein kleines Schulmädchen». Auf ihr Äußeres legte sie auch als Professorin nicht viel Wert. Mittag-Lefflers Schwester erzählt, daß sie auf einem Gang zu einem Vortrag bemerkte, daß die neben ihr gehende Sonja nervös an der sich lösenden Schmucklitze ihres linken Ärmels zerrte. Als sie sie dann endlich abgerissen hatte, ließ sie sie unbekümmert zur Erde fallen und ging mit einem geschmückten und einem ungeschmückten Ärmel zum Vortrag. Doch all das tat ihr keinen Abbruch, sie war die, welche für die Frauen Freiheit erkämpfte, und sie vertrauten ihr. Und so wurde sie, die sonst so Unbeholfene, Unpraktische, in Stockholm gar die Vertraute der älteren Frauen in ihren Haushaltsnöten, der jungen Mädchen in ihren Toilettensorgen. Und neben all ihrer Arbeit hatte sie für jeden, der etwas mit ihr besprechen wollte, ein aufmerksames Ohr. Doch sie selbst brauchte für sich noch immer einen Freund, der ihr in allen schwierigen Lagen half; fand sie ihn nicht, war sie tief unglücklich und fühlte sich unsagbar verlassen; aber sie fand ihn auf ihrem Lebensweg fast stets.
Zur ständigen Erweiterung ihres Wissens und Könnens und in alter Freundschaft suchte sie von Schweden aus so oft wie möglich Weierstraß auf. Aber da die Berliner Universität, obgleich Sonja nun Professor einer Universität war, nicht von ihrem frauenfeindlichen Grundsatz abging, konnte sie Weierstraß auch jetzt noch nicht im Kolleg hören.

Eigentümlich war ihr Verhältnis zur Arbeit. Regelmäßig und pünktlich war sie zu ihren Vorlesungen am Pult, konnte aber im übrigen lange Zeiten ganz passiv vertändeln, um dann unerwartet wie von Arbeitswut besessen zu sein. Als sie sich auf Weierstraß' Drängen hin um den Prix Bordin beworben hatte und alle Welt erstaunt und gespannt auf sie schaute, sahen ihre Freunde, voran Weierstraß und Mittag-Leffler, mit Entsetzen, daß sie statt zu arbeiten, Monat um Monat verstreichen ließ, ohne sich auch nur im geringsten mit den gestellten schwierigen Aufgaben zu befassen, sondern ihre Zeit mit Stickereien vertat, an denen sie plötzlich ein hohes Gefallen gefunden hatte. Die Träger der Frauenbewegung zitterten für sie und die gemeinsame Sache. Welch ein Triumph des Mannes, welch eine Schmach, wenn Sonja ihren Antrag zurückzog oder wenn sie versagte! Aber nichts vermochte, die Preisbewerberin aus ihrer Apathie zu reißen. Im September 1888 sollte sie ihre Ergebnisse in Paris abgeben, im Frühjahr 88 hatte sie noch gar nicht begonnen, sich mit ihnen zu beschäftigen, sondern besuchte in Oslo einen Kongreß und fuhr im Anschluß an diesen mit Mittag-Lefflers Schwester auf einem norwegischen Fjorddampfer zum Besuch eines ihnen beiden noch unbekannten norwegischen Mathematikers. Plötzlich, mitten auf dem Wasser, erklärte sie, daß sie bei der nächsten Landestelle aussteigen und einen Dampfer nach Schweden nehmen werde, da sie sofort an ihre Arbeit müsse. Ihre Begleiterin wußte, daß nichts Sonja nun umstimmen konnte und sie selbst sehen mußte, wie sie die Enttäuschung ihres wissenschaftlichen Gastgebers überwinden könne.

Wieder arbeitete Sonja mit verbissener Wut und reichte die Ergebnisse pünktlich bei der Académie Française ein: «Schaffensfreude erfüllte sie, und sie hatte abermals eine ihrer glänzenden Perioden, in denen sie schön, geistreich, sprühend von Lebenslust und Einfällen war», berichtet eine ihrer Freundinnen von dieser Zeit. Aber während dieser Arbeitsmonate stand Sonja gleichzeitig im Kampf zwischen der Mathematik und einer neuen, leidenschaftlichen Liebe zu einem Vetter ihres verstorbenen Mannes, dem Naturwissenschaftler Maxim Kowalewski. Sie wurde auch von ihm geliebt, aber er verlangte, daß sie die Mathematik endgültig aufgebe!

Am Weihnachtsabend 1888 steht sie in Paris als einzige Bewerberin inmitten einer glänzenden Gesellschaft von angesehenen Wissenschaftlern der Alten und der Neuen Welt und empfängt mit hohem Lob den

Prix Bordin. Sie wird Tag für Tag gefeiert, beglückwünscht, beneidet. Maxims Gegenwart gibt ihr die nötige Kraft, aber ihr persönlicher Lebenskampf ist in all dem Triumph nur um so grausamer. Sie schreibt im Januar: «Von allen Seiten erhalte ich Glückwünsche, doch infolge einer Ironie des Schicksals habe ich mich nie im Leben so unglücklich gefühlt wie jetzt.» Sie ist für ein Jahr beurlaubt und schreibt im August 1889: «... augenblicklich aber wimmelt es förmlich von Stoffen zu Romanen in meinem Kopf. Ich habe meine Kindheitserinnerungen beendet. Ich habe die Einleitung zu ‹Vae victis› geschrieben und habe außerdem mit zwei Novellen begonnen. Gott weiß, wann ich Zeit haben werde, dies alles zu vollenden!»

Sehr in ihren Kräften geschwächt, kehrte sie zu ihrer Professur nach Stockholm zurück. Sie war schriftstellerisch und mathematisch tätig, aber die Widerstandskraft ihres Körpers schien durch die Überanstrengungen des Jahres 1888 gebrochen. Immer häufiger warf eine Erkältung sie aufs Lager. Von einer solchen war sie kaum genesen, als sie eines Abends im Januar 1891 spät sich auf den Heimweg von einer Gesellschaft machte, allein und todmüde. Sie hatte einen sehr schlecht entwickelten Ortssinn und konnte in Stockholm noch immer eigentlich nur auf dem Wege von der Universität zu ihrer Wohnung und von dort zu Mittag-Leffler sich allein zurechtfinden. So stieg sie an diesem Januarabend in die letzte Elektrische und fuhr in die ihrer Wohnung genau entgegengesetzte Richtung. Sie wurde ihren Irrtum erst gewahr, als der Schaffner sie an der Endstation über ihn aufklärte, und kein Freund war nahe, der ihr helfen konnte. Stundenlang mußte sie durch Kälte und Regen ihren Weg suchen und kam endlich übermüdet und ganz durchnäßt daheim an.

Sie wurde schwer krank, aber am Abend des 9. Februar schien die Gefahr überwunden. Sie wehrte sich dagegen, daß ihr zehnjähriges Töchterchen nicht zum Fasching gehen sollte, und rief sie ans Bett, um zu sehen, wie schön ihr Kostüm war. Aber in den Morgenstunden des 10. Februar starb sie. Unter einem Berg von Blumen und begleitet von Trauernden aus allen Ländern der modernen Zivilisation wurde sie in Stockholm beigesetzt, erst 41 Jahre alt. Aber ihre Aufgabe war erfüllt: Auch die höchsten Höhen der Wissenschaft hatte eine Frau bezwungen!

Nachwort

«Wo gehöre ich hin? Was soll ich aus mir machen? Wozu bin ich so, wie ich nun einmal bin, überhaupt auf der Welt? Was für einen Sinn hat eigentlich all das, was ich durchlebe?» Das sind Fragen, die außerordentlich bedrückend sein können. Außerdem erlebt man bald, daß niemand einem eine richtig befriedigende Antwort darauf gibt.

Die Erklärung dafür liegt darin, daß jedes Menschenschicksal vielleicht einmal einem anderen ähnlich sein kann; aber so wie in Wahrheit kein einziges Blatt unter den vielen an einem großen Baume irgendeinem seiner Blätter gleich ist, so ist auch kein Menschenschicksal gleich dem eines anderen. Warum irgendein Mensch einen bestimmten Schicksalsweg gehen muß, das weiß zwar seine Seele in ihren Tiefen, und nach diesem Wissen geht der Mensch seinen Lebensweg; seinem wachen Tagesbewußtsein aber bleibt dieses Wissen verborgen. Der Seele Wünsche, die Taten seines Wollens und die späteren Früchte seines Lebens machen offenbar, warum sein Schicksal ihn so führte, wie sein Leben verlief. Die Antworten auf die Frage des jungen Menschen ergeben sich ihm selbst erst, wenn er sein Leben rückblickend überschauen kann.

An Biographien lernt man, sein eigenes Dasein aufmerksamer zu erleben und ein Gespür dafür zu entwickeln, wie das eigene Schicksal an der Seele arbeitet, wie man an ihm als Mensch zu reifen vermag, wenn man es bejaht, auch wenn es schwer zu tragen ist. «Glück?» hat einmal jemand einem jungen Menschen gesagt, «wünsche ich dir denn Glück? Wert wünsche ich dir!»

Sieht man im Spiegel einmal wirklich gelebter Lebensläufe, worin der Sinn und Wert eines Menschenlebens bestand bzw. besteht, so klärt sich daran das Wollen, bekommen die verborgenen Bilder der eigenen Le-

bensziele immer deutlichere Umrisse, und im Laufe der Jahre erlebt man
stetig mehr und gewisser:

> Es keimen der Seele Wünsche,
> Es wachsen des Willens Taten,
> Es reifen des Lebens Früchte.
> Ich fühle mein Schicksal,
> Mein Schicksal findet mich.
> Ich fühle meinen Stern,
> Mein Stern findet mich.
> Ich fühle meine Ziele,
> Meine Ziele finden mich.
> Meine Seele und die Welt sind Eines nur.
> Das Leben, es wird heller um mich,
> Das Leben, es wird schwerer für mich,
> Das Leben, es wird reicher in mir.

Rudolf Steiner

JACQUES LUSSEYRAN

Gegen die Verschmutzung des Ich

Nachwort von Conrad Schachenmann
6. Auflage, 32 Seiten, 1 Foto, kartoniert

«Lusseyran macht darauf aufmerksam, wieviel zivilisatorisches
Gerümpel in uns abgelagert wird, wieviel ungewollte, nicht bewußt
gesuchte Seelenerlebnisse uns heute bestürmen und in unser Inneres
eindringen.»   *Siegener Zeitung*

KARL KÖNIG

Geister unter dem Zeitgeist

Biographisches zur Phänomenologie des 19. Jahrhunderts
405 Seiten, 22 Abbildungen, Leinen

Von Stifter bis Freud, von Darwin bis Mahler, von Hahnemann bis
Dilthey reicht der Bogen dieser biographischen Skizzen. Die Schick-
sale, die König hier nachzeichnet, haben meist einen tragischen
Einschlag. Es sind Schicksale im Schattenbereich einer Zeit des
Bewußtseinsumbruchs.

MARGARITA WOLOSCHIN

Die grüne Schlange

Lebenserinnerungen
382 Seiten mit 156 Abbildungen, Leinen

«Ein Memoirenbuch, dessen Lektüre nicht nur literarischen Genuß,
sondern auch einem bemerkenswerten Zuwachs an Weltkenntnis
bedeutet. Was ihr Buch, vom prallen Inhalt abgesehen, so fesselnd
macht, ist die geistige Regsamkeit, mit der diese in ihrer Art ungewöhnliche Frau die Geschehnisse und Gestalten ihres Lebenskreises
gesehen und geschildert hat.»   *Die Zeit*

VERLAG FREIES GEISTESLEBEN STUTTGART

EMIL MOLT

Entwurf meiner Lebensbeschreibung

Nachwort von Johannes Tautz.
Anhang mit Dokumenten aus der Zeit der Schulgründung und Drei-
gliederungsbewegung.
260 Seiten, 8 Abb., kart.

«Entwurf meiner Lebensbeschreibung» nannte Emil Molt (1876 bis
1936) bescheiden seine Biographie. In Wirklichkeit ist es die fesselnde
Darstellung eines Lebens, das man als das des ersten modernen Mittel-
europäers bezeichnen könnte.   *Menschenschule*

«Das Buch ist ein Geschenk für die deutschen Waldorfschulen! Viele
Menschen fragen, wie es zu der heute bekanntesten und wirksamsten
Freien Schulbewegung in Deutschland gekommen ist. Die neun Kapitel
haben einen eigenartigen Reiz. Sie versetzen den Leser in atemlose
Spannung.»   *Erziehungskunst*

KAETHE WOLF-GUMPOLD

William Blake

Versuch einer Einführung in sein Leben und Werk
188 Seiten, 17 Abbildungen auf Tafeln, Leinen

«Ihr Buch ist das einzige innerhalb der Blake-Literatur, das die Kraft
der Imagination in dem Sinne entfaltete, wie sie Blake jedem Leser
oder Betrachter abverlangt.»   *FAZ*

HERBERT HAHN

Der Lebenslauf als Kunstwerk

Rhythmen, Leitmotive, Gesetze in gegenübergestellten Biographien
362 Seiten, Leinen

«Schiller und Goethe, Tolstoi und Verdi, Schliemann und Champollion
dienen als ‹Modellfälle›, und Dr. Hahn geht weniger von den üblichen
biographischen Normen aus als von den ‹imponderablen Faktoren›.»
                                                  Das Bücherschiff

VERLAG FREIES GEISTESLEBEN STUTTGART